Caesar
Der gallische Krieg

Caesar

Der gallische Krieg

Aus dem Lateinischen
von Max Oberbreyer

ANA
CONDA

Die Deutsche Bibliothek verzeichnet diese Publikation in der Deutschen Nationalbibliographie; detaillierte bibliographische Daten sind im Internet unter http://dnb.ddb.de abrufbar.

Umschlagmotiv: »Caesar«, 1875 (oil on canvas)
Yvon, Adolphe, 1817-1893,
Musee des Beaux-Arts, Arras, France, Bridgeman Giraudon
Umschlaggestaltung: Dagmar Herrmann, Köln
Satz und Layout: GEM mbH, Ratingen
Printed in Czech Republic 2005
ISBN 3-938484-06-3
info@anaconda-verlag.de

INHALTSVERZEICHNIS

SECHSTES BUCH

SIEBTES BUCH

ACHTES BUCH

EINLEITUNG

Cäsars Leben und Charakter. Seine Schriften.

Es kann nicht unsere Absicht sein, an dieser Stelle eine ausführliche Biographie des großen Römers zu geben, dessen Werke wir im Folgenden bringen. Sein *Leben* eingehend schildern, hieße nichts Anderes, als ein Bild entrollen jener ganzen gewaltigen Zeit, in welcher im alten Italien die heftigsten politischen Stürme sich im blutigen Bürgerkriege austobten. Das aber haben bereits berufenere Federn vor uns zur Genüge gethan: ein Drumann, Mommsen, Peter, Merivale in ihren Römischen Geschichten; in Specialforschungen Krafft, van Limburg, Köchly, Rüstow und – the last, but not the least – Kaiser Napoleon III. Begnügen wir uns also hier mit einem kurzen Abriß.

Cajus Julius Cäsar wurde geboren im Jahre 100 v. Chr. (654 nach Roms Erbauung). Sein Vater, Lucius Julius Cäsar hatte es in den öffentlichen Aemtern der Republik bis zur Prätur (Oberrichter) gebracht; seine Mutter war die treffliche Aurelia. Als Verwandter des Marius und in Folge seiner Heirath mit Cornelia, der Tochter des Cinna, gerieth er nach des damals allmächtigen Sulla Siegen in Gefahr, ward geächtet, später begnadigt und diente seit 80 v. Chr. im römischen Heere in Klein-Asien wie auf der Flotte. Auf die Nachricht von Sulla's Tode, 78, kehrte er nach Rom zurück und begann hier seine rednerische und politische Laufbahn mit Anklagen gegen die Mitglieder der Notabilität, z. B. Dolabella, wegen Erpressungen. Zu seiner weiteren Ausbildung reiste er dann zwei Jahre später nach Rhodos, um hier den berühmten Rhetor Molo zu hören, unter dem auch Cicero studirt hatte. Nach Rom heimgekehrt wurde er 68 als Quästor (Staatsschatzmeister) nach Spanien – in die römische Provinz jenseits des Ebro – geschickt. 65

wurde er Aedil (Polizeiverwaltung) in Rom, wo er muthmaßlich an der Verschwörung Catilina's* Theil genommen hat. Dann wurde er Oberpriester, 62 Prätor, 61 Proprätor wiederum in jener spanischen Provinz, wo er mit Glück gegen die aufrührerischen tapferen Lusitaner kämpfte, 60 schloß er das Triumvirat, die geheime Verbindung mit Pompejus und Crassus, ab und so gelang es ihm endlich, nachdem er schon zuvor in allen Aemtern durch alle Mittel sich als Mann des Volkes hinzustellen gewußt hatte, die höchste Ehrenstufe des Staates, das Consulat im Jahre 59 zu ersteigen. In den Jahren 58–51 war Cäsar Proconsul (Statthalter) in Gallien: er hat dem Staate hier unschätzbare Dienste geleistet, indem er dies Land mit glänzendem Feldherrntalente unterwarf und mit staatsmännischer Einsicht innerlich ordnete, zugleich aber auch sich selbst reiche Mittel verschafft und ein kriegsgewohntes, ergebenes Heer für eigenen Zwecke herangebildet. Mit diesem erkämpfte er sich 49–46 in schweren Schlachten gegen Pompejus die Alleinherrschaft, die er 45 als alleiniger Consul und Dictator bekleidete, bis er am 15. März 44 v. Chr. den Dolchen seiner republikanischen Mörder erlag.

Bei Würdigung von Cäsars *Charakter* thut noth, daß man ihn vom römischen Standpunkte beurtheilt Fehler, welche er mit seinem ganzen Volke gemein hat, nicht ihm allein anrechnet; auch ist es eine gerechte Forderung, daß man zugleich die Verhältnisse seines öffentlichen Auftretens berücksichtigt, um nicht Dinge, die durchaus geschehen mußten, als Folgen seines freien Entschlusses anzusehen. Cäsars eigenthümlichste und unterscheidende Eigenschaft ist, so meint Friedrich Schlegel, die innere Consequenz seines Wesens, die vollkommene Uebereinstimmung einer vollendeten imperatorischen Kraft und eines vollendeten imperatorischen Verstandes. Er besaß

* Vgl. die milde Rede Cäsars bei der Berathung des Senats über Catilinas Bestrafung bei Sallust (Univ.-Bibl. 889, S. 52 ff.)

die Kraft, Menschen nicht bloß äußerlich zu besiegen, sondern auch innerlich ihren Geist sich zu unterwerfen und zu beherrschen. Auch sein Verstand war ein solcher, wie ihn ein vollkommener Held zum Handeln und Siegen braucht, ohne überflüssige Zugabe. Die Schnelligkeit und intensive Stärke seiner Thätigkeit war nicht geringer, als ihr unermeßlicher Umfang, ihre unerschütterliche Ausdauer. Sein Urtheil war sicher, sein Gedächtniß stark, sein Geist erfinderisch. Andererseits ist freilich ein Mangel an feinerem sittlichen Zartgefühl ein wesentlicher Zug in seinem Charakter und seiner eigenthümlichen Größe. – Aber die Eigenschaften, welche Cäsar zum Herrscher Roms emporhoben, waren nicht gerade geeignet, ihn zum glänzenden *Schriftsteller* zu machen. Obwol er die Sprache mit vollkommenster Sicherheit in Rede und Schrift beherrschte, so war ihm doch beides immer nur Mittel für bestimmte politische Zwecke und nach Gegenstand wie Art bedingt durch diese Zwecke und seine ganze phantasiefreie Persönlichkeit. Darum legte er selbst nur geringen Werth auf seine Beredtsamkeit, obwol er darin in seiner Zeit nur dem Cicero nachstand und durch Schärfe, Geschmack und Lebhaftigkeit der Sprache und des Vortrags sich auszeichnete;* noch geringeren aber gewiß auf jene kleine poetischen Versuche, wie z. B. »*Die Reise*« (Iter), ein Gedicht, das er auf einer Fahrt nach Gallien geschrieben, und Anderes. Den nüchternen Denker bekundet das Schriftstellern über Sprachrichtigkeit: seine grammatische Arbeit »*Von der Analogie*«; den heiteren gewinnenden Lebemann das Sammeln von Witzen (»Apophthegmata«, Cicero, Briefe 9, 16); dagegen die Abfassung eines astronomischen Werkes: »*Ueber die Bewegung der Gestirne*« stand wol mit Cäsars Kalenderverbesserung (der Julianische

* Lacitus nennt ihn »Nebenbuhler der ersten Redner« und Fronto, der einen noch tieferen Einblick hat, schreibt ihm eine »imperatorische Redegewandtheit« zu. Eine solche ist aber gerade mit eine Basis der Erfolge eines Cäsar und Napoleon gewesen.

Kalender) in Zusammenhang, und ganz unzweifelhaft dienten der Politik die beiden Bücher: »*Anticato*«, welche Cicero's Lobschrift auf den zum Märtyrer der Republik erhobenen Marcus Cato von Utica sehr scharf widerlegten.

Alle diese genannten Werke Cäsars, sowie auch seine großen Briefsammlungen sind verloren. Erhalten ist uns von seinen Arbeiten nur die wichtigste, seine »*Denkwürdigkeiten vom Gallischen- und Bürgerkriege*« (*commentarii de bello gallico et de bello civili.*)

Sie erzählen die Geschichte der ersten sieben Jahre des gallischen Krieges in sieben und die Geschichte des Bürgerkrieges in drei Büchern und halten die Mitte zwischen einer blosen Stoffsammlung oder den flüchtig hingeworfenen Bemerkungen eines Tagebuchs und einem sorgfältig ausgefeilten historischen Werke. Aber so kunstlos und schlicht die Form ist, so reiflich erwogen ist der Inhalt. Ohne jemals plump die Wahrheit zu verletzen, sagt Teuffel, versteht der Verfasser meisterhaft die Kunst, die Thatsachen zu seinen Gunsten zu gruppiren und am rechten Orte zu schweigen; ohne je in Prahlerei zu verfallen oder auch nur den Schein unbedingter Objectivität aufzugeben, weiß er seine Person und Verdienste aufs Trefflichste ins Licht zu setzen, sein Handeln als berechtigt, seine Beweggründe als rein hinzustellen.

Der »*Gallische Krieg*« wurde von Cäsar verfaßt im Winter 51 v. Chr., veröffentlicht* im Frühjahr 50, in sieben Büchern – das achte Buch ist nicht von Cäsar, sondern von einem seiner Legaten, Aulus Hirtius, der Cäsar um ein Jahr überlebte; eine Fortsetzung, die im Verhältniß zur Arbeit Cäsars in einem nicht sehr günstigen Lichte erscheint. Das umfangreiche Werk sollte, nach Mommsens Urtheil, als Rechtfertigungsschrift die drohenden Stürme beschwichtigen und dem Volke Cäsar als den höchsten Aufgaben gewachsen zeigen. Da Cäsar seine Kriegs-

* Über die Zeit der Herausgabe vgl. Schneider in Wachlers Philomathie 1, S. 184 ff.

unternehmungen ohne Auftrag des Senates ausgeführt hatte, so bemüht er sich fortwährend, sie als nothwendige Vertheidigungsmaßregeln hinzustellen. Sein Bericht beschränkt sich auf die kriegerischen Vorkommnisse. Diese erzählt er als Römer für Römer, ohne eine Regung von Mitgefühl, aber auch ohne Schönfärberei, bei allen den Grausamkeiten und Treulosigkeiten gegen Völker, welche nichts als ihr Recht und ihre Unabhängigkeit wider den ehrgeizigen Störer ihres Friedens vertheidigten. Eine gewisse Wärme fühlt sich durch nur bei tüchtigen Leistungen seiner Getreuen. Auch hütet sich Cäsar wohl, durch allzu technisch-militärische Haltung die populäre Wirkung seines Berichts zu beeinträchtigen. Die Darstellung ist knapp, ohne karg zu sein, durchsichtig und lebendig, schlicht, ohne einförmig zu werden, und anziehend, auch wo sie sich gehen läßt. – Man hat den »gallischen Krieg« etwas effecthaschend freilich, aber nicht mit Unrecht das *Generalstabswerk des Alterthums* genannt; vom Standpunkte der Vornehmheit betrachtet, gibt es in der gesammten antiken Literatur keine vornehmere Schrift, als die, welche der Herr der Erde mit eigener Hand geschrieben.

Wir haben früher auf Philologenversammlungen und in Zeitschriften oft und heftig debattirt, ob man Cäsars Schriften den oberen oder mittleren Klassen der Gymnasien zur Lectüre geben solle; Schwierigkeiten liegen bei der Erwägung unzweifelhaft vor: für jene ist die Form zu leicht, für diese der Inhalt zu schwer. Ich bin auch heute noch der Meinung, daß diese kostbaren Werke schlichtester Form, gediegensten Inhalts erst von den Oberklassen in gebührender Weise gewürdigt werden können und daß es eine Sünde wider den Geist, also der Sünden größte ist, in ihnen nichts als Stoff zu grammatischen Studien zu sehen.

Zahlreich sind die kritischen *Ausgaben* des »Gallischen Krieges«, zahlreicher die Schuleditionen, zahllos die geographischen und militärischen Beiträge, zumal aus Frankreich, seitdem

Napoleon III. diesem Gegenstande seine Studien (*Histoire de Jules César*, Paris 1865 und 1866. Deutsch in Wien bei Gerold) zugewandt hatte. Von neueren philologischen Kritikern ist besonders mein verehrter Lehrer Wilhelm Dittenberger in Zeitschriften ungemein thätig für den »Gallischen Krieg« gewesen; treffliche Schulausgaben lieferten zuletzt Seyffert, Hinzpeter, Kraner, Doberenz, Quossek u. A. *Uebersetzungen* gibt es in allen Sprachen, die griechische des Mönches Maximus Planudes (c. 1330) hat Baumstark (Freiburg 1834) edirt; fördernd, aber sehr frei ist die »militärische« Verdeutschung von Köchly und Rüstow.

Bei der folgenden Uebertragung des »Gallischen Krieges« für die Universal-Bibliothek habe ich die besten neueren Ausgaben und Commentare sorgfältig verwerthet.

Berlin, im September 1877.

Dr. Max Oberbreyer.

ERSTES BUCH

Krieg gegen die Helvetier

1. Gallien im weiteren Sinne zerfällt in drei Theile.* Den einen bewohnen die Belgier, den zweiten die Aquitaner, den dritten die Völkerstämme, welche in ihrer eigenen Sprache Kelten, in der unsern aber Gallier heißen. Sie Alle sind nach Sprache, Verfassung und Gesetzen unter einander verschieden. Die Kelten trennt der Fluß Garumna von den Aquitanern, die Mátrona und Séquana von den Belgiern. Die Tapfersten unter Allen sind die Belgier, deshalb, weil sie sich von der Verfeinerung und Bildung der römischen Provinz ganz fern halten und überaus selten mit fremden Kaufleuten in Berührung kommen, welche ihnen Gegenstände zuführen könnten, die eine Erschlaffung der Kraft bewirken; sodann führen sie auch mit ihren Nachbarn, den Germanen des rechten Rheinufers, fortwährend Krieg. Aus demselben Grunde sind auch die Helvetier tapferer, als die übrigen Gallier, indem sie fast täglich mit den Germanen im Kampfe sind, so daß sie dieselben entweder blos von ihren Grenzen entfernt halten, oder den Krieg auch wol in ihrem eigenen Lande führen. Der eine Theil ihres Gebietes, den nach unserer Angabe die Gallier bewohnen, fängt bei dem Flusse Rhodanus an und wird von der Garumna, dem Ocean und Belgiergebiete eingeschlossen, auf Seiten der Sequaner und Helvetier berührt er auch den Rhein und dehnt sich nach Norden zu aus. An die Grenzen von Gallien schließt sich das belgische Gebiet an und läuft bis an den Unterrhein in nordöstlicher Richtung. Aquitanien zieht sich nordwest-

* So beginnt die bereits in der Einleitung erwähnte »militärische« Uebersetzung von Köchly und Rüstow. Eine geographische Einleitung gibt auch Tacitus in seiner Germania (Univ.-Bibl. 726), auf die ich im Folgenden öfter werde zu verweisen haben.

lich von dem Garumnastrome bis an die Pyrenäen und den Theil des Oceans, welcher bei Hispanien strömt.

2. Bei den Helvetiern war Orgetorix bei Weitem der Angesehenste und Reichste. Dieser stiftete aus Begierde nach Alleinherrschaft unter den Consuln M. Messala und M. Piso* eine Verbindung unter dem Adel und beredete seine Mitbürger zu einer allgemeinen Auswanderung, indem er ihnen vorstellte, für sie, das tapferste Volk, würde es ein Leichtes sein, ganz Gallien zu unterjochen. Die Helvetier ließen sich dazu um so eher überreden, als sie auf allen Seiten durch Naturgrenzen eingeschlossen sind: auf der einen Seite durch den breiten und tiefen Rhein, die Grenze zwischen den Helvetiern und Germaniern, auf der andern durch das sehr hohe Juragebirge, das zwischen dem Gebiete der Sequaner und Helvetier liegt, auf der dritten durch den Leman-See und Rhodanus, der unsere Provinz von Helvetien trennt. Dieser beschränkten Lage wegen konnte das kriegerische Volk zu seinem großen Mißvergnügen sich nicht so weit ausbreiten und auch nicht so ungehindert seine Nachbarn angreifen. Bei ihrer Volksmenge und ihrem durch Kriege und Tapferkeit erworbenen Ruhme aber war nach ihrer Meinung ein Land, das nur zweihundertvierzig Millien** in der Länge und hundertachtzig Millien in der Breite hatte, für sie zu klein.

3. Diese Verhältnisse und des Orgetorix Ansehen brachten sie zu dem Entschlusse, alle Bedürfnisse zu der beschlossenen Auswanderung herbeizuschaffen, Pferde und Wagen in großer Menge anzukaufen, so viel Feld, als man konnte, zu besäen, um auf dem Zuge einen Vorrath an Getreide zu haben und Frieden und Freundschaft mit ihren Grenzvölkern mehr zu befestigen. Eine Frist von zwei Jahren war ihrer Meinung nach hinreichend, dieses zu Stande zu bringen. Auf das dritte Jahr wurde demnach

* Im Jahre 61 v. Chr.

** Tausend römische Schritte, der römische Schritt zu fünf Fuß gerechnet, machten eine Millie oder ein Fünftel deutsche Meile. Uebrigens ist Cäsars Angabe nicht ganz genau.

der Aufbruch durch eine Verordnung festgesetzt; die Ausführung des Ganzen trug man dem Orgetorix auf. Er übernahm die Sendung an die Staaten und beredete auf dieser Reise den Sequaner Castikus, des Catamantalondes Sohn, der einst viele Jahre lang mit unumschränkter Macht in dem Sequanergebiete geherrscht und vom Senat des römischen Volkes den Ehrentitel eines Freundes erhalten hatte, sich der Alleinherrschaft in seinem Staate, die sein Vater einst gehabt hatte, zu bemächtigen. Auch den Aeduer Dumnorix, einen Bruder des Divitiacus, der um diese Zeit der angesehenste Mann in seinem Staate und vorzüglich bei dem Volke beliebt war, brachte er zu demselben Entschluß und gab ihm deshalb auch seine Tochter zum Weibe. Orgetorix bewies ihnen, ihr Vorhaben lasse sich gar leicht ausführen, denn er selbst werde den Oberbefehl von seinem Staate erhalten, und die Helvetier seien ja außer allem Zweifel unter den gallischen Völkerschaften die mächtigste; er wolle ihnen, so versicherte er, mit seiner Macht und seinem Heere zu unumschränkter Herrschaft verhelfen. Diese Rede wirkte. Jene gaben einander das Wort und eidliche Versicherung und hofften, sobald sie nur erst die Herrschaft in den Händen hätten, durch die drei mächtigsten und tapfersten Völker ganz Gallien unterjochen zu können.

4. Auf die heimliche Anzeige von diesem Vorgange zwangen die Helvetier den Orgetorix, sich in Fesseln geschlossen, wie es bei ihnen Sitte war, zu verantworten. Auf die Beurtheilung folgte dann gewöhnlich unmittelbar die Strafe der Verbannung. An dem zur Verantwortung bestimmten Tage ließ Orgetorix alle seine Leibeigenen, zehntausend an der Zahl, von allen Orten her zu dem bevorstehenden Gerichte aufbieten und dahin führte er auch seine Schützlinge und Schuldner, deren er nicht wenige hatte. Durch diese entzog er sich der Verantwortung. Da suchte nun der Staat, hierüber aufgebracht, seine Gerechtsame mit Gewalt durchzusetzen, die Beamtem zogen eine Menge Menschen vom Lande zusammen – plötzlich aber starb

Orgetorix und es läßt sich vermuthen, wie auch die Helvetier selbst es meinten, daß er sich ermordet habe.

5. Dessenungeachtet versuchten die Helvetier auch nach seinem Tode den einmal gefaßten Entschluß der Auswanderung auszuführen. Als sie die nöthigen Anstalten also getroffen zu haben glaubten, zündeten sie alle ihre Städte, etwa zwölf an der Zahl, sowie vierhundert Dörfer sammt den übrigen einzelstehenden Wohnungen an; auch alles Getreide, außer dem, was sie mit sich nehmen wollten, wurde verbrannt, damit sie sich, ohne die Hoffnung, nach Haus zurückzukehren, desto bereitwilliger den Gefahren unterziehen möchten. Mit Mehl für ein Vierteljahr mußte Jeder bei dem Aufbruch versehen sein. Ihre Nachbarn, die Rauraker, Tulinger und Latobriger, wurden zu gleichem Entschlusse, Städte und Dörfer zu verbrennen und mitzuziehen, beredet. Auch die Bojer, die einstmals am rechten Rheinufer gewohnt und bei ihrem Vordringen in Norikum einen Augriff auf Noreja gemacht hatten, zogen sie als Bundesgenossen an sich.

6. Es gab im Ganzen nur zwei Wege, aus dem Lande zu kommen; der eine, ein enger und beschwerlicher Paß zwischen dem Juragebirge und dem Rhodanus durch das Sequanische Gebiet, auf dem kaum einzelne Wagen fortkommen konnten, während das hohe Gebirge nahe herantrat, so daß sehr wenige Leute schon ihn leicht versperren konnten; der andere, viel bessere und bei weitem nicht so beschränkte, lief durch unsere Provinz; denn an den Grenzen zwischen den Helvetiern und Allobrogern, die erst kurz zuvor zur Ruhe gebracht waren, kann man den Rhodanus an einigen Stellen zu Fuß durchschreiten. Von Geneva, der letzten Stadt im Allobroger-Gebiete, ganz nahe an Helvetien, führt eine Brücke ins Helvetische. In ihrem Wahne, der Groll der Allobroger gegen Rom habe sich noch nicht gelegt, hofften die Helvetier einen freien Durchzug von ihnen mit Güte zu erhalten, andernfalls wollten sie dieselben mit Gewalt zwingen, ihnen den Durchzug durch

ihre Grenzen zu gestatten. Alle Zurüstungen zum Ausbruch waren nun gemacht; man bestimmte daher den Tag – es war der achtundzwanzigste März unter dem Consulate des L. Piso und A. Gabinus* – an dem sich das ganze Volk an dem Ufer des Rhodanus versammeln sollte.

7. Auf die Nachricht von der Absicht der Helvetier, durch unsere Provinz ihren Weg zu nehmen, beschleunigte Cäsar seine Abreise von Rom und begab sich in größter Eile nach dem jenseits der Alpen gelegenen Gallien. Bei seiner Ankunft in der Gegend von Geneva ließ er so viel Truppen, als nur möglich war, in der ganzen Provinz aufbieten und die Brücke bei Geneva abbrechen. Die Helvetier hatten kaum Cäsars Ankunft erfahren, als sie die Angesehensten aus ihrer Mitte als Gesandte zu ihm schickten. Die Hauptpersonen bei dieser Gesandtschaft waren Namejus und Veruclötius. Sie hatten den Auftrag, zu erklären: es sei ihre Absicht, ohne alle Feindseligkeiten ihren Durchzug durch unsere Provinz zu nehmen, weil sie keinen anderen Weg hätten, und sie baten, Cäsar möge es ihnen gestatten. Cäsar fand es nicht zulässig, ihr Begehren zu bewilligen, denn er wußte wohl, daß eben diese Helvetier einst** den Consul L. Cassius niedergehauen, sein Heer aber geschlagen und unter das Joch*** geschickt hatten. Ferner hielt er es auch nicht für wahrscheinlich, daß ein Volk von so feindlichen Gesinnungen sich bei dem gestatteten Durchmarsche des Unfugs und der Gewaltthätigkeit enthalten würde. Jedoch um Zeit zu gewinnen und um die Truppen, die er aufgeboten hatte, zusammen zu bringen, antwortete er den Gesandten: »er wolle sich Bedenkzeit nehmen.

* Im Jahre 59 v. Chr.

** 108 v. Chr.

*** Unter zwei senkrecht in die Erde gerammten Balken, durch einen Querbalken oben verbunden, hindurchziehen zu müssen, war das Symbol der größten militärischen Entehrung; öftere Erwähnung dieser Einrichtung bei Sallust und Livius.

Sie möchten am 13. April, wenn sie etwas verlangten, wiederkommen.«

8. Cäsar ließ inzwischen durch die eine Legion, welche er bei sich hatte, und die Truppen, die aus der Provinz zu ihm gestoßen waren, von dem Lemaner-See, durch den der Rhodanus fließt, bis an das Juragebirge, welches die Grenze zwischen den Sequanern und Helvetiern bildet, einen Mauerwall von neun- bis zehntausend Schritten in der Länge und sechzehn Fuß in der Höhe mit einem Graben ziehen. Nach Vollendung dieser Arbeit vertheilte er die Besatzungen und befestigte die einzelnen verschanzten Lager, um den Feind desto leichter zurückzutreiben, wenn er gegen seinen Willen den Uebergang wagen wollte. An dem bestimmten Tage fanden sich die Gesandten wieder bei Cäsar ein; allein er gab ihnen den Bescheid: »Nach der Römer Sitte und Weise könne er Niemandem einen Durchzug durch die Provinz gestatten, und erklärte ihnen zugleich, er werde sie zurücktreiben, wenn sie Gewalt brauchen wollten.« Nach dieser fehlgeschlagenen Hoffnung versuchten die Helvetier auf einer Menge von zusammengefügten Schiffen und Flößen, zum Theil auch an den Furthen des Rhodanus, wo der Fluß am wenigsten tief war, bisweilen bei Tag, öfters bei Nacht, durchzubrechen. Allein durch die Festigkeit unserer Werke und den Widerstand und die Geschosse der Römer zurückgeworfen, gaben sie das Unternehmen auf.

9. Der Weg durch das Sequanische Gebiet blieb also noch allein übrig, den man aber seiner Enge wegen, ohne Bewilligung der Sequaner nicht nehmen konnte. Allein die Helvetier, für sich nicht im Stande, sie dazu zu bereden, schickten daher Gesandte zu dem Aeduer Dumnorix, um durch dessen Fürsprache die Erlaubniß zu erhalten. Dumnorix vermochte durch seine Verbindung und Freigebigkeit bei den Sequanern sehr viel und war wegen seiner Frau, einer Helvetierin, des Orgetorix Tochter, den Helvetiern geneigt; auch suchte er aus Begierde nach Herrschaft Unruhen zu erregen und wünschte sich so viele Völkerschaften als möglich durch erzeigte Gefälligkeiten verbindlich zu machen. Er übernahm daher den Auftrag, erhielt von den Sequanern den freien Durchzug für die Helvetier und brachte es dahin, daß beide Völker einander darauf Geiseln gaben, daß die Sequaner die Helvetier auf ihrem Durchzug nicht hindern, die Helvetier aber ohne Unfug und Gewalthandlungen durchziehen wollten.

10. Da erfuhr Cäsar, die Helvetier seien Willens, durch das Gebiet der Sequaner und Aeduer in das Land der Santonen zu ziehen, welches nahe an das Land der Tolosaten, eines Volkes in der (römischen) Provinz,* grenzt. Er sah voraus, daß in diesem Falle die Provinz in große Gefahr kommen werde, wenn sie so kriegerische, gegen das römische Volk so feindselige Menschen in einer ganz offenen und vorzüglich an Getreide reichen Gegend zu ihren Nachbarn erhielte. Er übertrug daher die Aufsicht über seine aufgeworfenen Verschanzungen seinem Legaten Titus Labienus und eilte in großen Tagereisen nach Italien. – Hier hob er zwei neue Legionen aus und ließ seine drei anderen aus ihrem Winterlager bei Aquileja aufbrechen.**

Mit diesen fünf Legionen nahm er den kürzesten Weg über die Alpen nach dem jenseitigen Gallien. Die Centronen, Grajoceler und Caturiger hatten zwar die Alpengebirge besetzt und suchten Cäsars Völker auf dem Marsche aufzuhalten, allein sie wurden mehrmals zurückgeschlagen und Cäsar kam nach sieben Tagen von Ocelum, der letzten Stadt in der diesseitigen Provinz, in dem Lande der Vocontier, jenseits der Alpen, an; von da führte er sein Heer in das Land der Allobroger und von hier in das der Segusianer: diese wohnen aber zunächst der Provinz jenseits der Rhone.

---

* Wo im Texte bei Cäsar nur *provincia* oder *nostra provincia* steht, ist immer das unterworfene und geordnete römische Gebiet gemeint.

** In Aquileja lagen Legion 7, 8 und 9; 10 im Allobrogischen. Jetzt wurden neugebildet 11 und 12; später noch 13 und 14.

11. Die Helvetier hatten unterdessen schon den Engpaß und das Land der Sequaner hinter sich und hatten das Land der Aeduer, in das sie vorgerückt waren, zu verheeren angefangen. Die Aeduer waren zu schwach, sich und das Ihre zu vertheidigen und baten daher durch Gesandtschaften bei Cäsar um Hilfe: ihre Verdienste, sagten sie, um Rom seien von jeher so groß gewesen, daß man nicht, fast vor den Augen unseres Heeres, ihre Felder hätte verwüsten, ihre Kinder in die Sklaverei schleppen und ihre Städte wegnehmen lassen sollen. – Um diese Zeit bekam auch Cäsar von ihren Freunden und Bundesgenossen, den Ambarren, Nachricht: ihre Fluren seien verheert, mit Mühe nur halte man noch den Feind von den Städten ab. Auch die Allobroger jenseits des Rhodanus flüchteten sich zu Cäsar, mit der Anzeige, außer Grund und Boden ihrer Felder sei ihnen nichts mehr übriggelassen. – Auf diese Nachricht hin faßte Cäsar den Entschluß, nicht länger zu warten, bis die Helvetier nach völliger Vernichtung des Wohlstandes seiner Bundesgenossen erst noch zu den Santonen gekommen wären.

12. Die Helvetier gingen unterdessen auf Flößen und zusammengebundenen Kähnen über den Arar, der durch das Land der Sequaner und Aeduer so unglaublich ruhig in den Rhodan fließt, daß man die Richtung seines Laufes mit den Augen gar nicht unterscheiden kann. Sobald Cäsar von Kundschaftern erfuhr, daß drei Theile von den helvetischen Völkern schon übergesetzt seien, der vierte aber allein noch diesseits des Flusses sich befände, brach er um die dritte Nachtwache* mit drei Legionen auf und traf auf den Theil der Feinde, welcher noch nicht über den Fluß gegangen war. Sie wurden, außer Stand, sich regelmäßig zur Gegenwehr zu setzen, plötzlich überrascht und größtentheils zusammengehauen. Der Rest flüchtete sich und ver-

* Bei den Römern ist der Auf- und Untergang der Sonne für die Eintheilung von Tag und Nacht maßgebend. Tag und Nacht wurden in vier gleiche Theile getheilt, deren Länge mit der Jahreszeit wechselte.

barg sich in den nächsten Wäldern. Das waren die Helvetier des Tiguriner Gaues; denn Helvetien überhaupt enthält vier Gaue. Gerade dieser Gau hatte zu unsrer Väter Zeiten auf einem Heereszug den Cousul L. Cassius niedergehauen und sein Heer unter das Joch geschickt.* Und so empfing also der Theil des helvetischen Staates, der dem römischen Volke einst jenen großen Verlust zugefügt hatte, sei es durch Zufall oder Fügung der unsterblichen Götter, zuerst seine Strafe und Cäsar rächte für das erlittene Unrecht nicht nur den Staat, sondern auch sich insbesondere, denn die Tiguriner hatten in der Schlacht, wo Cassius geblieben, auch den Legaten L. Piso, den Großvater seines Schwiegervaters, L. Piso, erschlagen.**

13. Nach diesem Treffen schlug Cäsar eine Brücke über den Arar, um die übrigen Helvetier einholen zu können, und führte so sein Heer hinüber. Dieses plötzliche Vorrücken machte die Helvetier bestürzt, da sie sahen, daß er in einem Tage über den Fluß gegangen, den sie mit so vieler Mühe kaum in zwanzig überschritten hatten. Sie schickten daher eine Gesandtschaft, an deren Spitze der einstige Feldherr in der Schlacht mit Cassius, Divico stand. Sein Antrag hieß: »Stellten die Römer die Feindseligkeiten ein, so wollten die Helvetier dahin ziehen und sich da niederlassen, wohin Cäsar sie versetzen und ansiedeln wollte. Führen sie aber damit fort, so möge er an die frühere Niederlage der Römer und die alte Tapferkeit der Helvetier denken. Daß er einen Theil ihrer Schaaren unerwartet überfallen habe, während die, welche schon jenseits des Flusses gewesen, den Ihrigen keine Hilfe hätten leisten können, das möchte er doch ja nicht seiner Tapferkeit zu hoch anrechnen oder sie deshalb verachten; sie hätten von ihren Vorfahren gelernt, es lieber mit Tap-

---

* Vgl. Kap. 7

** Cäsar war nämlich dreimal verheirathet: erstens mit *Cornelia* von der er die Julia hatte, die später Pompejus heirathete. Nach ihrem frühen Tode zweitens mit Pompeja Chebruchs verstieß, und drittens mit der Tochter des hier genannten Lucius Piso, der *Calpurnia*, die ihn überlebte.

ferkeit, als mit List zu versuchen oder sich auf Hinterlist zu verlassen. Er solle sich daher hüten, daß nicht sein gegenwärtiger Standort von einer Niederlage des römischen Volkes und der Vertilgung seines Heeres einen Namen erhielte oder ein Denkmal gäbe.«

14. Darauf gab Cäsar zur Antwort: »er sei gerade deswegen um so entschlossener, weil er den ganzen Vorgang, dessen die helvetische Gesandtschaft erwähnt habe, wohl im Gedächtniß habe, und er gedenke mit um so tiefern Schmerz daran, je weniger die Römer ihr Schicksal verdient hätten. Wären sich diese einer Mißhandlung bewußt gewesen, so hätten sie sich leicht hüten können; aber dadurch gerade seien sie hintergangen worden, weil man sich keiner Handlung schuldig gewußt habe, um etwas zu befürchten, und ohne Ursache nicht geglaubt habe, in Unruhe zu sein. Gesetzt, er wolle die alte Schmach vergessen, könne er wol die neuen Beleidigungen wie den gewaltsamen Versuch wider seinen Willen durch die Provinz zu ziehen, die Feindseligkeiten gegen die Aeduer, die Ambarrer, die Allobroger sich aus dem Gedächtniß schlagen? Dahin gehöre auch, daß sie sich ihres Sieges so unverschämt rühmten, und sich wunderten, daß er ihre Gewaltthätigkeiten so lange ungestraft ertragen habe. Allein die unsterblichen Götter pflegten bisweilen den Menschen, die sie für ihre Ruchlosigkeit züchtigen wollten, eine Zeitlang Glück zu verstatten und länger ihre Bestrafung zu verschieben, damit sie desto schmerzhafter den Wechsel ihres Schicksals empfänden. Dessen ungeachtet wolle er Frieden mit ihnen machen, wenn sie Geiseln gäben, um ihm zu zeigen, sie wollten ihr Versprechen erfüllen und wenn sie den Aeduern und ihren Bundesgenossen, wie auch den Allobrogern den zugefügten Schaden vergüten wollten.« – Divico erwiederte: »Die Helvetier seien von ihren Vätern gewöhnt worden, Geiseln zu empfangen, nicht aber zu geben; die Römer hätten davon den Beweis!« Mit dieser Antwort entfernte er sich.

15. Am folgenden Tage brachen die Helvetier auf. Cäsar ebenfalls, und ließ seine ganze Reiterei, ungefähr viertausend Mann, die er theils aus der Provinz überhaupt, theils von den Aeduern und ihren Bundesgenossen zusammengebracht hatte, vorausgehen, um zu sehen, nach welcher Richtung die Feinde ihren Zug fortsetzten. Diese Reiter verfolgten aber den feindlichen Nachtrab zu stürmisch und geriethen mit den helvetischen Reitern an einem ungünstigen Ort in ein Treffen, wobei einige der Unsrigen blieben. Durch dieses Treffen übermüthig gemacht, weil sie mit nur fünfhundert Pferden eine so zahlreiche Reiterei zurückgeworfen hatten, fingen jetzt die Helvetier an, mit mehr Keckheit Stand zu halten, und uns auch zu Zeiten mit ihrem Nachtrabe zu necken. Cäsar vermied ein Treffen und begnügte sich, unter den gegenwärtigen Umständen, die Feinde vom Plündern, Futtersammeln und Verheerungen abzuhalten. So zog man ungefähr fünfzehn Tage fort, so daß der feindliche Nachtrab und unser Vortrab immer nur fünf bis sechstausend Schritte von einander entfernt waren.

16. Unterdessen drang Cäsar täglich auf die Lieferung des Getreides, das ihm die Aeduer auf Kosten ihres Gemeinwesens zu liefern versprochen hatten, denn, da Gallien, wie vorher erwähnt, gegen Norden liegt, so waren die Früchte auf dem Felde noch nicht reif, ja man fand nicht einmal eine hinreichende Menge Futter. Des Getreides aber, das man auf dem Arar nachführte, konnte sich Cäsar darum weniger bedienen, weil die Helvetier selbst von dem Flusse seitwärts abgegangen waren, und er sich von ihnen nicht entfernen wollte. Die Aeduer zauderten von Tage zu Tage: »es wird jetzt eingeliefert, zusammengeführt, es kommt sogleich«, hieß es immer. Als nun Cäsar sah, man halte ihn zu lange hin, und die Zeit sei da, wo den Soldaten ihr Getreide zugemessen werden müßte, ließ er die vornehmsten Aeduer, deren er eine große Anzahl im Lager hatte, zu sich berufen, unter ihnen den Divitiacus und Liscus, der zu dieser Zeit die höchste Obrigkeit, oder wie die Aeduer sagen,

der »Vergobretus« war; man erwählt diesen alle Jahre, und seine Gewalt erstreckt sich auf Leben und Tod. Cäsar machte also den Aeduern ernste Vorwürfe, daß man ihn unter so dringenden Umständen, wo man Lebensmittel weder für Geld haben, noch von dem Felde entnehmen könnte, so in der Nähe des Feindes nicht unterstütze, und dieser Vorwurf, von ihnen im Stiche gelassen zu sein, treffe sie um so mehr, da er ja größtentheils nur auf ihre Bitten sich zu diesem Kriege entschlossen habe.

17. Diese Sprache Cäsars bewog endlich den Liscus, zu entdecken, was er seither für sich behalten hatte: »es gäbe gewisse Leute, deren Einfluß bei seinem Volke gerade am meisten vermöchte, die privatim mehr ausrichten könnten, als die Beamten selbst. Diese hielten durch aufwiegelnde und hämische Reden das Volk zurück, das Getreide zusammen zu bringen. Es wäre ja besser, sagten sie, wenn sie nun einmal selbst die Herrschaft über Gallien nicht behaupten könnten, Gallier als Römer über sich herrschen zu lassen, denn sie dürften nicht zweifeln, daß die Römer, nach Besiegung der Helvetier, mit den übrigen Galliern auch den Aeduern ihre Freiheit rauben würden. Von diesen Leuten würden auch unsere Anschläge und alle Vorgänge im Lager dem Feinde verrathen. Er vermöge sie nicht in Schranken zu halten; ja er sähe voraus, welche Gefahr er selbst bei dieser von der Noth abgedrungenen Enthüllung laufe und habe daher so lange als möglich geschwiegen.«

18. Cäsar merkte, die Rede des Liscus ginge auf Dumnorix, den Bruder des Divitiacus. Allein weil er die Sache nicht öffentlich verhandeln wollte, so entließ er alsbald die Versammlung, den Liscus behielt er jedoch zurück und verlangte nähere Erklärung über seine Aeußerungen in der Versammlung. Liscus sprach jetzt mit mehr Freimüthigkeit und Kühnheit. Cäsar forschte nun insgeheim auch bei Anderen hierüber nach und fand Alles begründet: Dumnorix selbst sei ein höchst unternehmender Mann, wegen seiner Freigebigkeit vom Volke geliebt

und dabei ein unruhiger Mann. Er habe seit einiger Zeit die Zölle und die übrigen Einkünfte der Aeduer um geringes Geld gepachtet, weil nach seinem Gebote Niemand gegenzubieten wage. Dadurch habe er sich bereichert und ansehnliche Mittel zu Bestechungen erworben. Er unterhalte auf eigene Kosten ein starkes Reitergeschwader, das stets um ihn sei. Nicht allein in seinem Staate, sondern auch bei den Nachbarn vermöge er viel. Zum Zweck solcher Uebermacht habe er seine Mutter an einen der edelsten und reichsten Bituriger verheirathet; sein Weib sei aus Helvetien, und eben so habe er seine Halbschwester mütterlicherseits und seine übrigen nächsten weiblichen Verwandten in andere Staaten verheirathet; dieser Verwandtschaft wegen begünstige er auch die Helvetier. Dem Cäsar aber und den Römern sei er auch aus persönlichen Gründen feind, denn durch ihre Ankunft habe er viel von seiner Macht verloren und sein Bruder Divitiacus das vorige Ansehen und die Achtung im Staate wieder erhalten. Wären die Römer unglücklich, so habe er die größte Hoffnung, durch Hilfe der Helvetier die Regierung ganz in seine Hände zu bekommen, so lange aber ihr Uebergewicht daure, gebe er nicht nur die Hoffnung auf Herrschaft, sondern auch auf die Behauptung seines bisherigen Einflusses auf. – Cäsar erfuhr auch bei dieser Untersuchung, daß Dumnorix, der die Reiterei, welche die Aeduer dem Cäsar zu Hilfe geschickt hatten, befehligte, mit seinen Reitern in dem unglücklichen Reitergefecht vor einigen Tagen zuerst die Flucht ergriffen habe, wodurch erst die übrige Reiterei muthlos geworden sei.

19. Das Alles hatte nun Cäsar gehört, und da zu diesen Muthmaßungen noch die untrüglichsten Thatsachen, (wie: der den Helvetiern verschaffte Durchzug durch das Sequanische Gebiet, die Geiseln, die durch dessen Vermittlung beide Völker einander gegeben hatten, die Anknüpfung dieser Verhandlungen, nicht nur ohne Cäsars und seines Staates Befehl, sondern ganz ohne ihr Wissen, und die Anklage des

Vergobrets) gegen ihn sprachen, so glaubte er hinlänglich berechtigt zu sein, ihn entweder selbst zu bestrafen oder durch seinen Staat bestrafen zu lassen. Eins stand dem aber entgegen: Cäsar kannte die große Ergebenheit des Bruders von Dumnorix, des Divitiacus, gegen das römische Volk, seine vortreffliche Gesinnung besonders gegen ihn, seine ausgezeichnete Rechtlichkeit, Gerechtigkeit und Mäßigung, und fürchtete nun bei demselben durch die Bestrafung des Dumnorix anzustoßen. Ehe er also etwas vornahm, ließ er den Divitiacus zu sich rufen und nach Entfernung der gewöhnlichen Dolmetscher besprach er sich mit ihm durch seinen Vertrauten C. Valerius Procillus, den angesehensten Mann aus der Provinz, zu dem er in allen Stücken das größte Zutrauen hegte. Er erinnerte ihn zugleich an die Beschwerden, die gegen Dumnorix, in des Divitiacus Gegenwart, von den versammelten Galliern geführt seien und entdeckte ihm, was Jeder über ihn noch besonders bei ihm ausgesagt habe. Zuletzt verlangte er und redete ihm zu, die Sache zu untersuchen und ohne sich beleidigt zu fühlen, entweder ihn selbst sein Urtheil sprechen zu lassen, oder es durch die Aeduer zu thun.

20. Da umarmte Divitiacus unter vielen Thränen den Cäsar und bat, doch gegen seinen Bruder nicht zu strenge zu verfahren. Es sei Alles wahr, er wisse es wohl, und Niemand kümmere sich darüber mehr, als er, denn er selbst habe den Dumnorix, da dieser seiner Jugend wegen im Staate, so wie in dem übrigen Gallien, noch in keiner, er aber in der größten Achtung gestanden habe, in die Höhe gebracht, und nun bediene er sich seiner Reichthümer und Macht nicht nur um seinen Einfluß zu schwächen, sondern auch beinahe ihn zu Grunde zu richten. Allein die Bruderliebe und die öffentliche Meinung wirke dennoch bei ihm. Verfahre Cäsar hart gegen ihn, so würde bei dem Grade, in dem er dessen Freundschaft besitze, Jedermann glauben, es sei auf seinen Wunsch geschehen, und das werde ihm den Widerwillen von ganz Gallien zuziehen.« – Als er so mit vielen Worten und Thrä-

nen den Cäsar bat, ergriff ihn dieser bei der Hand, sprach ihm tröstlich zu mit der Aufforderung, nicht länger zu flehen. Dann versicherte er ihn, er sei ihm so werth, daß er selbst das dem Staate zugefügte Unrecht und seinen eignen Unwillen auf seinen Wunsch und seine Fürbitte verzeihen wolle. Nun wurde Dumuorix gerufen, sein Bruder war gegenwärtig, und Cäsar sagte ihm, was ihm an ihm mißfalle; hielt ihm vor, was er für seine Person an ihm bemerke, und worüber der Staat sich beschwere; zugleich mahnte er ihn, in der Zukunft keinen Verdacht mehr zu erregen: das Vergangene wolle er ihm, seinem Bruder Divitiacus zu Liebe, verzeihen. Darauf gab Cäsar dem Dumnorix Aufseher, um zu wissen, womit er sich abgebe, oder mit wem er sich unterhalte.

21. An dem nämlichen Tage erfuhr er durch Kundschafter, der Feind habe sich achttausend Schritte von seinem Lager am Fuße eines Berges gelagert. Er ließ sogleich die Beschaffenheit des Berges, und wie man ihn durch einen Umweg ersteigen könne, auskundschaften. Man hinterbrachte ihm, derselbe sei leicht zu ersteigen. Cäsar ließ also seinen obersten Legaten, Titus Labienus und zwei Legionen mit den Wegweisern, welche den Weg untersucht hatten, um die dritte Nachtwache nach dessen Gipfel aufbrechen und theilte ihm zugleich seinen Plan mit. Er ging um die vierte Nachtwache auf dem Wege, den der Feind genommen hatte, gerade auf ihn los. Die ganze Reiterei machte den Vortrab, und P. Confidius, der schon unter dem L. Sulla und später unter M. Crassus gedient hatte, und dem man außerordentliche Kenntnisse im Kriegswesen zutraute, wurde mit Spähern vorausgeschickt.

22. Tagesanbruch. Labienus stand schon auf dem Gipfel des Berges und Cäsar nur noch fünfzehnhundert Schritte von dem feindlichen Lager entfernt, ohne daß die Helvetier, wie er in der Folge von den Kriegsgefangenen hörte, etwas von seinem oder des Labienus Vorrücken wußten, da kam Considius in vollem Galopp zu Cäsar heran mit der Nachricht gesprengt, auf dem

Berge, den Labienus habe besetzen wollen, stände, wie er an den gallischen Rüstungen und Feldzeichen gesehen habe, der Feind. Cäsar zog sich auf einen Hügel in der Nähe und stellte seine Truppen in Schlachtordnung. – Labienus wartete unterdessen auf dem Gipfel, den er besetzt hatte, nach Cäsars Vorschrift, sich stille zu halten, bis er dessen Truppen vor dem feindlichen Lager sehen würde, nun von allen Seiten zu gleicher Zeit gegen die Feinde loszubrechen, auf uns und nahm keinen Angriff vor. Am hellen Tage erfuhr endlich Cäsar durch seine Späher, der Berg sei von seinen eigenen Leuten besetzt und die Helvetier hätten ihr Lager verlassen; Considius habe in der Bestürzung Dinge als von sich beobachtet gemeldet, die er nicht gesehen hatte. Cäsar folgte an diesem Tage in der gewöhnlichen Entfernung dem Feinde und schlug dreitausend Schritte von ihm sein Lager auf.

23. Am folgenden Tage – denn es waren nur noch zwei Tage übrig, wo das Heer sein Getreide empfangen mußte, und Bibrakte, bei weitem die größte und volkreichste Stadt der Aeduer, lag achtzehntausend Schritte entfernt – glaubte Cäsar, er müsse nun für den Unterhalt des Heeres sorgen, verließ daher die Helvetier und wendete sich gegen Bibrakte. Dem Feinde wurde das durch die Ueberläufer des L. Aemilius, Befehlshaber der gallischen Reiterei, verrathen. In der Meinung also, die Römer zögen sich aus Furcht zurück, was um so glaublicher war, weil Tags vorher von dem Berge, den man besetzt hatte, kein Angriff geschehen war, oder in der festen Hoffnung, uns die Zufuhr der Lebensmittel abschneiden zu können, änderten die Helvetier ihren Plan und die bisherige Richtung ihres Zuges und fingen nun an, unsern Nachtrab zu verfolgen und zu necken.

24. Sobald Cäsar dies wahrnahm, zog er sich mit dem Fußvolke auf den nächsten Hügel und schickte seine Reiterei ab, den vorrückenden Feind aufzuhalten. Mit den vier alten Legionen bildete er unterdessen auf der Mitte des Hügels eine dreifache

Schlachtlinie,* dergestalt, daß die zwei neuen Legionen aus dem diesseitigen Gallien und alle Hilfsvölker über ihm auf dem Gipfel standen, und so ließ er den ganzen Hügel besetzen, das Gepäck auf einen Platz zusammenwerfen und denselben durch die Soldaten der obersten Schlachtreihe befestigen. Die Helvetier waren mit ihren ganzen Wagen nachgerückt, stellten das Gepäck zusammen, warfen unsere Reiter zurück und kamen in geschlossenen Haufen bis an unser erstes Treffen hinan.

25. Um die Gefahr für Alle gleich zu machen und die Hoffnung zur Flucht zu benehmen, ließ Cäsar zuerst sein Pferd,** dann alle übrigen entfernen, ermunterte die Seinen zum Treffen und begann dann die Schlacht. Die Soldaten trennten durch die von oben herabgeschleuderten Wurfspieße mit leichter Mühe die Heerhaufen der Feinde und machten dann sogleich mit gezogenen Schwertern auf die Zersprengten einen Angriff. Zum großen Nachtheile der Gallier in diesem Treffen wurden mehrere Schilde durch einen Wurfspieß zugleich durchbohrt und aneinander geheftet; wenn nun das Eisen sich umgebogen hatte, so konnte man ihn weder herausziehen, noch auch mit dem so gehinderten linken Arme bequem genug streiten. Viele warfen daher, nachdem sie den Arm lange hin und her gezerrt, den Schild fort und fochten mit bloßgestelltem Körper. Endlich fing der Feind nach einem großen Verluste an zu weichen und sich auf einen ungefähr tausend Schritte entfernten Berg zurückzuziehen. Als Jene den Berg erreicht hatten und die Unsrigen nachfolgten, fielen die Bojer und Tulinger, die mit unge-

---

* Jede Legion hatte zehn Cohorten. Cäsar pflegte diese so aufzustellen, wie ich es hier anschaulich mache:
eins zwei drei vier
fünf sechs sieben
acht neun zehn.

** Das thun die römischen Feldherrn oft vor Beginn der Schlacht, um die gleiche Gefahr zu theilen und dadurch den Muth der Soldaten zu erhöhen; so z. B. Agricola bei Tacitus, Leben des Agricola K. 35 (U.-B. 836) und Catilina bei Salluft, Catilina K. 59 (U -B. 889).

fähr fünfzehntausend Mann den Nachtrab bildeten und den Rücken deckten, von ihrem Zuge gerade in unsere offene Seite und überflügelten uns. Das sahen kaum die Helvetier von dem Berge, auf den sie sich schon zurückgezogen hatten, so griffen sie wieder an und erneuerten die Schlacht. – Die Römer griffen sogleich mit veränderter Stellung in zwei Schlachtreihen an, so daß das erste und zweite Treffen sich den geschlagenen und geworfenen Helvetiern entgegen warf, das dritte aber die anrükkenden Bojer und Tulinger in Empfang nahm.

26. So wurde in unentschiedenem Kampfe lange und heftig gefochten. Endlich konnten die Feinde unserm heftigen Andrang nicht länger widerstehen und die Helvetier zogen sich, wie sie angefangen hatten, auf ihren Berg zurück; die Bojer und Tulinger aber wendeten sich zu dem Gepäck und den Wagen hin, denn fliehen sah man in dem ganzen Kampfe Niemand, obschon von sieben Uhr bis an den Abend die Schlacht gedauert hatte. Der Kampf wurde sogar noch bis spät in die Nacht bei dem Gepäck fortgesetzt, denn die Helvetier hatten statt eines Walles ihre Wagen aufgefahren und warfen ihre Geschosse von einem höheren Standpunkt auf unsere anrückenden Truppen; Manche schleuderten auch ihre leichten Wurfspieße zwischen den Wagen und Rädern hervor und verwundeten so unsere Soldaten. Nach einem hartnäckigen Widerstande erst eroberten wir endlich das Lager mit dem Gepäck und machten hier des Orgetorix Tochter nebst einem seiner Söhne zu Gefangenen. Der Rest der Helvetier nach diesem Treffen, ungefähr hundertunddreißigtausend an Zahl, setzte die Flucht die ganze Nacht ununterbrochen fort und kam ohne Rast, nicht einmal Nachts, am vierten Tage in das Lingonische Gebiet, während Cäsar unterdessen wegen der Verwundeten und des Begrabens der Gebliebenen drei Tage verweilte, ohne sie verfolgen zu können. Doch schickte er Boten und Briefe an die Lingoner: man solle den Helvetiern weder mit Lebensmitteln, noch mit andern Bedürfnissen an die Hand gehen, sonst werde er sie, wie die Helvetier als

Feinde behandeln. Am vierten Tage setzte er ihnen mit dem ganzen Heere nach.

27. Der Mangel an allen Bedürfnissen bewog die Helvetier endlich, Gesandte an Cäsar zu schicken, um sich zu ergeben. Sie trafen ihn auf dem Zuge an und baten unter Flehen und Weinen, zu seinen Füßen niedergeworfen, um Frieden. Cäsar gebot, an dem Orte, wo ihr Heer stände, seiner zu warten. Sie thaten es. Bei seiner Ankunft forderte er von ihnen Geiseln, Waffen und die übergelaufenen Sklaven. Indessen in der Nacht, während man diese aufsuchte und zusammenbrachte, verließen gleich mit dem Anfange derselben ungefähr sechstausend Mann aus dem Gau der Verbigener, entweder aus Furcht, nach Ablieferung der Waffen bestraft zu werden, oder in der Hoffnung, ihre Flucht werde bei der großen Menge, die sich ergeben hatte, dem Cäsar verborgen oder gänzlich unbemerkt bleiben, das Lager und eilten dem Rheine und Germanien zu.

28. Als Cäsar das erfuhr, schickte er an die Völker, durch deren Land sie gezogen waren, den Befehl, man möge Jene aufsuchen und ihm zurückführen, wenn er sie nicht selbst für schuldig halten sollte. Die Zurückgebrachten behandelte er nun als Feinde und nahm nach dem Empfange der Geiseln, Waffen und Ueberläufer die Unterwerfung aller Uebrigen an. Die Helvetier, Tulinger und Latobriger hieß Cäsar ihr verlassenes Land wieder beziehen, und weil sie nach dem Verlust ihres Getreides keinen Unterhalt darin fanden, so beauftragte er die Allobroger, ihnen Lebensmittel zukommen zu lassen. Auch die Dörfer und Städte, die sie angezündet hatten, mußten sie selbst auf Cäsars Befehl wieder aufbauen. Seine Hauptabsicht dabei war, das Land, aus dem die Helvetier ausgewandert waren, nicht öde zu lassen, damit nicht wegen der Fruchtbarkeit des Bodens die Germanen über den Rhein nach Helvetien zögen und sich in der Nachbarschaft der Provinz und der Allobroger ansiedelten. Den Bojern erlaubte er, auf Ansuchen der Aeduer, die sie, ihrer bekannten ausnehmenden Tapferkeit wegen, in ihr Land aufnehmen woll-

ten, sich im Aeduergebiete niederzulassen. Jene also gaben ihnen jetzt Felder und in der Folge gleiche Rechte und Freiheiten mit den Eingebornen.

29. Im Lager der Helvetier fanden sich griechisch geschriebene Verzeichnisse, die man dem Cäsar brachte. Dieselben enthielten eine Berechnung der ganzen waffenfähigen Mannschaft, die ausgewandert war, und auch besondere Angaben der Kinder, Greise und Weiber. In Allem waren es, Helvetier: zweihundertdreiundsechzigtausend, Tulinger: sechsunddreißigtausend, Latobriger: vierzehntausend, Nauraker: dreiundzwanzigtausend, Bojer: zweiunddreißigtausend. Darunter befanden sich an Waffenfähigen zweiundneunzigtausend. Im Ganzen waren es dreihundertachtundsechzigtausend Köpfe. Von dieser Zahl gingen wieder nach der Zählung, die auf Cäsars Befehl vorgenommen wurde, hundertzehntausend in ihr Land zurück.

Krieg mit Ariovist

30. Nach dem Kriege mit den Helvetiern kamen beinahe aus allen Staaten Galliens die Häuptlinge als Abgesandte zu Cäsar, um ihm Glück zu wünschen. Obschon, so sagten sie, Cäsar eigentlich nur die Helvetier in diesem Kriege für die alten Beleidigungen gegen das römische Volk gezüchtigt hätte, so fänden sie das doch eben so vortheilhaft für Gallien, als für den römischen Staat, da die Helvetier aus ihrer so blühenden Heimat nur in der Absicht ausgezogen wären, ganz Gallien zu bekriegen und nach dessen Unterjochung sich aus Gallien die gelegenste und fruchtbarste Mark zum Sitze zu wählen, das übrige Land aber zinsbar zu machen. Sie baten zugleich um Erlaubniß, einen allgemeinen Landtag der Gallier auf einen bestimmten Termin anzusagen und ihn mit Cäsars Genehmigung zu halten: sie hätten einige Bitten, die sie unter allgemeiner Uebereinstimmung

vortragen wollten. Die Erlaubniß wurde gegeben. Man setzte den Tag zu ihrer Zusammenkunft fest und verpflichtete sich eidlich, Niemand, ausgenommen die, welchen man es in Folge gemeinschaftlicher Erwägung auftragen würde, solle etwas davon zur öffentlichen Kenntniß bringen.

31. Nach Beendigung des Landtages erschienen dieselben Vorstände der gallischen Staaten, welche zuvor bei Cäsar gewesen waren, aufs Neue bei ihm und verlangten, sich mit ihm allein insgeheim über privates und allgemeines Bestes zu besprechen. Auch das wurde bewilligt. Da warfen sie sich unter Thränen Cäsar zu Füßen und erklärten: »sie seien in gleichem Grade bestrebt und bemüht, ihr Gesuch geheim zu halten, wie es erfüllt zu sehen; denn würden sie verrathen, so hätten sie, wie sie im Voraus sähen, das grausamste Loos zu erwarten.« Der Aeduer Divitiacus führte in ihrem Namen das Wort: »Zwei Parteien gäbe es bei den Galliern, an deren Spitze die Aeduer und Arverner ständen. Nach einem langen und schweren Kriege zwischen beiden Theilen um die Oberherrschaft wären germanische Söldner von den Arvernern und den Sequanern angenommen worden. Anfänglich seien ihrer nur fünfzehntausend Mann über den Rhein gekommen; nachdem aber diese rohen und wilden Leute an Galliens Fluren, Erzeugnissen und Lebensart ein Behagen gefunden hätten, so wären noch mehrere gefolgt. Jetzt belaufe sich ihre Anzahl in Gallien auf hundertundzwanzigtausend Mann. Die Aeduer und ihre Schutzgenossen hätten einige Treffen gegen sie geliefert, wären aber mit großem Verluste geschlagen worden und fast um den ganzen Adel, Senat und ihre Reiterei gekommen. Durch diese Schlachten und Niederlagen wäre ihr Staat, der bei der Tapferkeit seiner Völker, der Gastfreundschaft und Verbrüderung mit den Römern sonst der mächtigste in Gallien gewesen sei, entkräftet und in die Noth versetzt worden, die Angesehensten des Staates den Sequanern als Geiseln zu geben und sich eidlich zu verbinden, die Geiseln niemals zurückzufordern, keine Hilfe bei den Römern zu erfle-

hen und ohne Widerrede auf immer ihre Oberherrschaft anzuerkennen. Er allein unter allen Aeduern hätte sich weder einen Eid, noch seine Kinder als Geiseln abzwingen lassen; wäre deshalb aus seinem Staate entwichen und hätte bei dem Senate zu Rom Hilfe gesucht, weil ihm weder durch Eid, noch durch Geiseln die Hand gebunden gewesen sei. Allein der Erfolg wäre für die siegenden Sequaner schlimmer ausgefallen, als für die besiegten Aeduer: denn der Germanenkönig Ariovistus hätte sich in ihrem Gebiete festgesetzt und den dritten Theil des Landes, des besten von ganz Gallien, weggenommen, und nun sollten die Sequaner auch noch das zweite Drittheil den Harudern zur Wohnung und zum Aufenthalte einräumen, die vierundzwanzigtausend Mann stark vor einigen Monaten zu ihm gestoßen wären. In kurzer Zeit würden sie somit insgesammt aus Gallien gejagt werden und alle Germanen über den Rhein kommen, denn weder Boden, noch Lebensweise in Germanien käme der gallischen gleich. Ariovistus aber herrsche seit dem Hauptsiege über die gallische Macht, den er bei Magetobria erfochten habe, mit Uebermuth und Grausamkeit, er verlange die Kinder des ersten Adels zu Geiseln und übe alle Arten von Härte und Grausamkeit gegen sie aus, wenn nicht Alles nach seinem Wink und Willen geschähe. Er sei ein Barbar, ein jähzorniger, tollkühner Mann: man könne nicht länger seine Herrschaft ertragen. Fände man nicht einige Hilfe bei Cäsar und dem römischen Volke, so müßten alle Gallier, wie die Helvetier, auswandern, einen anderen Wohnort, ein anderes Land weit von den Germanen suchen und ihr Glück, wie es auch komme, versuchen. Erführe aber Ariovistus diese Unterredung, so würde er sicher an allen Geiseln, die er in Händen hätte, die schärfste Rache nehmen. Cäsar könne ihn theils durch sein und seines Heeres Ansehen, theils durch den Ruhm des letzten Sieges oder durch den Namen des römischen Volkes schrecken, keine Truppen mehr über den Rhein zu führen; ja, er könne ganz Gallien gegen Jenes Gewalthandlungen schützen.«

32. Nach dieser Rede des Divitiacus baten alle Anwesenden mit lautem Gejammer um Cäsars Hilfe. Cäsar bemerkte, daß die Sequaner allein sich keineswegs wie die Uebrigen benahmen, sondern traurig mit gesenktem Kopfe zur Erde starrten. Er war neugierig, die Ursache zu wissen und fragte sie. Die Sequaner antworteten nichts und blieben wie zuvor in ihrer stummen Traurigkeit. Als er bei wiederholten Fragen kein Wort aus ihnen bringen konnte, antwortete der Aeduer Divitiacus wieder: »Das Schicksal der Sequaner wäre um so bedauernswürdiger und härter als das der Uebrigen, weil sie allein nicht einmal in der Stille klagen oder um Hilfe flehen dürften, und vor der Grausamkeit des Ariovistus auch in seiner Abwesenheit so bebten, als wenn er vor ihnen stände, denn die Uebrigen könnten doch noch entweichen. Die Sequaner aber müßten, da sie ihn in ihrem Lande aufgenommen hätten und er alle Städte in seiner Gewalt habe, sich allen Drangsalen unterwerfen.«

33. Als nun Cäsar das angehört hatte, sprach er den Galliern Trost zu mit der Versicherung, er werde für sie sorgen. Bei den Verbindlichkeiten, die Ariovistus gegen ihn habe,* und bei seinem Ansehen hege er große Hoffnung, ihn dahin zu bringen, seinen Bedrückungen ein Ende zu machen, und so entließ er die Versammlung. Außerdem trieben auch noch andere Ursachen den Cäsar an, diese Sache zu beherzigen und in die Hand zu nehmen, besonders da er die Aeduer, die doch der Senat so oft Freunde und Brüder genannt habe, in der Sklaverei und unter der Botmäßigkeit der Germanen sah und vernahm, daß Ariovistus und die Sequaner Geiseln von ihnen hätten, was er bei Roms ausgebreiteter Macht für sich und seinen Staat als die größte Schande ansah. Auch erkannte er die Gefahr für Rom, die darin lag, wenn die Germanen sich allmählich gewöhnten, über den Rhein zu ziehen und in Gal-

* Nach Plutarch (Cäsar 19) bestanden diese darin, daß Cäsar ihm in Rom die Anerkennung seiner Königswürde und den Titel eines Bundesgenossen verschafft hatte.

lien sich ansammelten, denn er glaubte nicht, daß diese wilden Barbaren, wenn sie in dem Besitze von ganz Gallien wären, sich damit begnügen würden, sondern wie vor ihnen Cimbern und Teutonen in die Provinz vorrücken und von da nach Italien eindringen, zumal da nur der Rhodan die Provinz von den Sequanern trennt. Er hielt also für gut, die schleunigsten Vorkehrungen dagegen zu treffen; des Ariovistus Stolz und Anmaßungen gingen ja schon so weit, daß er ihm selbst unerträglich erschien.

34. Cäsar fand es also für gut, Abgesandte an Ariovist zu schicken mit dem Begehren, einen Ort zu ihrer beiderseitigen Unterredung zu bestimmen; er wolle sich mit ihm über einige Staatsgeschäfte und Angelegenheiten von größter Wichtigkeit für sie Beide besprechen. Ariovist gab diesen Abgesandten den Bescheid, wenn er ein Anliegen an Cäsar hätte, so würde er zu ihm kommen; verlange aber Cäsar etwas von ihm, so müsse auch er zu ihm kommen. Außerdem getraue er sich nicht, ohne sein Heer in die Theile Galliens zu gehen, die Cäsar besetzt habe, und das könne er nicht ohne viele Beschwerden zusammenziehen. Ueberhaupt schiene es ihm aber sonderbar, was Cäsar oder gar das römische Volk in *seinem* Gallien, das er durch Recht des Krieges erworben hätte, zu schaffen habe.

35. Auf diese Antwort schickte ihm Cäsar aufs Neue Gesandte zu mit der Erklärung: »Da er die große Gnade gegen sich und das römische Volk, den von dem Senate unter seinem Consulate ihm beigelegten Titel »König und Freund« damit vergelte, daß er seiner Einladung zu einer Unterredung Schwierigkeiten mache und sich über ihr gemeinschaftliches Interesse nicht besprechen und unterrichten lassen wolle, so lege er ihm folgende Punkte zur Befolgung vor: erstens, keine Völker mehr über den Rhein nach Gallien zu führen; sodann den Aeduern die Geiseln, welche er von ihnen hätte, zurückzugeben und den Sequanern zu erlauben, die mit seiner Zustimmung bei ihnen befindlichen Geiseln zurückzuschicken;

die Aeduer nicht zu mißhandeln und weder sie, noch ihre Verbündeten feindselig zu behandeln. Erfülle er das, so würde er ihn und das römische Volk ewig* zu Freunden und Gönnern haben; wenn nicht, so würde Cäsar – gemäß der Senats-Verordnung unter den Consuln M. Messalla und M. Piso, daß der jedesmalige Statthalter der Provinz Gallien die Aeduer und übrigen Freunde des römischen Volkes, soweit er es ohne Nachtheil des Staates könne, schützen solle – bei den Mißhandlungen der Aeduer nicht gleichgiltig bleiben.

36. Dagegen versetzte Ariovist: »Vermöge des Kriegsrechts behandele der Sieger die Besiegten nach seiner Willkür. Auch das römische Volk pflege mit seinen unterjochten Völkern nach eigenem Gefallen, nicht nach der Vorschrift eines Andern zu verfahren. Wenn er also den Römern in der Ausübung ihrer Rechte keine Vorschriften mache, so dürften auch sie ihn in seinen Gerechtsamen nicht kränken. Die Aeduer hätten ihr Waffenglück versuchen wollen, hätten Schlachten gewagt und wären überwunden worden. Sie zahlten ihm in Folge dessen Tribut. Cäsar aber handle sehr ungerecht, daß er durch seine Einmischung ihm seine Einkünfte schmälere. Den Aeduern werde er die Geiseln nicht zurückgeben und werde sie und ihre Bundesgenossen auch nicht widerrechtlich bekriegen, wenn sie dabei blieben, worin sie übereingekommen wären und jährlich ihren Tribut zahlten. Thäten sie das nicht, so werde ihnen die Verbrüderung mit dem römischen Volke wenig nützen. Wenn ihm Cäsar ankündige, er werde bei den Mißhandlungen der Aeduer nicht gleichgiltig bleiben, so bemerke er, daß noch Niemand ohne sein Verderben sich in Krieg mit ihm eingelassen habe. Er solle nur, wenn er Lust hätte, die Feindseligkeiten anfangen. Er werde die Tapferkeit seiner unüberwindlichen

---

* Ewig – das *perpetuus* des Textes erscheint in diesem Versprechen wol passend. Man denke nur an die Friedensschlüsse auf »ewige Zeiten«.

Germanen, die so geübt in den Waffen und seit vierzehn Jahren* unter kein Obdach gekommen wären, fühlen.«

37. Gerade als man dem Cäsar diese Antwort hinterbrachte, kamen Gesandte der Aeduer und Trevirer an. Die ersteren, um sich über die Haruder, die erst vor Kurzem nach Gallien verpflanzt waren und nun ihr Land verwüsteten, zu beschweren: man habe nicht einmal durch Geiseln Ruhe von Ariovistus erkaufen können. Die Trevirer aber brachten die Nachricht, hundert Gaue der Sueven ständen am Rheine und wollten übersetzen; Nasua und Cimber, zwei Brüder, seien ihre Führer. Durch diese Nachricht gerieth Cäsar in große Unruhe und dachte, er müsse schleunig zu Werke gehen, damit ihm nicht durch die Vereinigung des neuen Suevenhaufens mit Ariovists altem Heere der Widerstand erschwert werde. Er legte daher in möglichster Geschwindigkeit Getreidevorräthe an und ging in Eilmärschen aus Ariovist los.

38. Am dritten Tage nach dem Aufbruche lief die Nachricht ein, Ariovist mache mit seinem ganzen Heere eine Bewegung, Vesontio, die Hauptstadt im Sequanischen Gebiete, zu besetzen und sei schon drei Märsche aus seinem Lande vorwärts gerückt. Cäsar glaubte dem sorgfältig vorbeugen zu müssen, denn es lag in der Stadt ein sehr großer Vorrath von allen Kriegsbedürfnissen und sie hätte durch ihre Befestigung von Natur aus eine schöne Gelegenheit geben können, den Krieg in die Länge zu ziehen, weil der Fluß Dubis beinahe die ganze Stadt wie im Kreise umfließt und auf der Seite, wo er sie nicht berührt, die nicht breiter als sechshundert Fuß ist, ein großer Berg den ganzen Raum ausfüllt, so daß der Fluß auf beiden Seiten hart an dessen Fuß hinströmt. Der Berg bildet wegen der Mauer, die ihn einschließt und mit der Stadt vereinigt, eine Burg. Hierhin eilte

* Diese Unterredung fand statt 58 v. Chr. Im Jahre 72 war Ariovist mit den Sueven über den Rhein gekommen.

Cäsar in großen Tag und Nachtmärschen, nahm den Ort und legte in denselben eine Besatzung.

39. Während der kurzen Zeit, in der Cäsar des Getreides und der Zufuhr wegen bei Vesontio stand, verbreitete sich durch die Erkundigungen unserer Soldaten und der Gallier und Kaufleute Geschwätz: die Germanen seien ungeheuer groß,* unglaublich tapfer, geübt in den Waffen; sie hätten bei den vielen Schlachten mit ihnen nicht einmal ihre Blicke und das Funkeln der Augen ertragen können – plötzlich ein solcher Kleinmuth in dem ganzen Lager, daß Alles aus seiner Fassung kam. Diese Furcht aber ging zuerst von den Kriegstribunen,** sonstigen Offizieren und den Uebrigen aus, die dem Cäsar nur aus Freundschaft von Rom gefolgt waren und nun bei ihrer geringen Erfahrung im Kriege über die große Gefahr jammerten, und von denen nun Jeder unter einem anderen Vorwand zu einer nothwendigen Reise sich dazu die Einwilligung Cäsars erbat. Einige hielten zwar aus Scham, um dem Verdachte der Feigheit zu entgehen, Stand, allein sie konnten doch ihr Gesicht nicht verstellen, noch sich zu Zeiten der Thränen enthalten. In den Zelten versteckt beklagten sie entweder ihr Mißgeschick oder bejammerten mit ihren Vertrauten die allgemeine Gefahr. Im ganzen Lager machte man durchgängig sein Testament.

---

* Vgl. Tacitus Germania 4 (Univ.-Bibl. 726).

** Fügen wir hier eine Rangliste des römischen Heeres ein: Nach dem *Oberfeldherrn (Feldmarschall) kamen die Legaten* (Generäle), welche eine Legion commandierten und auch den obersten Kriegsherrn nach der Anciennetät vertraten. Dann folgten die *Kriegstribunen* (Oberst), sechs bei jeder Legion; unter ihnen die (zehn) Tribunen der Cohorten (Major), unter diesen die *Centurionen* (Hauptleute). Die Führer der Cavallerie standen im Range der Kriegstribunen. Außer diesen activen Offizieren gab es aber noch Offiziere vornehmer Abkunft, so zu sagen in *partibus: à la suite* der Armee, die als Adjudanten u.s.w. das Hauptquartier füllten. Das sind die hier erwähnten und in meiner Erläuterung zu Tacitus' Agricola 5 (Univ.-Bibl. 836 S. 58) näher gekennzeichneten jungen Stabsoffiziere, welche im Range der Kriegstribunen standen.

Durch ihr Geschwätz und ihre Zaghaftigkeit wurden nach und nach auch die Soldaten, die schon viele Erfahrungen im Kriege hatten, die Centurionen und Führer der Reiterei beunruhigt. Die noch am unerschrockensten sein wollten, gaben vor, nicht der Feind mache sie so bange, nur die Engpässe, die ungeheuren Waldungen zwischen ihnen und Ariovist seien ihnen bedenklich und auch daß man die Lebensmittel nicht leicht genug herbeischaffen könne. Einige erklärten sogar dem Cäsar, die Soldaten würden bei dem Befehle zum Aufbruche und Marsche nicht gehorchen und aus Furcht nicht vorrücken.

40. Als Cäsar das gehört hatte, hielt er einen Kriegsrath, zu dem er auch die Centurionen des ganzen Heeres hatte rufen lassen, und gab ihnen einen herben Verweis, erstens, daß sie glaubten, untersuchen oder überlegen zu müssen, wohin oder in welcher Absicht man sie marschiren ließe. Ariovist habe unter seinem Consulate so sehnlich Roms Freundschaft gesucht, wie man denn glauben könnte, daß er so ohne Grund seiner Pflicht untreu werden würde? Er sei überzeugt, Ariovist werde, wenn er seine Forderungen gehört und die Billigkeit seiner Vorschläge eingesehen hätte, nicht seine und des römischen Volkes Gunst verscherzen wollen. Doch gesetzt, Wuth und Tollheit gingen bei ihm so weit, sie zu bekriegen, was sie denn befürchteten? Warum sie Mißtrauen in ihre Tapferkeit oder in seine Fürsorge setzten? Man habe ja schon zu unserer Väter Zeiten diesen Feind kennen gelernt und bei des Cajus Marius Siegen über die Cimbern und Teutonen* dürften Heer und Feldherr gleichen Anspruch auf den Siegesruhm machen. Auch jüngst erst habe man ihn in Italien bei dem Aufstande der Sklaven** kennen gelernt, denen doch römische Erfahrung und

* Im Jahre 102 v. Chr. bei Aquä Sextiä und vollends 101 in den raudinischen Gefilden bei Bercelli.

** 71 n. Chr., also dreißig Jahre später. Demnach können viele gefangene Cimbern und Teutonen nicht mehr unter den revoltirenden Sklaven gewesen sein.

Kriegszucht einigermaßen zu Statten gekommen wären. Hieraus könne man beurtheilen, was für Vortheile Geistesentschlossenheit gewähre, denn zuletzt habe man dieselben Feinde, welche man eine Zeitlang ohne Grund waffenlos gefürchtet hatte, vollkommen bewaffnet und als Sieger dennoch geschlagen. Endlich seien dies ja dieselben Germanen, deren Besieger in vielen Schlachten, nicht allein in ihrem Lande, sondern auch in Germanien selbst, fast immer die Helvetier gewesen wären, die doch unserer Macht hätten unterliegen müssen. Beunruhige aber Jemand die verlorene Schlacht und Flucht der Gallier, der könne bei näherer Untersuchung finden, daß die Celten durch den langwierigen Krieg ermüdet gewesen und so habe Ariovist, nachdem er Monate in seinem Lager zwischen Sümpfen verschlossen sich nicht habe beikommen lassen, als Jene schon fast alle Hoffnung auf eine Schlacht aufgegeben und sich zerstreut hätten, sie unvermuthet überfallen und mehr durch Klugheit und List, als durch Tapferkeit geschlagen. Das wäre wol bei Barbaren ohne Kriegskenntnisse gegangen, allein eben so unsere Völker berücken zu können, hoffe Ariovist gewiß selber nicht. Jene, die bei ihrer Furcht die Besorgnisse wegen der Lebensmittel und Engpässe vorschützten, handelten vermessen, da sie an dem Pflichtgefühl des Feldherrn verzagten, oder ihm gar vorschreiben wollten. Dafür sorge er: Sequaner, Leuker und Lingoner lieferten Getreide; auch die Früchte auf dem Felde seien schon reif. Ueber den Marsch würden sie selbst in Kurzem urtheilen. Das Gerede, der Soldat würde nicht gehorchen und auf seinen Befehl aufbrechen, beunruhige ihn gar nicht, denn er wisse wohl, Alle, denen ihre Truppen nicht gehorcht haben, hätten entweder ihre Sache schlecht gemacht und kein Glück gehabt, oder man sei durch eine unläugbare Thatsache von ihrer Habsucht überzeugt gewesen. Seine Unbescholtenheit aber sei durch sein ganzes Leben, sein Waffenglück aber durch den Krieg mit den Helvetiern genügend erwiesen. Er werde demnach, was er außerdem weiter hinausgeschoben hätte, sogleich vornehmen und in der nächsten vierten Nachtwache aufbrechen, um so bald als möglich zu wissen, ob Ehrgefühl und Pflicht oder Angst bei ihnen mehr vermöge. Folge ihm auch Niemand, so werde er doch mit der zehnten Legion allein vorrücken, an deren Folgsamkeit er nicht zweifle, diese solle ihm Leibwache sein. Diese Legion hatte nämlich Cäsar immer besonders begünstigt und in sie setzte er wegen ihrer Tapferkeit das größte Vertrauen.

41. Durch diese Rede wurde das ganze Heer wunderbar umgestimmt und es entstand größte Bereitwilligkeit und Lust zum Kriege. Vor Allem aber stattete die zehnte Legion durch ihre Tribunen dem Cäsar für das geäußerte günstige Urtheil ihren Dank ab, mit der Versicherung, sie bräche mit größtem Eifer gegen den Feind auf. Hierauf verhandelten auch die übrigen Legionen durch ihre Tribunen und Centurionen ersten Ranges, wie sie den Cäsar besänftigen möchten. Sie versicherten, sie wären ja nie unschlüssig oder furchtsam gewesen und hätten nie geglaubt, daß ihnen ein Urtheil über die allgemeine Leitung des Krieges zustehe, sondern dies sei die Sache des Feldherrn. Cäsar nahm ihre Entschuldigung an und nachdem er durch den Divitiacus – diesem traute er von Allen am meisten – einen Weg ausfindig gemacht hatte, durch den er in einem Seitenmarsche von mehr als fünfzigtausend Schritten über freie Ebene vorrücken konnte, brach er um die vierte Nachtwache, wie er vorhin gesagt hatte, auf. Nach sieben Tagesmärschen ohne Rasttag erhielt er von seinen Kundschaftern die Nachricht: Ariovist stände mit seinem Heere vierundzwanzigtausend Schritte entfernt.

42. Als Ariovist Cäsars Vorrücken erfahren hatte, schickte er an ihn Gesandte, die zuvor begehrte Unterredung könnte nun, da Cäsar näher gekommen sei, und er keine Gefahr dabei finde, für seine Person vor sich gehen. Cäsar, mit dem Vorschlage zufrieden, glaubte schon, da Ariovist von freien Stücken sich zu dem erbot, was er ihm zuvor auf sein Gesuch abgeschlagen hatte, er besänne sich eines Bessern, und machte sich starke

Hoffnung, Jener würde, wegen der großen Verpflichtungen gegen ihn und das römische Volk von seinem Starrsinne nachlassen, sobald er seine Forderungen gehört hätte. Der fünfte Tag darauf wurde zur Unterredung bestimmt. Da unterdessen Abgesandte von beiden Seiten hin und her gingen, verlangte Ariovist, Cäsar solle kein Fußvolk zu der Unterredung mit sich bringen; er besorge eine Hinterlist. Beide sollten nur Reiter bei sich haben: unter einer andern Bedingung werde er nicht kommen. Cäsar wollte durch keinen Vorwand die Unterredung sich zerschlagen lassen; mochte aber auch nicht seine Person gallischen Reitern* anvertrauen. Er hielt es also für das Beste, die Gallier absitzen zu lassen, und mit ihren Pferden seine zehnte Legion beritten zu machen, um im Falle der Noth die treueste Bedekkung zu haben. Bei dieser Gelegenheit verfiel ein Soldat von der zehnten Legion auf den witzigen Einfall: »Cäsar thue jetzt mehr, als er versprochen: er habe die zehnte Legion nur zu seiner Leibwache erheben wollen, jetzt mache er sie zu Rittern.«

43. Gleich weit von den beiden Lagern erhob sich auf einer großen Ebene ein ansehnlicher Erdhügel. Dorthin kamen sie, der genommenen Abrede gemäß, zur Unterredung. Cäsar ließ seine Legion zu Pferde zweihundert Schritte vor dem Hügel stehen. In gleicher Entfernung machten auch Ariovists Reiter Halt. Dieser verlangte, daß man sich zu Pferde bespreche, und jeder sollte mit zehn Mann zur Unterredung kommen dürfen. Bei ihrer Zusammenkunft erwähnte Cäsar im Eingange seiner Rede die von ihm und dem Senat dem Ariovist zuertheilten Auszeichnungen: er habe vom Senate den Titel König und Freund erhalten, sowie die ansehnlichsten Geschenke empfangen. Das geschähe selten und werde, nach der Sitte Roms, nur für wichtige Dienste ertheilt; er aber habe, ohne einen Anspruch, ohne gegründetes Recht zu haben, diese Belohnung

* Zu Cäsars Zeit bestand die römische Reiterei meist aus Fremdlingen, gallischen oder anderen Völkern.

rein durch seine und des Senates Güte und Freigebigkeit erhalten. Dann unterrichtete er ihn auch, wie alt und rechtmäßig Roms Verbindung mit den Aeduern sei, welche Verordnungen der Senat für sie gemacht habe. Die Aeduer seien sogar vor ihrem Gesuche um Roms Freundschaft der erste Staat unter den Galliern gewesen. Rom pflege seine Bundesgenossen und Freunde nicht nur nicht beeinträchtigen zu lassen, sondern suche auch ihr Ansehen, ihre Achtung und Würde zu vergrößern. Wer könne ihnen das entziehen lassen, was sie schon vor ihrer Freundschaft mit Rom besessen hätten? Er wiederholte hierauf die Forderungen, die er seinen Gesandten als Antrag mitgegeben hatte, keine Feindseligkeiten gegen die Aeduer und ihre Bundesgenossen auszuüben, ihre Geiseln zurückzugeben und, könnte er nicht einen Theil von seinen Germanen nach Hanse schicken, wenigstens nicht zu gestatten, daß noch mehr über den Rhein gingen.

44. Ariovist beantwortete Cäsars Forderungen nur kurz und prahlte desto mehr mit seinen Thaten. »Er sei nicht aus eigenem Triebe, sondern auf Bitten und Verlangen der Gallier über den Rhein gegangen. Haus und Familie habe er nicht ohne große Aussichten und zu hoffende Vortheile verlassen, seine Besitzungen in Gallien seien ihm von den Galliern abgetreten, die Geiseln mit gutem Willen gegeben worden, den Tribut, den Sieger den Ueberwundenen aufzulegen pflegten, empfange er nach dem Kriegsrechte, die Gallier, nicht er, seien der angreifende Theil gewesen. Alle Staaten Galliens seien gegen ihn aufgebrochen und hätten gegen ihn im Felde gestanden; diese vereinigte Macht habe er in einem einzigen Treffen über den Haufen geworfen und geschlagen. Wollten sie es noch einmal versuchen, so sei er abermals zum Kampfe bereit; wäre ihnen aber der Frieden lieber, so sei es unbillig, den Tribut zu verweigern, den sie bis jetzt gutwillig gezahlt hätten. Die Freundschaft mit Rom müßte ihm Ruhm und Schutz verschaffen, nicht aber Nachtheil bringen, nur in dieser Absicht habe er

sie gesucht. Sollte er durch die Römer seine Kriegssteuern verlieren, so leiste er eben so willig auf ihre Freundschaft Verzicht, als er sich darum beworben habe. Er führe germanische Völker zu seiner Sicherheit, nicht aus feindseligen Absichten gegen die Gallier über den Rhein, das ersähe man daraus, daß er erst auf deren Bitten gekommen sei und den Krieg nicht angefangen, sondern sich nur vertheidigt habe. Er sei ja vor den Römern schon nach Gallien gekommen und bis jetzt habe kein römisches Heer einen Schritt über die Grenze ihrer gallischen Provinzen gethan. Was Cäsar denn suche? in welcher Absicht er gegen seine Besitzungen vorrücke? Dieses Gallien sei seine Provinz, wie jenes die römische. Wie man ihm einen Einfall in unser Gebiet nicht verzeihen dürfte, so sei es unsererseits eben so ungerecht, ihn in seinen Rechten zu stören. Cäsar gäbe vor, der Senat habe die Aeduer für Freunde erklärt, allein er sei nicht so fremd und unerfahren, um nicht zu wissen, daß die Aeduer selbst weder den Römern in dem letzten Kriege mit den Allobrogern Beistand geleistet, noch auch in den Kämpfen mit ihm und den Sequanern einige Hilfe von Rom erhalten hätten. Er müsse argwöhnen, daß Cäsar unter dem Scheine der Freundschaft das Heer in Gallien nur zu seiner Unterdrückung habe. Zöge er dasselbe nicht zurück und räumten seine Völker nicht diese Gegenden, so werde er ihn nicht als Freund, sondern als Feind betrachten. Durch seinen Tod erweise er vielen Edeln und Großen in Rom einen Gefallen, das hätten sie ihn selbst wissen lassen. Durch seine Ermordung könne er aller dieser Leute Gunst und Gewogenheit gewinnen. Zöge Cäsar sich aber zurück und überließe er ihm den ungestörten Besitz Galliens, dann wolle er ihm recht erkenntlich sein und alle Kriege, die er geführt wünsche, ohne seine Belästigung und Gefahr zu Ende bringen.«

45. Cäsar erwiderte hierauf ausführlich, warum er in dieser Angelegenheit nicht nachgeben könne. Weder seine, noch des römischen Volkes Gewohnheit erlaube ihm, so verdiente Bundesgenossen im Stiche zu lassen; auch habe nach seinem Urtheile Ariovist nicht mehr Recht auf Gallien als die Römer. Denn Quintus Fabius Maximus hätte die Arverner und Rutener überwunden, das römische Volk sie aber begnadigt und weder ihr Land zu einer Provinz gemacht, noch ihnen einen Tribut auferlegt. Käme es also auf das Alter an, so habe Rom das größte Recht auf dasselbe, sollte man sich aber nach den Senats-Verordnungen richten, so müsse Gallien frei bleiben, da der Senat auch nach seiner Bezwingung ihm den freien Gebrauch seiner Gesetze zugestanden habe.

46. Während dieser Verhandlungen in der Unterredung hinterbrachte man dem Cäsar, Ariovists Reiter rückten gegen den Hügel vor, ritten auf unsere Leute zu und würfen Steine und Wurfspieße nach ihnen. Cäsar brach die Unterredung ab und begab sich zu den Seinigen mit dem Befehle, die Feindseligkeiten nicht zu erwiedern, denn er sah zwar wohl ein, er könne es mit der ausgesuchten Legion gegen die Reiterei ohne Gefahr aufnehmen, jedoch glaubte er es nicht zugeben zu dürfen, damit, wenn die Feinde geschlagen würden, man nicht sagen könnte, sie seien durch sein Wort bei der Unterredung hintergangen worden. Als es unter den Soldaten bekannt wurde, mit welcher Anmaßung Ariovist in der Unterredung die Römer von allen Besitzungen in Gallien habe ausschließen wollen, wie seine Reiter uns angegriffen und dies die Unterredung abgebrochen hätte, da verbreitete sich bei den Truppen eine noch viel größere Lust und Begier zum Kampfe.

47. Am andern Tage darauf kamen Gesandte von Ariovist zu Cäsar, er wolle sich über die Unterhandlungen, die man angefangen, aber nicht vollendet hätte, aufs Neue mit ihm besprechen; Cäsar möge demnach wieder einen Tag zur Unterredung bestimmen, oder, wenn er das nicht wolle, einen seiner Legaten zu ihm schicken. Cäsar hatte keinen Grund zu neuer Unterredung, und das um so weniger, weil Tags vorher die Germanen sich nicht von Feindseligkeiten gegen uns hatten zurückhalten

lassen, einen von seinen Legaten aber an ihn zu senden und denselben den Barbaren preiszugeben, hielt er für sehr gefährlich. Es schien ihm also am bequemsten, den Cajus Valerius Procillus, Sohn des Valerius Caburus, einen Jüngling von ausgezeichnetem Muth und edler Bildung, dessen Vater von dem Valerius Flaccus das römische Bürgerrecht erhalten hatte, theils aus Vertrauen zu seiner Person, theils wegen seiner Kenntnisse in der gallischen Sprache, die dem Ariovist bei dem langen Umgange geläufig war, und weil die Germanen keine Ursache hatten, sich an ihm zu vergreifen, nebst dem Marcus Mettius, einem Gastfreunde des Ariovist, hinzuschicken. Diese hatten den Auftrag, den Ariovist anzuhören und dessen Erklärungen dem Cäsar zu überbringen. Als Ariovist diese kaum bei sich im Lager erblickte, fuhr er sie laut vor seinem Heere an: warum sie zu ihm kämen? Etwa um zu kundschaften? Und als sie zu sprechen versuchten, ließ er sie in Fesseln werfen.

48. Am nämlichen Tage noch rückte Ariovist vor und lagerte sich sechstausend Schritte von Cäsar entfernt am Fuße eines Berges. Tags darauf zog er an Cäsars Lager vorbei und lagerte sich zweitausend Schritte jenseits desselben, um dem Cäsar die Getreidezufuhr, die er von den Sequanern und Aeduern erhielt, abzuschneiden. Von diesem Tage an rückte Cäsar fünf Tage nach einander aus und stellte sich vor das Lager in Schlachtordnung, damit Ariovist, wenn er sich mit ihm in ein Treffen einlassen wollte, dazu Gelegenheit hätte. Dieser aber blieb die Zeit über mit seinem Fußvolke ruhig im Lager stehen und ließ nur die Reiterei sich täglich mit uns versuchen. In dieser Art von Gefecht hatten die Germanen viel Fertigkeit. Sechstausend Reiter hatten sich eben so viele der behendesten und stärksten Fußgänger aus dem ganzen Heere, jeder seinen Mann, zum Beistande ausgesucht. Diese Reiter und Fußgänger hielten sich in den Schlachten zusammen: zu den Fußgängern zogen sich die Reiter zurück oder sie eilten selbst, wenn es scharf herging, herbei. Fiel ein Reiter schwer verwundet

vom Pferde, so nahmen sie ihn in die Mitte; mußte man etwas weit vorrücken oder sich eilends zurückziehen, so hatten sie durch Uebung eine solche Geschwindigkeit, daß sie mit den Händen an den Pferdemähnen sich haltend, so schnell wie die Pferde selbst liefen.

49. Als Cäsar sah, daß Ariovist nicht aus seinem Lager rückte, ließ er, um nicht länger von der Zufuhr abgeschnitten zu werden, ungefähr sechshundert Schritte hinter dem Standorte der Germanen an einem bequemen Orte ein Lager abstechen und marschirte in einer dreifachen Schlachtreihe dahin. Die erste und zweite ließ er unter den Waffen stehen, die dritte das Lager schlagen. Wie schon gesagt, der Ort war ungefähr nur sechshundert Schritte von dem feindlichen Lager entfernt. Dahin schickte also Ariovist gegen sechzehntausend Mann leichter Truppen mit seiner ganzen Reiterei, um uns zu erschrecken und an der Befestigung zu behindern. Trotzdem ließ Cäsar, wie er es angeordnet hatte, nur die beiden ersten Reihen den Feind zurückwerfen, die dritte die Arbeit vollenden. Als das Lager fertig war, besetzte er es mit zwei Legionen und einem Haufen von Hilfsvölkern. Mit den vier übrigen Legionen ging er in das Hauptlager zurück.

50. Am folgenden Tage rückte Cäsar nach seiner Gewohnheit aus den beiden Lagern, stellte sich in einer kleinen Entfernung vor dem Hauptlager in Schlachtordnung und bot dem Feinde ein Treffen an. Als er aber auch jetzt keine Bewegung des Feindes zum Treffen sah, ließ er gegen Mittag seine Völker ihr Lager wieder beziehen. Da griff dann endlich Ariovist mit einer Abtheilung seines Heeres das kleine Lager an. Auf beiden Seiten wurde hitzig bis gegen Sonnenuntergang gekämpft. Gegen Abend führte Ariovist nach vielen Verwundungen von beiden Seiten seine Truppen in das Lager zurück. Cäsar erkundigte sich bei den Kriegsgefangenen, warum Ariovist ein Haupttreffen vermied und vernahm, bei den Germanen entschieden gewöhnlich die Frauen derselben durch Loose und

Wahrsagungen,* ob es vortheilhaft sei zu schlagen, und diese hätten verkündet: »in einer Schlacht vor dem Neumonde könnten sie nicht siegen.«

51. Am folgenden Tage ließ Cäsar in beiden Lagern so viel Volk zurück, als nach seinem Gutdünken zu ihrer Sicherheit hinreichte. Hierauf stellte er die sämmtlichen Hilfstruppen im Angesichte der Feinde vor das kleine Lager, um sich ihrer nur zum Scheine zu bedienen, weil er im Verhältniß zu der Stärke des Feindes zu schwach an Legionen war, und zog in drei Treffen vor das feindliche Lager. Nun waren endlich die Germanen genöthigt, auszurücken. Sie stellten sich nach den einzelnen Völkerschaften auf: Haruder, Markomannen, Triboccer, Vangionen, Nemeten, Sedusier und Sueven – in abgetheilte Haufen, in gleichen Zwischenräumen und umschlossen ihre ganze Schlachtordnung mit einer Wagenburg, um jede Aussicht zur Flucht zu benehmen. Von dieser Wagenburg herab baten die Weiber, die man bei dem Aufmarsche zum Treffen hatte hinaufsteigen lassen, die Krieger mit fliegenden Haaren und unter Thränen, sie doch ja nicht in die Knechtschaft der Römer fallen zu lassen.

52. An die Spitze der einzelnen Legionen stellte Cäsar die Legaten** und seinen Quästor,*** damit eine jede einen Zeugen ihrer Tapferkeit hätte und begann in eigener Person auf dem rechten Flügel, weil er hier den Feind am schwächsten fand, den Angriff. Auf das gegebene Zeichen stürmten unsere Soldaten so hitzig auf die Feinde los und auch die Feinde stürzten so

---

* Dasselbe sagt Tacitus in der Germania Kap. 8. (Univ.-Bibl. 729 S. 19 ff.)

** Vgl. Erläuterung zu Kap. 39.

*** Zwanzig Quästoren wurden zur Leitung der Finanzsachen in Rom gewählt: zwei verwalteten die Staatskasse in der Hauptstadt, achtzehn wurden zur Verwaltung der Provinzen den Statthaltern beigegeben. Cäsar hat hier sechs Legionen, aber nur fünf Legaten, deshalb commandirt (wie auch in 5, 21) der Quästor Marcus Crassus, der Generalsrang hatte, die sechste.

plötzlich und geschwind auf uns ein, daß man die Wurfwaffen nicht mehr brauchen konnte. Man warf sie also weg und kämpfte mit dem Schwerte. Allein die Germanen schlossen nach ihrer Gewohnheit sogleich eine Phalanx und deckten sich gegen unsere Schwerter. Viele von unseren Leuten sprangen aber aus die Phalanx hinauf, rissen die Schilde von einander und verwundeten von oben herab die Feinde. Der linke Flügel war geworfen und in die Flucht geschlagen, dagegen bedrängte der rechte mit seiner Ueberzahl unsere Schlachtreihe sehr heftig. Das nahm der Anführer der Reiterei, der junge Publius Crassius wahr, weil er selbst nicht so im Gedränge, wie Jene in dem Schlachtgetümmel war und ließ nun die dritte Linie uns in der Noth zu Hilfe kommen.

53. So wurde das Treffen wieder hergestellt und die Flucht der Germanen allgemein: erst am Rheine, fünftausend Schritte vom Schlachtfelde, hörten sie auf zu laufen.* Nur sehr Wenige, die sich auf ihre Kräfte verließen und über den Fluß schwammen oder Kähne fanden, retteten sich hier. Unter diesen war auch Ariovist, der aus einem kleinen Fahrzeug, das er am Ufer angebunden fand, entfloh. Die Uebrigen verfolgte unsere Reiterei und hieb sie nieder. Ariovist hatte zwei Weiber, die Eine Suevin von Geburt, die er aus Germanien mitgebracht hatte, die Andere aus Norikum, des Königs Vocio Tochter, die er in Gallien von ihrem Bruder erhalten und geheirathet hatte. Beide kamen auf dieser Flucht um. Von seinen zwei Töchtern wurde die eine gefangen, die andere niedergehauen. Cäsar selbst stieß bei der Verfolgung mit der Reiterei auf den Valerius Procillus, der bei der Flucht in dreifachen Ketten von seiner Wache fortgeschleppt wurde. Das freute ihn nicht weniger, als der Sieg selbst, als er sah, daß der angesehen-

* Napoleon setzt die Schlacht gegen Ariovist in die Gegend von Belfort. Es scheint aber eher das hügelige Terrain von la Grange gewesen zu sein, wo der Doubs (Dubis) sich zur Saone abwärts wendet.

ste Mann aus der Provinz in Gallien, sein Vertrauter und Gastfreund, den Händen der Feinde entrissen und ihm wiedergegeben war, und das Schicksal also nicht seine Freude und den Siegesjubel durch das Mißgeschick dieses Mannes verkümmert habe. Procillus erzählte, dreimal habe man vor seinen Augen das Loos geworfen, ob er auf der Stelle sollte verbrannt oder auf eine andere Zeit aufbewahrt werden; dem günstigen Loose danke er seine Erhaltung: auch Marcus Mettius fand sich und wurde zu Cäsar geführt.

54. Als die Nachricht von diesem Treffen über den Rhein gekommen war, traten die Sueven, die schon bis an diesen Fluß vorgedrungen waren, ihren Rückzug nach Hause an. In dieser Bestürzung verfolgten sie die Ubier, welche zunächst dem Rhein wohnen, und hieben sie größtentheils nieder. So hatte Cäsar in einem Sommer zwei der gefährlichsten Kriege geendigt. Er verlegte hierauf seine Truppen etwas vor der gewöhnlichen Zeit in das sequanische Gebiet ins Winterlager und begab sich in das diesseitige Gallien, um die Gerichtssitzungen* abzuhalten; dem Labienus gab er den Oberbefehl über die Truppen in den Winterlagern.

* Cäsar hatte zugleich als Statthalter im »diesseitigen Gallien« (Oberitalien) auch dort Verwaltung und Justiz zu leiten.

ZWEITES BUCH

Krieg gegen die Belgier

1. Bei dem Winteraufenthalte im diesseitigen Gallien, von dem wir oben gesprochen haben, vernahm Cäsar nicht nur häufig durch Gerüchte, sondern auch durch den schriftlichen Bericht des Labienus, daß alle Belgier, die nach unserer Erwähnung* ein Drittel von Gallien bilden, sich gegen Rom verbündeten und einander Geiseln gäben. Die Beweggründe ihrer Verbündung wären theils Furcht, unser Heer würde, nach Unterwerfung der Gallier, gegen sie zu Felde ziehen; dann aber auch, weil sie von einigen Galliern aufgewiegelt würden, die eben so unzufrieden wären, daß das römische Heer Winterlager in Gallien bezöge und sich einnistete, als sie vorher die Germanen nicht länger in ihrem Lande hätten dulden wollen. Manche Belgier suchten auch blos aus Unbeständigkeit und Leichtsinn eine Staatsveränderung; Andere dachten auf Unruhen, weil in Gallien überhaupt die Mächtigeren und die, welche Mittel hatten, Leute in Sold zu nehmen, sich überhaupt zu Herren aufzuwerfen pflegten, was sich bei unserer drohenden Uebermacht in Gallien nicht mehr so leicht thun ließ.

2. Auf diese Botschaften und Berichte hin zog Cäsar zwei neue Legionen** in dem diesseitigen Gallien zusammen und schickte sie im Sommer*** mit dem Legaten Quintus Petius in das innere Gallien ab. Sobald Futter genug da war, ging er selbst zum Heere und trug den Senonen und übrigen Galliern an den Grenzen der Belgier auf, ein wachsames Auge auf alle Vorgänge bei denselben zu haben und ihm davon Nachricht zu geben. Diese stimmten in ihren Aussagen überein, man bringe Leute

* Im ersten Kapitel des ersten Buches.

** Vgl. Erl. zu 1, 10.

*** 57 v. Chr.

zusammen und versammele das Heer an einem Punkte. Cäsar fand es also für gut, ohne weiteres Bedenken auf sie loszugehen und brach, nachdem er für die Getreidezufuhr gesorgt hatte, auf. Nach einem Zuge von ungefähr fünfzehn Tagen erreichte er belgisches Gebiet.

3. Beim Einrücken in dieses Land, das unvermuthet und eher geschah, als man geglaubt hatte, schickten die Remer,* welche von den belgischen Völkern zunächst an Gallien wohnen, die angesehensten Männer aus ihrem Staate, den Iccius und Andocumborius, als Gesandte mit der Erklärung zu Cäsar: »sie ergäben sich mit Hab und Gut der Großmuth und der Gewalt des römischen Volkes; mit den übrigen Belgiern wären sie nicht einverstanden und durchaus in keine Verbindung gegen Rom getreten. Sie wollten Geiseln geben, seine Befehle vollstrecken, die Städte ihm öffnen und mit Getreide und anderen Bedürfnissen zur Hand sein. Alle übrigen Belgier ständen unter den Waffen. Auch die Germanen diesseits des Rheines wären zu ihnen gestoßen. Alles wäre so in der Wuth, daß sie nicht einmal ihre Brüder und Blutsverwandten, die Suessionen, mit denen sie doch einerlei Rechte, Gesetze und eine Krieges- und Friedensverfassung hätten, hätten abhalten können, mit Jenen gemeinschaftliche Sache zu machen.«

4. Bei der Erkundigung, welche und wie mächtige Staaten unter Waffen ständen, was sie im Kriege leisteten, vernahm Cäsar: die Belgier stammten größtentheils von den Germanen ab, wären vor Alters über den Rhein geführt worden und hätten sich da nach Vertreibung der Gallier wegen des fruchtbaren Bodens niedergelassen. Sie allein hätten zu unserer Väter Zeiten, als ganz Gallien unterlag, die Cimbern und Teutonen von ihrem Lande zurückgeschlagen und in dieser Erinnerung legten sie sich voller Stolz auf ihren kriegerischen Muth einen hohen Werth bei. Von ihrer Anzahl, sagten die Remer, hätten sie zu-

---

* So! Also keine Verwechslung im Folgenden!

verlässige Kenntnisse, weil man ihnen als Blutsfreunden und Verwandten kein Geheimniß daraus gemacht hätte, wie viel Truppen ein jeder Theil auf der gemeinschaftlichen Versammlung der Belgier für diesen Krieg versprochen habe. Der tapferste, angesehenste und volkreichste Staat sei der der Bellovaker. Diese könnten hunderttausend Mann ins Feld stellen. Sie hätten sechzigtausend Mann auserlesene Truppen versprochen, verlangten aber dafür den Oberbefehl in diesem ganzen Kriege. Ihre Nachbarn, die Suessionen, besäßen ein sehr großes und fruchtbares Land. Noch in unsern Zeiten habe ihr König Divitiacus, der mächtigste Fürst in ganz Gallien, über viele belgische Staaten und über Britannien sogar geherrscht. Galba, ihr jetziger König, würde wegen seiner Gerechtigkeit und Klugheit einmüthig zum Oberfeldherrn bestimmt. Ihr Gebiet enthalte zwölf Städte und sie wollten fünfzigtausend Mann stellen; eben so viel die Nervier, die wildeste Nation, wie man meine, unter allen Belgiern und die am entferntesten wohnende; die Atrebater gäben fünfzehntausend, die Ambianer zehn-, die Moriner fünfundzwanzig-, die Menapier neun-, die Caleter zehn-, die Velokasser und Veromanduer eben so viel, die Aduatuker neunzehntausend. Die Contruser, Eburonen, Cäröser und Pämaner, die man unter dem allgemeinen Namen Germanen begreife, schätzten sie auf vierzigtausend Krieger.

5. Cäsar sprach den Remern Muth zu und unterhielt sich freundschaftlich mit ihnen, forderte ihren ganzen Senat vor sich und verlangte die Kinder vom Adel als Geiseln. Alles wurde pünktlich auf den bestimmten Tag erfüllt. Er selbst sprach dem Aeduer Divitiacus ernstlich zu und belehrte ihn, wie viel für den Staat und ihre gemeinschaftliche Wohlfahrt davon abhinge, die Vereinigung der feindlichen Heere zu verhindern, um nicht auf einmal mit einer so starken Macht kämpfen zu müssen. Das könne aber geschehen, wenn die Aeduer in das bellovakische Gebiet einfielen und das platte Land zu verheeren anfingen. Mit diesem Auftrage entließ er ihn. Cäsar vernahm endlich, daß das

vereinigte Heer der Belgier gegen ihn anrücke und hörte von den Kundschaftern, die er dieser Nachricht zufolge ausgeschickt hatte, und auch von den Remern, dieselben ständen schon in der Nähe. Er ging deshalb eilends über den Axona, einen remischen Grenzfluß, und schlug daselbst ein Lager. So deckte er durch das Flußufer die eine Seite des Lagers, sicherte sich den Rücken vor dem Feinde und auch die Zufuhren aus dem remischen Gebiete und den übrigen Staaten, so daß dieselben ganz ohne Gefahr zu ihm gelangen konnten. Die Brücke über den Fluß besetzte er und ließ jenseits des Flusses den Legaten Quintus Titurius Sabinus mit sechs Cohorten zurück. Das Lager wurde nach seinem Befehle mit einem Walle von zwölf Fuß Höhe und einem Graben von achtzehn Fuß Breite befestigt.

6. Achttausend Schritte von diesem Lager lag die remische Stadt Bibrax, auf welche die Belgier, ihren Zug unterbrechend, einen heftigen Angriff machten. Mit genauer Noth hielt sie sich noch diesen Tag. Die Gallier und Belgier pflegen aber auf folgende Weise einen Ort anzugreifen: der Platz wird von allen Seiten berannt, dann werden von jedem Punkte Steine nach der Mauer geworfen. Ist nun die Besatzung von ihr vertrieben, so bildet man ein Sturmdach, rückt vor die Thore und stürzt die Mauer nieder. Das ging nun damals leicht, denn bei dem Hagel von so vielen Steinen und Wurfspießen konnte sich Niemand auf der Mauer halten. Als die Nacht dem Kampfe ein Ende gemacht hatte, sandte der damalige Befehlshaber der Stadt, der Remer Iccius, ein Mann von hohem Adel und großem Ansehen in seinem Staate, der ja auch bei der Friedensgesandtschaft an Cäsar gewesen war, Boten an ihn mit der Nachricht, daß, falls er ihm keine Hilfe schicke, er sich nicht länger halten könne.

7. Cäsar ließ also um Mitternacht die Numidier und Bogenschützen von Creta, nebst den balearischen Schleuderern der Stadt zu Hilfe aufbrechen und gab ihnen die Boten des Iccius zu Wegweisern mit. Bei ihrer Ankunft wuchs den Remern mit der Hoffnung, sich zu behaupten, auch der Muth zur Gegenwehr, und aus dieser Ursache gaben die Feinde den Gedanken, den Ort zu erobern, auf. Sie verweilten demnach nur kurze Zeit bei der Stadt, verheerten das flache Land, steckten alle Dörfer und Wohnungen, so weit sie kommen konnten, in Brand und gingen hierauf mit ihrer ganzen Macht auf Cäsars Lager los. Nicht ganz zweitausend Schritte von ihm schlugen sie ein Lager, welches sich, wie man aus dem Rauche und Feuer sehen konnte, über achttausend Schritte in die Breite ausdehnte.

8. Anfangs war Cäsar, theils wegen der Stärke des Feindes, theils wegen der hohen Meinung von dessen Tapferkeit, entschlossen, ein Haupttreffen zu vermeiden, jedoch machte er täglich durch Reitergefechte Versuche, wie weit die Tapferkeit der Feinde und der Muth der Unsrigen ginge. Als er nun sah, daß wir dem Feinde nichts nachgaben, zog er auf beiden Seiten des Hügels, auf welchem das Lager stand, einen Quergraben von ungefähr vierhundert Schritten, an dessen Ende er Schanzen aufwerfen und die Wurfmaschinen aufstellen ließ, damit ihn nicht der Feind bei seiner Stärke während der Schlacht von der Seite angriffe. Der Ort hatte von Natur eine bequeme und geeignete Lage, um eine Schlachtordnung aufstellen zu können; denn der Standort von unserem Lager, eine Anhöhe auf einer Fläche, hatte in der Breite gegen den Feind zu nicht mehr Raum, als ein Heer in Schlachtordnung ausfüllen kann und auf beiden Seiten steile Ränder, nach vorn aber verlor er sich in einer allmählichen Abdachung in der Ebene. Die zwei neuen Legionen ließ Cäsar zur Nachhilfe für den Nothfall im Lager zurück und stellte sich mit den sechs übrigen vor dasselbe in Schlachtordnung. Auch der Feind war aus dem Lager zum Kampfe ausgerückt.

9. Beide Heere trennte ein nicht zu großer Sumpf. Der Feind erwartete, wir würden über denselben setzen, wir aber standen unter den Waffen, um den Feind, der außer Stande zu

einer regelmäßigen Gegenwehr war, wenn er zuerst denselben überschritt, dann zu überfallen. Indessen plänkelte die Reiterei zwischen beiden Armeen. Als nun kein Theil den Anfang machte, über den Sumpf zu gehen, führte Cäsar seine Truppen, mit einigem Vortheile bei dem Reitergefecht auf seiner Seite, in das Lager zurück. Der Feind ging von da ohne Verzug nach dem Flusse Axona, den wir nach unserer obigen Erwähnung im Rücken hatten, und suchte eine Abtheilung seines Heeres auf Furten, die er gefunden, überzusetzen, in der Absicht, die Schanzen unter dem Befehl des Legaten Quintus Titurius Sabinus wegzunehmen und die Brücke zu zerstören, oder wenn das nicht ginge, wenigstens die Fluren der Remer zu verwüsten, welche uns gute Dienste in dem Kriege thaten, und überhaupt uns die Zufuhr abzuschneiden.

10. Auf den von Titurius erstatteten Bericht ging Cäsar mit der ganzen Reiterei, den leichten Truppen aus Rumidien, seinen Schleuderern und Bogenschützen über die Brücken und auf die Feinde los. Es kam zu einem hitzigen Gefechte. Wir griffen die Feinde im Flusse, als sie außer Stande zu einer regelmäßigen Gegenwehr waren, an und machten Viele davon nieder. Die Uebrigen, die auf den Leichen der Erschlagenen mit der größten Entschlossenheit übersetzen wollten, wurden durch einen Hagel von Pfeilen und Wurfgeschossen zurückgetrieben, die Ersten aber, welche herübergekommen waren, von der Reiterei umringt und niedergehauen. Als die Feinde ihre Hoffnung, die Stadt wegzunehmen oder auch nur über den Fluß zu kommen, fehlgeschlagen und uns nicht an einem ungünstigeren Ort zum Treffen ausrücken sahen, ihnen überdies ihr Getreidevorrath ausging, so hielten sie Kriegsrath und beschlossen, es sei am besten, zusammen nach Haus zu ziehen, um dem Staate, in den die Römer zuerst einfallen würden, von allen Seiten zu Hilfe zu kommen, da es besser sei, im eigenen Lande als außerhalb desselben Krieg zu führen und sich des einheimischen Vorrathes an Lebensmitteln bedienen zu können. Zu diesem

Entschluß brachte sie unter Anderm auch die Nachricht, Divitiacus mit den Aeduern sei gegen das bellovaker Gebiet im Anzuge; denn diese waren nicht zu bereden, länger zu bleiben und ihr Land ohne Hilfe zu lassen.

11. Diesem Beschlusse zufolge verließen sie um die zweite Nachtwache unter vielem Lärm und Getöse ohne Ordnung und Leitung das Lager. Ihr Abzug sah einer Flucht ähnlich, indem ein Jeder den ersten besten Weg nahm und nach Haus eilte. Cäsar erhielt sogleich durch seine Kundschafter Nachricht davon, doch weil er nicht den Beweggrund ihres Aufbruchs wußte, so befürchtete er eine Kriegslist und ließ weder Fußvolk noch Reiterei aus dem Lager nachrücken. Mit Tagesanbruch wurde ihr Abzug von den Kundschaftern bestätigt und Cäsar schickte die ganze Reiterei unter dem Oberbefehl der Legaten Quintus Pedius und Aurunculejus Cotta nach, um den Nachtrab aufzuhalten. Diesen sollte der Legat Titus Labienus mit drei Legionen folgen. Diese griffen die Nachhut an und verfolgten sie viele Meilen weit mit großem Verluste der Flüchtigen. Während der Nachtrab, den man eingeholt hatte, Halt machte und tapfer unsern Angriff aushielt, suchten die vordersten Haufen, weil sie für sich keine Gefahr sahen und weder durch Noth, noch durch Befehle aufgehalten waren, sobald sie das Geschrei hörten, voller Unordnung insgesammt ihr Heil in der Flucht. Die Unsrigen hieben also ohne die geringste Gefahr den ganzen Tag die Feinde nieder; erst mit Sonnenuntergang machte man der Verfolgung ein Ende und ging dem Befehl gemäß wieder in das Lager zurück.

12. Am folgenden Tage rückte Cäsar in das Gebiet der Suessionen an den Grenzen der Remer, ehe sich der Feind von seinem Schrecken und der Flucht noch erholte, und zog nach einem starken Marsche vor die Stadt Noviodunum. Er wollte, sobald er ankam, den Ort erstürmen, weil dieser den erhaltenen Nachrichten zufolge wenig Besatzung hatte. Allein der Stadtgraben war zu tief und die Mauer zu hoch, als daß er die Stadt hätte erobern können, obwol nur Wenige sie

vertheidigten. Man schlug indessen das Lager; die Schutzdächer wurden herbeigerückt und alle Anstalten zu einem Angriffe getroffen. Unterdessen warfen sich in der Nacht darauf eine Menge Suessioner auf der Flucht in die Stadt. Die Schutzdächer waren in kurzer Zeit bis an die Festung geführt, der Erdwall aufgeworfen und Thürme errichtet. Diese großen Werke, von denen die Gallier noch nichts gesehen oder gehört hatten, Und die Geschwindigkeit der Römer bewogen den Feind zur Uebergabe. Sie schickten also in dieser Absicht zu Cäsar Gesandte und wurden auf die Fürbitte der Remer um ihre Erhaltung begnadigt.

13. Cäsar bekam die Vornehmsten und unter diesen die zwei Söhne des Galba selbst zu Geiseln, nebst allem Waffengeräth in der Stadt, nahm die Unterwerfung der Suessionen an und brach gegen die Bellovaker auf. Die Bellovaker hatten sich mit Hab und Gut in die Stadt Bratuspantium geworfen. Cäsar war aber kaum noch ungefähr fünf Millien davon entfernt, so kamen alle Greise aus der Stadt und gaben mit ausgestreckten Händen in ihrer Sprache zu verstehen, sie unterwürfen sich ihm und wollten sich nicht mit den Waffen gegen das römische Volk versuchen. Auch ihre Kinder und Weiber baten mit ausgebreiteten Armen nach gallischer Sitte von dem Walle um Frieden, als Cäsar vor die Stadt gerückt war und ein Lager schlug.

14. Für die Bellovaker verwendete sich jetzt Divitiacus, der nach dem Abzug der Belgier seine Truppen entlassen hatte und zu Cäsar zurückgekommen war: »die Bellovaker wären von jeher in Frieden und Freundschaft mit den Aeduern gewesen. Ihr Adel hätte sie durch das Vorgeben, die Aeduer seien von Cäsar zu Sklaven gemacht und ertrügen nun voll Unwillen alle Arten von Schmach und Mißhandlungen, zum Abfall von ihnen und zum Kriege gegen Rom verleitet. Die Urheber dieses Entschlusses wären beim Anblick des großen Unheils, das sie dem Staate zugezogen hätten, nach Britannien entflohen. Mit den Bellovakern bäten auch die Aeduer, Cäsar möchte nach sei-

ner Güte und Milde handeln. Dadurch würde er das Ansehen der Aeduer bei allen Belgiern vergrößern, durch deren Macht und Beistand sie sich, wenn es zu einem Kriege käme, zu behaupten pflegten.«

15. Cäsar gab zur Antwort: dem Divitiacus und den Aeduern zu Ehren wolle er sie in Schutz nehmen und erhalten. Jedoch verlange er wegen des großen Ansehens dieses Staates bei den Belgiern und seiner Volksmenge sechshundert Geiseln. Als diese gestellt und alle Waffen aus der Stadt zusammengebracht waren, rückte er von da in das Gebiet der Ambianer, die sich mit ihrem Eigenthum sogleich unterwarfen. An diese stießen die Nervier, von denen Cäsar bei seiner Erkundigung über Verfassung und Sitten Folgendes hörte: ihr Land sei allen Kaufleuten versperrt, die Einfuhr des Weines und aller Bedürfnisse zu einem üppigen Leben verboten, weil sie glaubten, dadurch erschlaffe ihr Muth, und ihre Tapferkeit schwäche sich. Es sei ein wildes und sehr tapferes Volk. Sie schimpften und schmähten auf die übrigen Belgier, die sich den Römern ergeben hätten und der Tapferkeit ihrer Väter untreu geworden wären, mit der Betheuerung, nie Gesandte an Cäsar zu schicken, noch je Vorschläge zur Unterwerfung anhören zu wollen.

16. Als Cäsar drei Tage durch ihr Gebiet gezogen war, erfuhr er von den Kriegsgefangenen, jenseits des Sabisflusses, der nur zehntausend Schritte entfernt sei, lagere die ganze Macht der Nervier und erwarte mit ihren Nachbarn, den Atrebaten und Veromanduern, die Römer; denn die beiden Völker hätten sie beredet, das Kriegsglück mit ihnen zu versuchen. Man zähle auch auf die Aduatuker, die schon auf dem Marsche wären. Weiber und was Alters halber zum Kriege untauglich wäre, habe man an Plätzen versteckt, wohin kein Heer der Sümpfe wegen vordringen könne.

17. Cäsar schickte auf diese Nachricht Späher und Centurionen voraus, die an einem bequemen Orte ein Lager aussuchen sollten. Da sich nun unter denen, die diesen Zug mit-

machten, auch einige von den unterworfenen Belgiern und anderen Galliern, die dem Cäsar gefolgt waren, befanden, so gingen etliche von ihnen, nachdem sie unsere Marschordnung diese Tage hindurch beobachtet hatten, wie die Kriegsgefangenen in der Folge erzählten, des Nachts zu den Nerviern über und entdeckten ihnen, die Legionen seien immer durch einen großen Zug Gepäck von den andern getrennt. Man könne daher leicht die erste Legion bei ihrer Ankunft im Lagerorte, während die Soldaten ihre Last noch trügen und die übrigen Legionen noch weit zurück wären, überfallen. Wäre diese geschlagen und ihr Gepäck weggenommen, dann würden die übrigen es nicht wagen, ihnen Stand zu halten. Dem Vorschlage von diesen Verräthern kam noch das Folgende zu Statten. Schon von alten Zeiten her hatten die Nervier, weil sie zu Pferde nicht viel vermögen (und selbst jetzt verbessern sie ihre Reiterei noch nicht, sondern ihre ganze Stärke besteht im Fußvolk), um die feindlichen Reiter aus den Grenzstaaten, bei deren Streifzügen nach Beute, von ihrem Lande abzuhalten, junge Bäume angehauen und niedergebogen; aus deren häufig zur Seite ausgewachsenen Aesten hatten sie mit dazwischen gepflanzten Dornen und Hecken Gehege, die an Festigkeit den Wällen glichen, angelegt, durch welche man nicht hindurchdringen, ja nicht einmal hindurchblicken konnte. Da nun hierdurch unser Heer auf dem Marsche aufgehalten wurde, so glaubten die Nervier jenen Vorschlag nicht außer Acht lassen zu dürfen.

18. Der Ort, den die Unsrigen zum Lager ausgesucht hatten, war folgendermaßen beschaffen. Ein Hügel lief in gleicher Abdachung von oben herab bis an den Fluß Sabis, den wir schon erwähnt haben. Diesem gerade gegenüber und entgegengesetzt erhob sich an dem Flusse ein anderer Hügel von gleicher Abdachung. Am Fuße war er ungefähr zweihundert Schritte weit frei, oben waldig, so daß man nicht wohl hindurchblicken konnte. Hier hatten sich die Feinde versteckt. Außer dem Ge-

büsche nahm man längs des Flusses hin einige Reiterposten als Feldwachen wahr. Der Fluß war ungefähr drei Fuß tief.

19. Cäsar ließ die Reiterei vorausgehen und folgte mit seiner ganzen Macht zu Fuße nach. Allein seine Marschordnung und Einrichtung war jetzt anders, als die Belgier den Nerviern hinterbracht hatten, denn weil man sich dem Feinde näherte, ließ Cäsar nach seiner Gewohnheit sechs Legionen ohne Gepäck marschiren. Nach ihnen kam das Gepäck, dann schlossen die zwei neuen Legionen den ganzen Zug zur Bedeckung. Unsere Reiter setzten mit den Schleuderern und Bogenschützen über den Fluß und fochten mit der feindlichen Reiterei. Diese zog sich wiederholt zu den Ihrigen in die Wälder zurück Und fiel dann wieder aus denselben auf unsere Leute, die es nicht wagten, die Flüchtigen über die offene Gegend zu verfolgen. Unterdessen war der Lagerplatz abgemessen worden und die zuerst angelangten sechs Legionen fingen an, das Lager zu befestigen. Als die Feinde in dem Walde das erste Gepäck ankommen sahen, da – das war das verabredete Zeichen zum Angriff – brachen sie, so wie sie sich in dem Gehölz in Reih und Glied gestellt und sich Muth zugesprochen hatten, mit ganzer Macht auf einmal hervor und stürzten über unsere Reiter her. Diese wurden bald zurück und über den Haufen geworfen, und nun rückten sie so unglaublich geschwind an den Fluß vor, daß man sie fast zu der nämlichen Zeit am Walde, im Flusse und zugleich vor uns sah. Eben so schnell stürmten sie den Hügel aufwärts auf unser Lager und die an dessen Befestigung Arbeitenden zu.

20. Cäsar hatte nun auf einmal Alles zu thun: die rothe Fahne, als Zeichen, die Waffen zu ergreifen, aufstecken zu lassen,* das Zeichen mit der Tuba zu geben, um die Soldaten von der Arbeit abzurufen, besonders um die entfernteren Arbeiter, welche Materialien zum Wallbau holten, an sich zu ziehen, das Heer in Schlachtordnung zu stellen, die Aufmunterungsrede an

---

* Auf dem hohen Zelte des Feldherrn.

die Truppen zu halten und die Losung zu geben. Das mußte aber nun größtentheils wegen Mangels an Zeit, schnellen Vorrückens und Angriffes von Seiten des Feindes unterbleiben. In dieser mißlichen Lage kamen ihm zwei Dinge zu Statten: Kriegskenntniß und Erfahrung unserer Truppen, die selbst von dem vorhergegangenen Treffen Alles, was geschehen mußte, eben so gut wußten, als man ihnen nur immer sagen konnte, und dann, daß er jedem einzelnen Legaten verboten hatte, von dem Befestigungswerke und ihren Legionen sich eher zu entfernen, als bis das Lager vollständig verschanzt wäre. Bei der Nähe und dem raschen Vordringen des Feindes erwarteten diese nun jetzt nicht erst Cäsars Befehle, sondern trafen für sich selbst die zweckmäßigsten Anstalten.

21. Cäsar gab die nöthigen Verhaltungsbefehle und eilte zu der ersten besten Legion, ihr Muth einzusprechen. Er kam zu der zehnten, und seine Aufmunterungsrede war: sie solle ihrer alten Tapferkeit eingedenk sein, nicht aus der Fassung kommen und muthig den Angriff des Feindes aushalten. Weil dieser indessen bis auf einen Lanzenwurf vorgedrungen war, gab Cäsar das Zeichen zum Angriff. Auf der andern Seite, wo er ebenfalls seinen Soldaten Muth zusprechen wollte, traf er sie schon in vollem Handgemenge. Die Zeit war so kurz, der Feind so schlachtbegierig, daß man die Zierathen* nicht anlegen, ja nicht einmal die Helme aufsetzen und die Decken von den Schilden abziehen konnte.** Wo Einer von seiner Arbeit zufälligerweise hinkam, wo er ein Feldzeichen zuerst erblickte, an dieses schloß er sich an, um durch das Aufsuchen des seinigen keine Zeit für die Gegenwehr zu verlieren.

22. Die Schlachtordnung war mehr nach den Erfordernissen des Bodens, des abhängigen Hügels und der dringenden

---

* Kriegerischer Schmuck, je nach den Rangstufen verschieden, z. B. Bären und Wolfsfelle, Federbüsche u. A.

** Helme und Schilde wurden während des Marsches mit einem Futteral überzogen.

Zeitumstände, als nach den Grundsätzen und Regeln der Kriegskunst eingerichtet. Die Legionen kämpften, ohne sich aneinander anzuschließen, eine da, die andere dort, und jede Aussicht war durch die dichten Hecken, wie bereits oben angeführt, beschränkt. Man konnte daher weder sichere Hilfsabtheilungen aufstellen, noch überall die nöthigen Vorkehrungen treffen, noch auch konnten alle Anordnungen von Einem ausgehen. Bei so ungleichen Verhältnissen war daher auch der Gang des Kriegsglückes sich nicht gleich.

23. Die neunte und zehnte Legion auf der linken Seite des Treffens warfen die Atrebaten (denn diese standen ihnen gegenüber), sobald sie ihre Wurfspieße auf sie abgeschleudert hatten, geschwächt durch das Laufen, die Ermattung und die Wunden, schnell aus ihrem höheren Standpunkt nach dem Flusse zurück, setzten ihnen, als sie den Uebergang wagten, mit dem Schwerte in der Hand nach und machten einen großen Theil in der Unordnung nieder. Sie drangen muthig über den Fluß bis an das nachtheilige Terrain vor. Der Feind wendete sich nunmehr um und leistete aufs Neue Widerstand. Allein auch hier trieben sie ihn nach erneutem Kampfe in die Flucht. Auf einer anderen Seite hatten an verschiedenen Punkten zwei Legionen, die elfte und achte, gleichfalls die Veromanduer, mit denen sie handgemein geworden, von der Anhöhe hinunter geschlagen und fochten am Rande des Flusses. Allein da jetzt beinahe unser ganzes Lager vorn und an der linken Seite bloßgestellt war, auf der rechten Seite aber die zwölfte Legion und nicht weit von ihr die siebente stand, so rückten die Nervier mit ihrer ganzen Macht, unter der Anführung ihres Oberfeldherrn Boduognatus in dichten Haufen dahin vor und fingen theils an, die Legionen rechts zu überflügeln, theils nach dem Lager auf der Anhöhe vorzudringen.

24. Gerade zu dieser Zeit kamen unsere Reiter, und die leichten Truppen zu Fuß mit ihnen, die bei dem ersten Angriffe des Feindes, meiner Erzählung zufolge, geworfen wurden, auf ihrem Rückzuge in das Lager, dem Feinde entgegen und nah-

men dann aufs Neue nach einer anderen Richtung die Flucht. Auch die Troßknechte, die vom Hinterthore des Lagers* und dem Hügelkopfe die Unfern siegend über den Fluß setzen sahen und, um Beute zu machen, aus dem Lager gelaufen waren, flohen über Hals und Kopf davon, als sie bei ihrem Zurückschauen die Feinde in unserm Lager erblickten. Dazu kam noch das Geschrei und Gebrüll der Fuhrknechte, die mit dem Gepäck ankamen und in der Bestürzung sich nach allen Seiten verliefen. Dies Alles bewog die Reiterei der Trevirer, von deren Tapferkeit die Gallier eine große Meinung hegten und welche als Hilfstruppen von ihrem Staate zu Cäsar gestoßen waren, als sie bemerkten, die Feinde häuften sich in unserem Lager an, die Legionen wären im Gedränge und beinahe eingeschlossen, ferner Troßknechte, Reiter, Schleuderer, Numidier versprengt, sofort an unserer Lage zu verzweifeln und nach Hause zu ziehen. Dort hinterbrachten sie den Ihrigen, die Römer seien geschlagen und ihr Lager sammt dem Gepäck von dem Feinde weggenommen worden.

25. Cäsar hatte sich sofort nach der Aufmunterungsrede an die zehnte Legion auf den rechten Flügel begeben, den er im Gedränge traf. Die Feldzeichen waren zusammengedrängt, die zwölfte Legion aneinander gepreßt und sich selbst bei dem Gefechte hinderlich. Die Centurionen der vierten Cohorte sammt dem Fahnenträger waren niedergehauen, das Feldzeichen selbst verloren, die Centurionen der übrigen Cohorten beinahe alle verwundet oder getödtet und der sehr tapfere Hauptmann, P. Sextius Baculus, seiner vielen und schweren Wunden wegen außer Stand, noch aufrecht zu stehen, alle Uebrigen waren unentschlossen. Einige in den Hintergliedern wichen geradezu aus dem Gefechte zurück und mieden die Geschosse, während die

* Jedes römische Lager, ein regelmäßiges Viereck, war von einem Walle umgeben, der vier Thore hatte: *porta praetoria*, Auszugsthor gegen den Feind, *porta decumana*, Einzugsthor, und die beiden Seitenthore: *porta principalis dextra und sinistra.*

Feinde indessen ohne Aufhören gegen unsere vordere Seite den Hügel heraufdrangen und den beiden Flügeln zusetzten. Es sah also sehr mißlich aus und fehlte an dem Rückhalt einer Unterstützung. Da nahm Cäsar, der keinen Schild bei sich hatte, einem Soldaten aus dem Hintergliede den seinigen, trat an die erste Reihe, rief die Centurionen bei ihren Namen, ermahnte die übrigen Soldaten, ließ angriffsweise vorwärts marschiren und die Manipeln weiter ausdehnen, um ungehindert das Schwert brauchen zu können. Mit Cäsars Ankunft lebte wieder die Hoffnung bei den Truppen auf. Ihr Muth erneuerte sich und das Vordringen des Feindes wurde etwas geschwächt, indem ein Jeder für seine Person, jetzt in der äußersten Gefahr und vor den Augen des Feldherrn, seine Pflicht zu erfüllen wünschte.

26. Als Cäsar auch die nächststehende siebente Legion im Gedränge sah, sprach er den Tribunen zu, die Legionen nach und nach aneinander zu rücken und gegen die Feinde vorwärts zu dringen. Da nun hierdurch unsere Truppen sich wechselseitig unterstützten und ihre Furcht verschwand, vom Rücken her eingeschlossen zu werden, so fingen sie an, sich muthiger dem Feinde entgegenzustellen und tapferer zu fechten. Unterdessen hatten die zwei Legionen, die beim Nachzuge das Gepäck deckten, von dem Ueberfalle gehört, ihren Marsch beschleunigt und wurden bereits auf der Höhe des Hügels von dem Feinde erblickt. Auch Titus Labienus, der nach Eroberung des feindlichen Lagers von der Anhöhe die Vorgänge in unserem Lager sah, schickte uns die zehnte Legion zu Hilfe. Diese erkannte auf der Flucht der Reiter und des Trosses die Gefahr, in der Lager, Legionen und Feldherr waren, und beschleunigten nach Möglichkeit ihren Marsch.

27. Mit ihrer Ankunft nahm das Treffen eine solche Wendung, daß sogar die von ihren Wunden Ermatteten, auf ihre Schilde gestützt, den Kampf wieder erneuerten, selbst die Troßknechte liefen, als sie die Bestürzung der Feinde sahen,

auch ohne Wehr und Waffen auf die Bewaffneten zu, und die Reiter waren in dem Gefechte überall den Legionen voran, um die Schande ihrer Flucht durch Tapferkeit auszulöschen. Aber auch die Feinde bezeigten sich in ihrer verzweifelten Lage so tapfer, daß, wenn die ersten Glieder niedergehauen waren, die folgenden auf die Erschlagenen stiegen und von den Leichen herab kämpften, Und als auch diese fielen und die Leichname sich häuften, so warfen die noch Uebrigen wie von Hügeln herab ihre Geschosse auf uns und schleuderten unsere aufgefangenen Wurfspeere zurück: so daß man zugeben mußte, daß Menschen so ausgezeichneten Muthes es mit Recht gewagt hätten, über einen so breiten Fluß zu setzen, das ungemein hohe Ufer zu erklimmen und auf der nachtheiligsten Oertlichkeit vorzurücken – große Schwierigkeiten, die ihr hoher Muth zu etwas Leichtem gemacht hatte.

28. Nach der Schlacht und nach der fast gänzlichen Vertilgung des nervischen Volkes und Namens, schickten die Greise, die sich nach unserer obigen Erzählung mit Weibern und Kindern zwischen überschwemmten Gegenden und Morästen versammelt hatten, auf die Nachricht davon, mit allgemeiner Uebereinstimmung aller Uebriggebliebenen, Abgesandte zu Cäsar und ergaben sich, weil sie dachten, nichts könne nun länger die Sieger aufhalten oder die Besiegten schützen. Diese sagten bei Erwähnung dieses Unglücks für ihren Staat, daß sie jetzt von sechshundert Senatoren auf drei, und von sechzigtausend Waffenfähigen auf kaum fünfhundert herab gebracht seien. Cäsar sorgte mit aller Schonung für ihre Erhaltung, um sein Mitleid gegen Unglückliche und Schutz Erbittende zu zeigen, und gestattete ihnen, in ihrem Lande und ihren Städten zu bleiben, den Grenzvölkern aber verbot er, sich und den Ihrigen Mißhandlungen und Gewaltthätigkeiten gegen sie zu erlauben.

29. Die Aduatuker, von denen wir oben geschrieben haben, waren mit ihrer ganzen Macht zum Beistande der Nervier aufgebrochen: allein auf die eingetroffene Nachricht von dieser Schlacht kehrten sie mitten von dem Marsche nach Hause zurück, verließen alle Städte und Burgen und warfen sich mit Hab und Gut in einen Ort, der von Natur stark befestigt war. Dieser Ort hatte in seinem Umfange auf allen Seiten ungeheure Felsen und Anhöhen. Auf einer Seite lief nur ein einziger sanft aufsteigender Weg hin, nicht breiter als zweihundert Fuß, der durch eine sehr hohe zweifache Mauer befestigt war, auf die sie spitzige Schanzpfähle und schwere Steine gebracht hatten. Die Aduatuker selbst stammten von den Cimbern und Teutonen ab, die bei ihrem Zuge in unsere Provinz und in Italien das Gepäck, das sie nicht mit sich nehmen und fortbringen konnten, mit einer Wache und Bedeckung von sechstausend Mann diesseits des Rheinstromes zurückgelassen hatten. Nach der Niederlage derselben* wurden diese bald durch Angriffe, bald durch Verteidigungskriege von den Grenzvölkern viele Jahre lang beunruhigt, bis man endlich Frieden machte und sie in dieser Gegend mit allgemeiner Einwilligung ihre Wohnung nahmen.

30. Gleich bei der Ankunft unseres Heeres machten sie häufige Ausfälle aus der Stadt und versuchten sich in kleinen Gefechten mit uns. Jedoch in der Folge, als man sie mit einem Wall von zwölf Fuß Höhe und fünfzehntausend Fuß Länge, nebst vielen Schanzen eingeschlossen hatte, verhielten sie sich ruhig in dem Orte. Als aber die Schirmdächer vollendet, der Wall aufgeworfen war und sie nun von Weitem einen Thurm erbauen sahen, fingen sie zuerst an, uns von der Mauer herab zu verlachen und durch Zuruf zu verspotten: Wozu ein so großes Werk so weit von der Stadt aufgeführt würde? Durch welche Hände und Kräfte denn so kleine Leute – den Galliern überhaupt kommen wir im Verhältniß zu ihrer Größe mit unserer Kleinheit verächtlich vor – eine solche Last von einem Thurme gegen ihre Mauern hinzurücken gedächten?

---

* Vgl. Erläuterung zu 1, 40.

31. Da sie aber die Maschine sich bewegen und der Stadtmauer näher kommen sahen, geriethen sie durch diesen seltenen und unerwarteten Anblick in Unruhe und schickten zur Beilegung der Feindseligkeiten Gesandte an Cäsar ab. Diese sprachen etwa so »nach ihrem Glauben könnten die Römer nicht anders, als mit dem Beistande der Götter Krieg führen, weil sie mit so großen Maschinen so geschwind vorrücken und in der Nähe anzugreifen wüßten. Sie ergäben sich demnach mit Hab und Gut auf Gnade und Ungnade. Nur um Eins bäten und fleheten sie, wenn er vielleicht nach seiner Güte und Milde, die ihnen schon von Andern gepriesen wäre, die Aduatuker erhalten wolle, sie dann nicht zu entwaffnen. Alle Grenzvölker beinahe wären ihnen feindlich und eifersüchtig auf ihre Tapferkeit, gegen die sie sich dann nach ihrer Entwaffnung nicht vertheidigen könnten. Ehe sie in diesen Fall kämen, zögen sie es vor, lieber Alles von dem römischen Volke zu erdulden, als sich von Jenen zu Tode martern zu lassen, unter denen sie bis jetzt zu herrschen gewohnt gewesen seien.«

32. Darauf versetzte Cäsar, er würde ihrer allerdings mehr nach seiner Gewohnheit, als weil sie es verdienten, schonen, wenn sie sich vor dem ersten Stoße des Mauerbrechers unterwerfen würden. Doch nehme er ihre Unterwerfung nicht anders an, als unter der Bedingung, daß sie die Waffen auslieferten. Was er bei den Nerviern gethan habe, wolle er auch bei ihnen thun und den Grenzvölkern befehlen, einen jetzt den Römern unterwürfigen Staat nicht zu kränken. Als die Abgesandten den Ihrigen dies hinterbracht hatten, erklärten diese, sie wollten dem Befehle gehorchen. Man warf demnach eine Menge Waffen von dem Walle in den Graben vor der Stadt, so daß fast die Waffenhaufen so hoch als die Stadtmauern und unser Erdauswurf dalagen: und doch war der dritte Theil ungefähr verheimlicht und in der Stadt behalten worden, wie man in der Folge gesehen hat. Die Thore wurden geöffnet und die Feindseligkeiten an diesem Tage eingestellt.

33. Gegen Abend ließ Cäsar die Thore schließen und seine Soldaten aus der Stadt gehen, um die Einwohner keinem Unfuge seiner Truppen in der Nacht auszusetzen. Allein diese hatten geglaubt, wir würden nach der Uebergabe des Platzes unsere Vorposten entweder ganz einziehen oder wenigstens sie sorglos aufstellen, und machten also nach dem Plane, den sie vorher schon gefaßt hatten, wie man erfahren hat, theils mit den versteckten und zurückbehaltenen Waffen, theils mit Schilden aus Baumrinden und geflochtenem Reisig, die man nach der Erforderniß der kurzen Zeit mit Leder überzogen hatte, mit ihrer ganzen Macht um die dritte Nachtwache unvermuthet einen Ausfall, wo sie unsere Verschanzungen am leichtesten zu übersteigen dachten. Schnell wurden nach Cäsars Anordnung Feuerzeichen gegeben und sogleich eilten aus den nächsten Schanzen Truppen herbei. Die Feinde fochten wie tapfere Männer in der letzten Aussicht auf ihre Rettung, an einem ungünstigen Orte und gegen Feinde, die von Wällen und Thürmen herab mit Wurfwaffen kämpften, nur immer fechten mußten, da ja persönliche Tapferkeit noch ihr einziges Rettungsmittel war. Doch wurden sie mit einem Verluste von etwa viertausend Mann in die Stadt zurückgeworfen. Am Tage darauf sprengte man ohne Widerstand die Thore auf und ließ unsere Soldaten einrücken; Stadt und Einwohner wurden von Cäsar als Kriegsbeute versteigert. Die Käufer gaben ihm die Zahl der verkauften Einwohner auf dreiundfünfzigtausend Köpfe an.

Crassus' Zug gegen die Armorier

34. Um eben diese Zeit lief von Publius Crassus, der mit einer Legion gegen die Veneter, Uneller, Ossismier, Curiosoliter, Esuvier, Aulerker, Rhedonen – Seestaaten am atlantischen Meere – geschickt worden war, der Bericht ein, diese Völker

seien sämmtlich unter Roms Gewalt und Oberherrschaft gebracht worden.

35. Durch diese Thaten, die Dämpfung der Unruhen in ganz Gallien, verbreitete sich eine so hohe Meinung von diesem Kriege nach auswärts, daß Völker jenseits des Rheines Abgesandte zu Cäsar schickten, mit dem Versprechen, Geiseln zu geben und seine Befehle zu vollstrecken. Weil Cäsar aber nach Italien und Illyrikum eilte, befahl er, die Abgesandten sollten im nächsten Sommer wieder kommen. Hierauf verlegte er die Legionen in das karnutische, andische und turonische Gebiet, in deren Nachbarschaft der Krieg geführt war, in die Winterlager und trat die Reise nach Italien an. Auf seinen Bericht wurde zu Rom ein fünfzehntägiges* Dankfest angeordnet; eine Ehre, die noch Keinem vor ihm widerfahren war.

* Gewöhnlich dauerten solche Dankfeste acht bis neun Tage, höchstens zwölf Tage. Es war also diese Bestimmung eine ganz anormale und eine bedeutende Auszeichnung für Cäsar.

DRITTES BUCH

Krieg gegen die Alpenvölker

1. Bei seiner Durchreise nach Italien schickte Cäsar den Servius Galba mit der zwölften Legion und einem Theil der Reiterei in das nantuatische, veragrische und sedunische Land, welche Gebiete sich von dem der Allobroger, dem Lemansee und Rhodanflusse bis zu den Höhen der Alpen erstrecken, in der Absicht, den Weg über dieses Gebirge, der gewöhnlich für Kaufleute sehr gefährlich und der vielen Zölle wegen kostspielig war, frei zu machen. Er gab ihm Erlaubniß, seine Legion, wenn er es nöthig fände, bei diesen Völkern ins Winterlager zu verlegen. Galba war in verschiedenen Treffen glücklich und nahm viele ihrer Castelle weg. Endlich, als man von allen Orten her Gesandtschaften an ihn schickte und Geiseln gestellt hatte, machte er Frieden und faßte den Entschluß, zwei Cohorten seiner Legion in das nantuatische Gebiet zu verlegen, mit den übrigen aber selbst bei den Veragrern, in dem Flecken Octodurus, den Winter über zu bleiben. Dieser Ort liegt in einem Thale, neben ihm eine kleine Ebene und ungemein hohe Berge auf allen Seiten; ein Fluß theilt ihn in zwei Theile. In einem derselben ließ Galba die Gallier wohnen, den andern, den sie verlassen mußten, gab er den Cohorten für den Winter und ließ ihn mit Wall und Graben schützen.

2. Ein Theil des Winters war bereits vorüber und Galba hatte befohlen, Getreidelieferungen in den Ort zu bringen, als er plötzlich wider Vermuthen von seinen Kundschaftern vernahm, alle Gallier hätten sich von dem Theile des Ortes, den er ihnen überlassen hatte, fortgemacht und die Seduer und Veragrer das Gebirge nächst der Ortschaft mit sehr vielem Volke besetzt. Zu diesem Entschlusse der Gallier, plötzlich

den Krieg zu erneuern und die Legion zu überfallen, waren mehrere Beweggründe zusammengekommen: erstens verachteten sie die ohnehin nicht vollzählige Legion, an der zwei Cohorten fehlten und von welcher noch Mehrere, um Lebensmittel zu suchen, abgesendet waren, wegen ihrer geringen Anzahl; sodann glaubten sie, wir würden, wenn sie von den Anhöhen auf uns herabstürmten und mit Wurfgeschossen uns in der Tiefe zusetzten, in dieser mißlichen Lage nicht einmal den ersten Anfall aushalten. Dazu kam noch der Schmerz, ihre Kinder als Geiseln sich entzogen zu sehen und die feste Ueberzeugung, die Römer wollten nicht nur der Straßen wegen* die Alpenhöhen besetzen, sondern um sie für immer in ihrer Gewalt zu haben und mit der angrenzenden Provinz zu vereinen.

3. Auf diese Nachricht hin hielt Galba ohne Verzug einen Kriegsrath und fragte Jeden um seine Meinung, weil weder das Winterlager und dessen Verschanzungen in einem vollkommenen Zustande, noch auch für Fruchtvorrath und andere Zufuhren hinlänglich gesorgt war, da man, zufolge der Unterwerfung und Stellung von Geiseln, von einem Kriege weiter nichts besorgen zu dürfen glaubte. In diesem Kriegsrathe waren Einige, die beinahe schon die Hoffnung auf Rettung aufgaben, der Meinung, weil Niemand eine so große überraschende Gefahr vermuthet hatte und man schon beinahe das ganze Gebirge mit Völkern besetzt sah, die Wege aber zur Herbeiführung von Hilfstruppen und Lebensmitteln abgeschnitten waren, man solle das Gepäck im Stiche lassen, einen Ausfall machen und auf dem Wege, auf dem man gekommen, sich retten. Doch der größte Theil verlangte, diesen Entschluß bis auf das Aeußerste zu verschieben, indessen aber den Verlauf abzuwarten und das Lager zu vertheidigen.

---

* Nämlich um für ihren großen Handel über die Alpen einen Durchgang von Chablais bis ins Thal von Aosta über den großen St. Bernhard zu eröffnen.

4. Man hatte kaum Zeit, die gefaßten Maßregeln anzuordnen und auszuführen, da stürzten schon die Feinde auf ein gegebenes Zeichen von allen Seiten das Gebirge herunter und warfen Steine und Wurfspieße gegen unsere Wälle. Die Unsern leisteten Anfangs bei frischen Kräften tapferen Widerstand: ihre Wurfwaffen vom Walle herab verfehlten nie ihre Wirkung. Schien ein von seinen Vertheidigern entblößter Theil des Lagers in Gefahr zu sein, so eilte man dahin und half. Allein allmählich fingen wir an, zu unterliegen, weil die Feinde, wenn sie vom anhaltenden Gefechte ermüdeten, sich zurückzogen und Andere mit frischen Kräften an ihre Stelle traten, was unsererseits unserer Schwäche wegen nicht geschehen konnte. Verwundete durften nicht einmal ihre Stelle verlassen und sich hinter das Treffen begeben, viel weniger noch Ermüdete aus dem Kampfe zurücktreten.

5. Das Gefecht dauerte nun schon mehr als sechs Stunden ununterbrochen fort und uns verließen nicht allein die Kräfte, sondern es fehlte auch schon an Wurfgeschossen. Der Feind aber setzte uns desto schärfer zu und fing bei der zu großen Ermattung unserer Truppen an, den Wall zu durchbrechen und den Graben auszufüllen. Es war nun auf das Aeußerste gekommen. Da kamen in Eile der Hauptmann der ersten Cohorte, Sextius Baculus, der, wie wir oben erwähnt haben,* in dem Nervierkriege mehrere Wunden empfangen hatte, und der Tribun Cajus Volusenus, ein einsichtsvoller und tapferer Mann, zu Galba und erklärten, jetzt sei nichts mehr übrig, als in einem Ausfalle den letzten Versuch zu machen. Die Hauptleute wurden also zusammengerufen und durch sie ohne Verzug den Soldaten bekannt gemacht, etwas von dem Kampfe nachzulassen, die Wurfspieße von dem Feinde nur aufzufangen und sich von ihrer Anstrengung zu erholen; sodann auf das Zeichen aus dem Lager auszufallen

* Buch 2, Kap. 25.

und ihre ganze Hoffnung in ihre persönliche Tapferkeit zu setzen.

6. Die Soldaten befolgten diesen Befehl und stürzten unvermuthet aus allen Lagerthoren auf die Feinde, ohne ihnen Zeit zu lassen, zu sehen, was vorginge oder sich zu sammeln. Das Glück wendete sich also und Jene, die in Hoffnung der Eroberung unseres Lagers zusammengekommen waren, wurden von allen Seiten umringt und niedergehauen. Von dreißigtausend Mann – so stark war ihre Macht bei dem Vorrücken gegen unser Lager nach zuverlässigen Nachrichten gewesen – blieb mehr als der dritte Theil auf dem Platze, der Rest mußte voller Schrecken die Flucht ergreifen. Nicht einmal auf den Höhen ließ man ihm Zeit, sich festzusetzen. Nachdem so die ganze Macht des Feindes versprengt und entwaffnet war, zogen sich unsere Truppen wieder in das Lager und hinter die Schanzen zurück. Galba wollte nach diesem Treffen nichts weiter wagen und meinte, die nunmehrigen Umstände entsprächen nicht den Absichten, mit denen er hier sein Winterlager genommen habe. Er steckte daher am Tage darauf den ganzen Flecken in Brand, wozu ihn hauptsächlich der Mangel an Lebensmitteln und Zufuhr bewog, und führte auf dem Rückzuge nach der Provinz, den er ohne Widerstand und Aufenthalt vom Feinde angetreten hatte, die Legion in das nantuatische und von da in das allobrogische Gebiet, wo er den Winter zubrachte.

Krieg gegen die Veneter

7. Cäsar glaubte jetzt in jeder Beziehung die Unruhen in Gallien gedämpft: die Belgier waren besiegt, die Germanen verjagt, die Seduner in den Alpen überwunden, und er wollte sich daher mit dem Anfang des Winters nach Illyrien begeben, weil er auch einmal zu diesen Völkern zu kommen und ihr Land kennen zu lernen wünschte. Allein da entstand plötzlich wieder

ein Krieg in Gallien. Die Veranlassung war folgende: Der junge Publius Crassus hatte mit der siebenten Legion nächst den Seeküsten in dem Andischen den Winter hindurch gestanden. Wegen Mangels an Getreide in diesem Lande schickte er mehrere Präfecten und Tribunen in die angrenzenden Staaten, um Lebensmittel und Zufuhr herbeizuschaffen; unter Andern wurde Titus Terrasidius zu den Esuviern, Trebius Gallus zu den Curiosolitern und Quintus Velanius mit Titus Silius zu den Venetern gesandt.

8. Dieser Staat hat auf dem ganzen Küstengebiete dort das größte Ansehen; denn die Veneter haben sehr viele Schiffe, mit denen sie gewöhnlich nach Britannien fahren: sie sind die besten und geübtesten Seeleute, und sämmtliche Seefahrer sind bei den wenigen Häfen auf dem so ungestümen und offenen Meere hier, die alle den Venetern gehören, denselben zinsbar. Crassus hatte Geiseln von ihnen; in dem Wahne nun, durch dieses Mittel sie zurückzubekommen, begannen sie den Silius und Velanius in Verhaft zu nehmen.* Dieser Schritt bewog ihre Nachbarn, wie denn überhaupt die Gallier schnell und übereilt in ihren Entschlüssen sind, den Trebius und Terrafidius in derselben Absicht festzuhalten. Dann schickte man sogleich Gesandte umher und durch die Person der Häuptlinge verband man sich, in Allem gemeinschaftlich zu Werke zu gehen und jedes Schicksal mit einander zu theilen. Auch die übrigen Staaten wurden aufgestachelt, sich lieber in der Freiheit, die man von den Voreltern ererbt habe, zu behaupten, als der Römer Joch zu tragen. Das ganze Küstenland trat sogleich ihrem Entschlusse bei und man sandte gemeinschaftlich Abgeordnete an Publius Crassus, er möge die Geiseln zurückschicken, wenn anders er seine Leute wieder haben wolle.

* So gebe ich mit Baumstark das *retinere* des Textes.

9. Auf den Bericht des Crassus von diesem Vorfalle befahl Cäsar, weil er selbst zu weit entfernt war, einstweilen Kriegsschiffe auf dem Ligerstrome, der sich in das Weltmeer ergießt, zu bauen, Ruderknechte aus der Provinz einzuüben und Matrosen und Steuerleute aufzutreiben. In kurzer Zeit wurde Alles zu Stande gebracht, und sobald es die Jahreszeit zuließ, begab sich Cäsar zu dem Heere. Auf die Nachricht von Cäsars Ankunft und auch im Bewußtsein des schweren Vergehens Gesandte, deren Person bei allen Völkern jederzeit heilig und unverletzlich gewesen, verhaftet und in Fesseln geworfen zu haben, trafen die Veneter, sowie die übrigen Staaten, nach der Größe der Gefahr, ebenfalls Gegenanstalten zum Kriege, vorzüglich aber Zurüstungen zur See, und das mit desto größerer Zuversicht, als sie sich von der natürlichen Beschaffenheit ihres Landes viel versprachen. Denn sie wußten, daß die Wege auf der Landseite durch Sümpfe von der austretenden See oft durchschnitten würden, die Landungen auf der Meeresseite aber bei Unkenntniß der Gegend und bei den wenigen Häfen sehr erschwert seien. Auch zählten sie darauf, unser Heer würde sich aus Mangel an Getreide nicht lange bei ihnen halten können: wenn aber Alles selbst gegen ihre Erwartung ausfiele, so hätten sie doch immer die Uebermacht zur See, die Römer keine Flotte, keine Kenntnisse von den Untiefen, Landungsorten und Inseln der Gegenden, wo sie den Krieg zu führen hätten, und endlich hier auf dem unermeßlichen offenen Weltmeere stehe es mit der Schifffahrt ganz anders, als in einem ringsum eingeschlossenen Meere.* Nach diesen Maßregeln befestigten sie ihre Städte, führten das Getreide vom Lande in diese zusammen, verstärkten ihre Seemacht an den Veneterküsten, wo Cäsar den Kriegsschauplatz, wie man wußte, eröffnen würde, mit Schiffen, so viel sie nur konnten, zogen die Osis-

* Nämlich dem mittelländischen.

mier, Lexovier, Namneter, Ambiliater, Moriner, Diablinten, Menapier in ihr Bündniß und ließen aus dem gegenüberliegenden Britannien noch Hilfsvölker kommen.

10. Das waren die Schwierigkeiten bei diesem Kriege, auf die wir oben hingedeutet haben. Doch viele Gründe, so: die widerrechtliche Festnahme der römischen Ritter, die Erneuerung des Krieges nach geschehener Unterwerfung, die Empörung nach Stellung von Geiseln, die Verbindung so vieler Staaten, besonders die Besorgniß, daß nicht auch andere Völker glaubten, sie dürften ein Gleiches wagen, wenn man das ungestraft ließe – Alles das veranlaßte den Cäsar zum Kriege. Weil er nun wußte, daß die Gallier fast ohne Ausnahme Freunde von Unruhen seien, sich leicht und bald zu Kriegen verleiten ließen, wie überhaupt alle Menschen ohne Unterschied nach Freiheit verlangten und den Stand der Sklaverei haßten, so fand er es angemessen, sein Heer zu theilen und weiter auszudehnen, ehe noch mehr Staaten sich mit jenen verbänden.

11. Er schickte also seine Reiterei unter dem Legaten Titus Labienus in das Land der Trevirer, nächst dem Rheinstrom, mit dem Auftrage, in das remische Gebiet und das der übrigen Belgier einzurücken und sie unter Botmäßigkeit zu halten, auch die Germanen, die dem Gerüchte nach von den Belgiern zum Beistande gerufen waren, zu verhindern, falls sie mit Gewalt über den Rhein gehen wollten. Den Publius Crassus ließ er mit zwölf Cohorten von verschiedenen Legionen* und einer großen Anzahl Reiter nach Aquitanien aufbrechen, damit nicht von diesen Völkern Hilfstruppen nach Gallien geschickt werden könnten und so die Vereinigung so mächtiger Nationen verhindert würde. Der Legat Titurius Sabinus mußte in das Gebiet der Uneller, Curiosoliter und Lexovier ziehen, um diese Völker zu beschäftigen. Den jungen Decimus Brutus machte er zum Befehlshaber der Flotte und der gallischen Schiffe aus dem

* Eine römische Legion hatte sonst nur zehn Cohorten.

Piktonischen, Santonischen und den übrigen unterjochten Seeküsten, mit dem Befehl, bei der ersten Gelegenheit gegen die Veneter auszulaufen. Er selbst brach gegen diese mit dem Landheere auf.

12. Die Lage der festen Plätze der Veneter war ungefähr folgende: sie waren an den Spitzen von Landzungen oder Vorgebirgen angelegt, so daß man während der Flut, welche innerhalb zwölf Stunden zweimal eintritt, ihnen nicht zu Lande beikommen konnte, aber auch nicht mit Schiffen zur See, weil diese bei der zurücktretenden Ebbe auf Untiefen geriethen. Beiden Arten von Angriffen auf eine Stadt standen also Hindernisse im Wege. Waren die Feinde also durch die Größe unserer Belagerungsanstalten an einem Orte besiegt, war die See durch Wälle und Dämme zurückgedrängt und diese fast der Stadtmauer gleich erhöht, so daß sie an ihrer Rettung zu verzweifeln begannen: dann ließen sie jedesmal Schiffe, die sie in Ueberfluß hatten, landen und retteten sich mit Hab und Gut in die nächsten Städte, wo sie aufs Neue durch dieselben Vortheile ihrer Lage Schutz fanden. Das thaten sie nun einen großen Theil des Sommers hindurch um so unbehinderter, weil Stürme unsere Flotte aufhielten und die Schifffahrt auf dem ungeheuren offenen Weltmeere, bei der Höhe der Flut und den wenigen, ja fast gar nicht vorhandenen Häfen überaus schwierig war.

13. Die Schiffe der Feinde hatten folgende Bauart und Einrichtung. Ihr Boden war etwas flacher, als bei unseren Schiffen, um desto sicherer auf den Sandbänken und bei der Ebbe auszuhalten; das Vordertheil war ziemlich hoch, auch das Hintertheil hatte einen den starken Wogen und Stürmen angemessenen Bau. Das ganze Schiff war ferner von Eichenholz, um heftige Stöße jeder Art auszuhalten, das Verdeck war aus schuhbreiten Brettern mit eisernen Nägeln von Daumdicke aneinander genagelt. Statt an Seilen hing der Anker an Ketten; die Segel waren von Häuten und dünnem Leder, entweder aus Mangel an

Flachs und Unkenntniß, ihn zu verarbeiten, oder, was glaublicher ist, weil man meinte, Segel von Leinwand würden so heftige Stürme und Windstöße nicht aushalten, oder die schweren Schiffe ließen sich damit nicht sicher genug leiten. Nimmt man nun Geschwindigkeit und schnellen Ruderschlag aus, worin wir die Feinde übertrafen, so war alles Uebrige in Rücksicht auf jene Seegegend und die heftigen Stürme an den gallischen Schiffen passender und besser als an den unsern eingerichtet; denn mit unseren Schiffsschnäbeln konnte man jenen nicht schaden, so stark waren sie gebaut, noch auch ihrer Höhe wegen weder mit Wurfwaffen, noch mit Enterhaken ihnen leicht beikommen. Außerdem hielten sie, wenn die See tobte und sie sich dem Winde überließen, den Sturm sicherer aus, fuhren mit weniger Gefahr auf Seebänken auf und hatten bei dem Verlaufen der Flut nichts zu besorgen, was Alles hingegen unsere Schiffe befürchten mußten.

14. Nach Eroberung mehrerer Städte der Veneter sah Cäsar ein, seine so große Anstrengung sei ohne Nutzen, und auch nach Bezwingung eines Ortes könne er doch nicht die Entweichung der Feinde hindern, oder ihnen Abbruch thun. Er beschloß daher, seine Flotte zu erwarten. Sie kam. Bei deren Anblick liefen die Feinde sogleich mit zweihundertundzwanzig Schiffen, die auf das Beste ausgerüstet und mit allen Arten von Waffengeräth versehen waren, aus dem Hafen aus und stellten sich uns gerade entgegen. Weder der Oberbefehlshaber Brutus, noch die Kriegstribunen und Hauptleute, welche die einzelnen Schiffe leiteten, waren mit sich einig, was sie vornehmen oder wie sie angreifen sollten. Denn mit den Schiffsschnäbeln wußten sie, konnten sie jenen nichts schaden, hätten sie aber Thürme errichtet, so war das Hintertheil der feindlichen Schiffe doch noch so hoch, daß man nicht wohl von diesem niedern Standpunkte Geschosse auf sie werfen konnte, während die von den Galliern geschleuderten Waffen desto schwerer trafen. Eine Vorrichtung nur that uns gute Dienste: scharfe Sicheln nämlich, ähnlich den Mauersicheln,* die auf lange Stangen gesteckt und befestigt waren. Mit diesen ergriff man die Seile, an denen die Segelstangen an den Masten hingen, zog sie durch die Gewalt, mit der das Schiff fortgerudert wurde, an und riß sie entzwei. Beim Zerreißen der Stricke fielen die Segelstangen natürlich herunter, und da Alles bei den Schiffen der Gallier auf den Segeln und dem Takelwerke beruhte, so war auf einmal ihre ganze Flotte außer Thätigkeit gesetzt. Der Ausgang des Treffens hing nun von der Tapferkeit ab, worin unsere Truppen leicht die Oberhand gewannen, und das um so eher, weil die Schlacht vor den Augen Cäsars und des ganzen Heeres vor sich ging, so daß keine kühnere That unbemerkt blieb, denn alle Hügel und Anhöhen, von denen man eine Aussicht auf die nahe See hatte, waren von unseren Truppen besetzt.

15. Als die Segelstangen, wie gesagt, herunter gestürzt waren, nahmen immer zwei bis drei unserer Schiffe ein feindliches in die Mitte und die Soldaten strengten sich mit aller Kraft an, auf die feindlichen Schiffe zu kommen. Das sahen die Feinde und wußten, nach dem Verluste mehrerer Schiffe, kein Gegenmittel. Sie wollten sich also durch die Flucht retten: schon hatten sie die Schiffe nach dem Winde gewendet, da entstand plötzlich eine solche Windstille und Ruhe, daß sie sich nicht von der Stelle bewegen konnten. Das kam uns am besten zu Statten, um unser Werk zu vollenden: wir holten ein Schiff nach dem andern ein und nahmen es weg. Nur wenige von der ganzen Flotte erreichten durch den Eintritt der Nacht das Küstenland. Das Treffen hatte von vier Uhr bis zum Untergang der Sonne gedauert.

16. Durch diese Schlacht hatte der Krieg mit den Venetern und dem ganzen Küstengebiete sein Ende; denn die gesammte waffenfähige Mannschaft und alle ihre betagten Män-

---

* Um mit solchen Eisenhaken an langen Stangen Steine aus den Mauern herauszureißen; vgl. B. 7, 22 und 86.

ner von Einsicht oder Ansehen, sowie ihre ganze Seemacht waren hier beisammen. Nach deren Verluste hatte also der Rest weder einen Zufluchtsort, noch auch die Aussicht, ihre Städte zu behaupten. Sie unterwarfen sich demnach mit Hab und Gut dem Cäsar. Cäsar aber beschloß, sie desto schärfer zu bestrafen, damit die Barbaren das Völkerrecht an den Gesandten in der Folge um so mehr beobachten möchten. Er ließ daher alle ihre Obrigkeiten hinrichten, die übrige Bevölkerung aber als Sklaven verkaufen.*

Krieg mit den Unellern

17. Während dieser Vorgänge im Venetischen war Titurius Sabinus mit den Truppen, die er von Cäsar erhalten hatte, in das unellische Gebiet eingerückt, wo Viridovix den Oberbefehl über alle Völker führte, die sich in dieser Gegend empört hatten und eine starke Macht und viele Streitkräfte beisammen hatte. In dieser Zeit hatten auch die Eburoviken, ein Aulerker-Stamm, und die Lexovier ihren Senat, der dem Kriege nicht zustimmen wollte, ermordet, ihre Thore den Römern verschlossen und sich zu Viridovix geschlagen. Zudem kam noch eine Menge liederlichen Gesindels und Räuber zusammen, die, in der Hoffnung, plündern zu können, oder aus Hang zum Kriege, von den Feldarbeiten und ihrem täglichen Gewerbe weggelaufen waren. Sabinus stand in einem Lager, das seiner Lage nach in jeder Hinsicht vortheilhaft war. Zweitausend Schritte davon hatte sich Viridovix gelagert, der Tag für Tag ausrückte und ein Treffen anbot, so daß Sabinus sich seines Zauderns wegen, das Treffen anzunehmen, nicht allein Verachtung bei den Feinden, sondern auch einigen Tadel von

* Vgl. das in meiner Einleitung über Cäsars kühle Berichterstattung Bemerkte.

unsern Truppen zuzog. Der Feind erfrechte sich sogar, bis an den Lagerwall zu kommen, so stark war seine Ueberzeugung von unserer Furcht. Der Beweggrund dieses Verfahrens des Sabinus war sein Grundsatz, ein Legat solle in Abwesenheit des Oberfeldherrn sich nicht mit dem Feinde einlassen, wenn nicht das Schlachtfeld für ihn vortheilhaft oder die Umstände sehr günstig wären. Als er nun die Feinde in der Meinung von seiner Furcht bestärkt hatte, suchte er sich einen geschickten und verschlagenen Gallier unter den Hilfstruppen, die er bei sich hatte, aus und brachte ihn mit großen Geschenken und Verheißungen dahin, zu dem Feinde überzugehen. Derselbe, von des Sabinus Absichten unterrichtet, kam also als Ueberläufer zu den Feinden und stellte ihnen die Furcht der Römer dar, dann machte er sie mit Cäsars mißlicher Lage im venetischen Gebiete bekannt, und bestätigte, es sei wahr, daß Sabinus die nächste Nacht heimlich mit seinen Truppen aufbrechen, und, um dem Cäsar zu Hilfe zu kommen, abziehen werde. Auf diese Aussage schrie Alles: solche günstige Gelegenheit dürfe man nicht versäumen! Man müsse sofort das Lager stürmen. Zu diesem Entschlusse hatten die Gallier viele Gründe: das Zaudern des Sabinus in den vorhergegangenen Tagen, die Versicherungen des Ueberläufers, Mangel an Lebensmitteln, für die sie so wenig gesorgt hatten, die Hoffnung auf den Veneterkrieg und endlich, weil man das, was man wünscht, gern glaubt.* Viridovix und die übrigen Heerführer durften daher nicht eher aus der Versammlung gehen, als bis sie ihre Einwilligung gegeben, die Waffen zu ergreifen und gegen das Lager vorzurücken. Nach ihrer Zustimmung gingen die Feinde frohen Muthes, wie des Sieges gewiß, mit Faschinen von Reisig und Gesträuch, um die römischen Gräben auszufüllen, auf das Lager los.

* Eine ganz ähnliche überaus wahre Sentenz spricht Cäsar im Bürgerkrieg 2, 27 aus.

19. Dieses stand auf einem Hügel, der sich vom Fuße aus gegen tausend Schritte etwa allmählich erhob. Die Feinde stürmten in vollem Laufe darauf zu, um den Römern zum Versammeln und Bewaffnen so wenig Zeit, als möglich war, zu lassen, und kamen außer Athem an. Sabinus gab nach der gewöhnlichen Aufmunterungsrede seinen kampfbegierigen Soldaten das Zeichen zur Schlacht und stürzte plötzlich aus zwei Thoren auf die Gallier zu, die wegen des Gepäcks, was sie trugen, nicht frei genug waren. Bei unserm vortheilhaften Stande, der Unwissenheit und Ermattung der Feinde, der Tapferkeit unserer Truppen und ihrer in den vorigen Schlachten erworbenen Uebung wurden die Gallier sogleich bei dem ersten Angriffe geworfen und ergriffen sofort die Flucht. Wir holten mit unseren frischen Kräften die unbeholfenen Flüchtlinge ein und machten Viele nieder. Den Rest verfolgte die Reiterei und ließ nur Wenige übrig, die durch die Flucht entkommen waren. Sabinus und Cäsar vernahmen so zu derselben Zeit, jener vom Seetreffen, dieser von des Sabinus Sieg, und alle Staaten ergaben sich ungesäumt dem Titurius. Denn so keck und bereitwillig der Gallier zu Felde zieht, so weich und nachgibig wird dieses Volk bei Niederlagen.

Grassus' Zug nach Aquitanien

20. Fast um dieselbe Zeit war Publius Crassus in Aquitanien eingerückt, dessen Größe und Volksmenge sich danach schätzen läßt, daß man es als den dritten Theil Galliens, wie schon gesagt,* ansehen muß. Bei der Vorstellung, er habe nun da Krieg zu führen, wo der Legat Lucius Valerius Präconius geschlagen war und von wo der Proconsul Lucius Manilius sich mit Verlust alles Gepäcks hatte flüchten müssen, erkannte er wohl, daß er mit nicht gewöhnlicher Vorsicht zu Werke gehen

* Buch 1, 1. Kapitel.

müsse. Er sorgte demnach für genügenden Getreidevorrath und berief noch überdies viel tapfere Männer aus Tolosa, Carcaso und Narbo, welche gallische Städte unserer Provinz am nächsten liegen, persönlich aus diesen Gegenden zu sich und führte so sein Heer in die Grenzen der Sontiaten. Auf die Nachricht von seinem Vorrücken zogen diese eine starke Macht zusammen und griffen mit ihrer Hauptstärke, der Reiterei, uns auf dem Zuge an. Anfangs hatten wir also nur mit ihrer Reiterei zu kämpfen, als diese geworfen war und wir sie verfolgten, kam unvermuthet auch ihr Fußvolk aus einem Hinterhalte in einem Thale zum Vorschein und erneuerte durch seinen Angriff auf unsere getrennten Linien die Schlacht.

21. Das Treffen war heftig und hartnäckig; denn die Sontiaten, stolz auf ihr Waffenglück in den vorhergehenden Zeiten, glaubten, das Heil von ganz Aquitanien hinge nun von ihrer Tapferkeit ab, unsere Truppen aber wollten der Welt zeigen, was sie auch ohne den Oberfeldherrn und die übrigen Legionen, unter einem ganz jungen Anführer leisten könnten. Mit starkem Verluste ergriff endlich der Feind die Flucht und Crassus unternahm nach einem großen Blutbade einen Angriff auf die Stadt der Sontiaten. Der Widerstand aber war heftig. Man baute also Schirmdächer und führte Thürme auf; allein die Feinde wagten bald Ausfälle, bald untergruben sie unsern Erdwall und unsere Schirmdächer, worin die Aquitanier äußerst geschickt sind, weil sie viele Bergwerke besitzen. Als sie aber sahen, bei unserer Aufmerksamkeit wolle gar nichts glücken, schickten sie Gesandte zu Crassus mit der Bitte, ihre Unterwerfung anzunehmen. Er that es und sie lieferten, seinem Befehle gemäß, ihre Waffen aus.

22. Während dieser Vorgang unsere ganze Aufmerksamkeit auf sich gezogen hatte, versuchte der Oberbefehlshaber Adiatumnus mit fünfhundert Soldurien, wie man sie hier nennt, auf der andern Stadtseite einen Ausfall. Mit dieser Mannschaft hat es folgende Bewandtniß: sie genießen mit dem-

jenigen, welchem sie sich in Freundschaft ergeben haben, alle Annehmlichkeiten des Lebens; leidet er aber gewaltsamerweise einen Unfall, so müssen sie dasselbe Schicksal mit ihm theilen oder sich sogar selbst entleiben, und wirklich hat sich seit Menschengedenken noch Keiner gefunden, der nach dem Tode desjenigen, dessen Freundschaft er sich hingegeben hatte, zu sterben sich geweigert hätte. Mit diesen Truppen also versuchte Adiatumnus einen Ausfall. Auf das Geschrei, welches darauf in den Schanzen auf dieser Seite sich erhob, griffen unsere Soldaten zu den Waffen und Adiatumnus wurde nach einem heißen Kampfe in die Stadt zurückgetrieben. Doch erhielt er die Erlaubniß von Crassus, sich unter den einmal festgestellten Bedingungen unterwerfen zu dürfen.

23. Nachdem man die Waffen und Geiseln empfangen hatte, rückte Crassus in das vocatische und tarusatische Gebiet. Die Nachricht, ein von Natur und durch Kunst so haltbarer Platz sei in kurzer Zeit nach der Ankunft der Römer erobert worden, bewog die Gallier, Gesandte überallhin abzuschicken, sich zu verbinden, einander Geiseln zu geben und Heere auszurüsten. Auch schickte man Gesandte an die Völkerschaften in dem diesseitigen Hispanien nächst Aquitanien und ließ von daher Hilfstruppen und Anführer kommen. Nach deren Ankunft trafen sie Anstalten, den Krieg mit großem Nachdrucke und starker Macht zu führen. Zu Anführern wurden Männer gewählt, die alle Feldzüge unter Quintus Sertorius mitgemacht hatten und denen man große Einsicht im Kriegswesen zutraute. Diese fingen an, nach römischer Art, die Pässe zu besetzen, das Lager zu verschanzen und uns die Zufuhr abzuschneiden. Da Crassus einsah, er könne seine Truppen wegen ihrer Schwäche nicht auseinander legen, der Feind nehme Streifzüge vor, besetze die Wege und lasse dennoch genug Truppen zur Sicherheit des Lagers zurück, man könne daher nicht ohne Schwierigkeiten Getreide und Zufuhren herbeischaffen, der Feind verstärke sich von Tag zu Tag, so hielt er es für gut, ohne Verzug

ein Treffen zu liefern. Diesen Entschluß trug er im Kriegsrathe vor und fand Alle gleichen Sinnes. Er setzte daher das Treffen auf den folgenden Tag fest.

24. Bei Tagesanbruch rückte Crassus mit dem ganzen Heere aus und bildete zwei Schlachtlinien, wobei er Hilfstruppen in der Mitte aufstellte, sodann wartete er ab, wozu sich die Feinde entschließen würden. Diese glaubten zwar, sie könnten bei ihrer Stärke, ihrem alten Kriegsruhme und unserer Schwäche ohne Gefahr schlagen, fanden es aber doch sicherer, die Wege besetzt zu halten, die Zufuhr abzuschneiden und ohne Verlust zu siegen. Wollten sich aber die Römer aus Mangel an Lebensmitteln zurückziehen, so dachten sie, dieselben in der Verwirrung auf dem Zuge unter dem Gepäck und bei gesunkenem Muthe anzugreifen. Dieser Plan wurde von den Anführern genehmigt; die Feinde blieben also nach dem Ausrücken der Römer in ihrem Lager. Als Crassus das wahrnahm und der Feind durch sein Zaudern und die erregte Meinung unsere etwas furchtsamen Truppen muthiger zur Schlacht gemacht hatte, und Alles schrie, man solle ohne Verzug gegen das Lager vorrücken, ging Crassus, dem allgemeinen Verlangen folgend, auf dasselbe los.

25. Während die Soldaten hier in Abtheilungen die Gräben ausfüllten oder die Feinde mit einem Hagel von Wurfwaffen vom Walle und den Schanzen trieben, die Hilfstruppen aber, auf die Crassus kein großes Zutrauen im Gefecht selbst setzte, Steine und Wurfspieße herbeischafften oder Rasen an den Wall trugen und so die Meinung erregten, als ob sie selbst mitkämpften, und während andererseits auch die Feinde entschlossen und furchtlos stritten, und ihre Wurfwaffen vom Walle herab gute Wirkung thaten: erfuhr Crassus durch Reiter, die das feindliche Lager umritten hatten, von der Seite des decumanischen Thores* sei das feindliche Lager mit weniger Sorgfalt verwahrt und dort könne man leichter eindringen.

* Vgl. die frühere auf Lagereinrichtung bezügliche Erläuterung.

26. Crassus sprach nun den Führern der Reiter zu, ihre Leute mit Belohnungen und Versprechungen aufzumuntern und theilte ihnen selbst keine Verhaltungsbefehle mit. Diese zogen also, seinen Befehlen gemäß, die zurückgelassene Bedekkung im römischen Lager, vier Cohorten, die noch bei frischen Kräften waren, an sich und kamen so schnell durch einen großen Umweg, um nicht in des Feindes Lager bemerkt zu werden, während Aller Sinn und Aufmerksamkeit auf die Schlacht gerichtet war, vor die Schanzen, von denen wir oben gesprochen haben. Sie brachen schnell durch und standen in dem feindlichen Lager, ehe man dort noch sehen oder wahrnehmen konnte, was vorging. Unsere Soldaten hörten kaum das Geschrei von dieser Seite her, so drangen sie mit neuen Kräften, wie es gewöhnlich bei Aussicht auf Sieg geschieht, muthiger auf die Feinde los. Diese, von allen Seiten umringt, sprangen in ihrer verzweifelten Lage den Wall hinunter und suchten ihr Heil in der Flucht. Allein unsere Reiterei verfolgte sie auf der Ebene und ließ von fünfzigtausend Mann, die nach zuverlässigen Berichten aus Aquitanien und Cantabrien zusammengekommen waren, kaum den vierten Theil übrig. Spät in der Nacht kehrte sie erst in das römische Lager zurück.

27. Bei der Nachricht von dieser Schlacht ergab sich Aquitanien größtentheils dem Crassus und stellte freiwillig Geiseln, darunter waren namentlich die Tarbellen, Bigerrionen, Ptianier, Vocaten, Tarusaten, Elusaten, Gariten, Auscer, Garumner, Sibuzaten, Cocosaten. Nur einige Völkerschaften an den äußersten Grenzen verließen sich auf die Jahreszeit, da der Winter vor der Thüre war, und thaten dies nicht.

Erster Zug gegen Moriner und Menapier

28. Fast um dieselbe Zeit rückte Cäsar, obgleich der Sommer seinem Ende nahe war, in das morinische und menapische Ge-

biet ein, weil diese Völker, nach Dämpfung der Unruhen in ganz Gallien, allein noch in den Waffen standen und noch keine Gesandtschaft Friedens halber an ihn geschickt hatten, in der Hoffnung, mit diesem Kriege bald zu Ende zu kommen. Allein diese Völker führten den Krieg ganz anders, als die übrigen Gallier; denn weil sie sahen, daß die größten Völkerschaften, die eine entscheidende Schlacht versuchten, geschlagen und überwunden waren, so begaben sie sich mit Hab und Gut in die großen Wälder und Sümpfe, deren ihr Land voll war. Als Cäsar am Eingang zu diesen Wäldern sein Lager schlagen ließ, kam kein Feind zum Vorschein, als aber unsere Leute bei der Arbeit sich zerstreut hatten, stürzten sie von allen Seiten des Waldes plötzlich heraus und fielen uns an. Die Unsern ergriffen sogleich die Waffen und warfen sie in den Wald zurück. Der Feind verlor dabei zwar viel Volk, doch auch bei uns ging es nicht ganz glücklich aus, weil Mehrere zu tief in die unwegsamen Gegenden nachgedrungen waren.

29. Cäsar ließ am Tage darauf den Wald zum Theil niederhauen und alle abgehauene Bäume zur Bedeckung der beiden Seiten gegen den Feind aufthürmen, damit man nicht unsere unbewaffneten und unvorbereiteten Soldaten von der Seite überfallen könnte. Man war in wenigen Tagen mit unglaublicher Geschwindigkeit weit vorgerückt; Heerden und der vorderste Theil des Gepäcks war schon in unsern Händen und die Feinde selbst im Rückzuge nach den dichteren Wäldern zu begriffen – allein stürmisches Wetter trat plötzlich ein, so daß man das ganze Vorhaben aufgeben mußte und sich wegen der anhaltenden Regengüsse nicht länger unter den Zelten halten konnte. Cäsar verheerte demnach das ganze Land, äscherte Dörfer und Wohnungen ein und ging mit seinem Heer zurück, das er in das aulerkische und lexovische Gebiet und in die übrigen Staaten, die kurz zuvor die Waffen ergriffen hatten, für den Winter legte.

VIERTES BUCH

Krieg gegen Usipeter und Tenchterer

1. Im Winter des folgenden Jahres, wo Cn. Pompejus und M. Crassus Consuln waren, gingen die Usipeter, ein germanisches Volk, eben so wie die Tenchtherer über den Rhein, nicht weit von seiner Mündung in das Meer. Die Veranlassung hierzu waren die Sueven, welche diese Völker seit geraumer Zeit beunruhigten, mit Kriegen bedrückten und am Feldbau hinderten. Die Sueven sind bei Weitem das mächtigste und kriegerischste Volk von allen Germanen.* Sie sollen hundert Gaue haben, aus deren jedem sie jährlich tausend Mann ins Feld schicken. Das übrige Volk zu Hause sorgt indessen für des Heeres und den eigenen Unterhalt. Im Jahre darauf ziehen diese hingegen wieder in den Krieg und jene bleiben daheim. So wird weder Feldbau, noch Kriegswesen und Waffenübung unterbrochen.

Besonderes und abgetheiltes Feldeigenthum gibt es bei ihnen nicht, auch darf man nicht länger als ein Jahr an einem Ort seines Anbaues wegen bleiben. Ihre Nahrung sind Feldfrüchte, größtentheils aber Milch und Fleisch von ihrem Vieh; eine Hauptbeschäftigung ist die Jagd – eine Lebensweise, die sowol durch die Nahrungsmittel, als durch die täglichen Leibesübungen und das ungebundene Leben (denn von Kindheit an werden sie zu keiner Pflicht und Zucht angehalten und handeln durchaus nie gegen ihre Neigung) ihre Kräfte unterhält und ihren Körpern die ungemeine Größe** gibt. Auch unter ihrem so kalten Himmelsstriche haben sie sich gewöhnt,

---

* Vgl. die Schilderung des Tacitus in der Germania; Univ. Bibl. 726, S. 43.

** Vgl. Germania Kap. 20. Die Körpergröße der alten Germanen betrug zwischen fünfdreiviertel bis sieben Fuß, selbst bei Frauen.

keine andere Kleidung zu tragen, als Felle, wegen deren Kürze der Körper doch größtentheils unbedeckt bleibt; dazu baden sie in Flüssen.*

2. Handelsleuten steht ihr Land offen, aber nicht sowol um etwas einzukaufen, als vielmehr um die gemachte Kriegsbeute an sie abzusetzen. Nicht einmal ausländische Pferde, die man in Gallien so gern hat und mit großen Kosten anschafft, brauchen die Germanen, sondern ihre einheimischen, die, obgleich schlecht gebaut und ungestaltet, durch tägliche Uebungen äußerst ausdauernd werden. In den Reitergefechten springen sie oft vom Pferde und fechten zu Fuß.** Die Pferde werden abgerichtet, unterdessen nicht von der Stelle zu gehen, und erfordern es die Umstände, so laufen ihre Reiter eilends zu ihnen zurück. Nach ihren Sitten ist nichts schändlicher und unmännlicher, als auf Sätteln zu reiten. Ein noch so schwacher Haufe ist daher verwegen genug, sich an die zahlreichste Schaar von Sattelreitern zu wagen. Die Weineinfuhr ist bei ihnen verboten, denn man wird dadurch nach ihrer Meinung zum Ausdauern bei den Strapazen zu weich und weibisch.

3. Die öffentliche Meinung ihres Volkes setzt darin den größten Ruhm, wenn nächst ihren Grenzen Alles weit und breit wüst liegt: denn das beweise, daß viele Staaten hätten ihrer Macht weichen müssen. Auf der einen Seite des Sueven-Gebietes soll daher eine Einöde von sechshunderttausend Schritten sein. Auf der anderen Seite schließen sich die Ubier*** an, deren Staat nach Begriff der Germanen einst groß und blühend war.

---

* Auch Galenus berichtet, daß die Germanen neugeborne Kinder in den Fluß tauchen, um ihre Gesundheit zu prüfen. Dagegen sagt Tacitus, Germania Kap. 22: »Gleich nach dem Schlafe baden sie und meist warm,« schildert also die Germanen als Freunde der bei den Römern beliebten lauen Bäder.

** Joci causa! Der Text: *Suevi ex equis desiliunt ac pedidus praeliantur* wurde einst übersetzt: »Die Sueven entspringen aus Pferden und fechten mit den Füßen.«

*** Vgl. Germania Kap. 28.

Dieses Volk ist wegen seiner Lage nächst dem Rheine, wegen des starken Besuches von Kaufleuten und weil sie wegen ihrer Nachbarschaft schon mehr an gallische Sitten gewöhnt sind, etwas gebildeter als andere ihres Namens. Mit diesen führten die Sueven häufige Kriege und obschon sich dieselben wegen der Größe und Macht ihres Staates in ihrem Lande behaupteten, so machten sie doch dieselben viel demüthiger, schwächer und sich zinsbar.

4. Ein gleiches Schicksal hatten auch die Usipeter und Tenchtherer, von denen wir oben gesprochen haben.* Nach einem Widerstande von mehreren Jahren gegen die Macht der Sueven wurden sie zuletzt aus ihrer Mark vertrieben. Sie zogen dann drei Jahre in Germanien umher und kamen an den Rhein, wo die Menapier wohnten und diesseits wie jenseits des Flusses Felder, Höfe und Dörfer hatten. Bei der Ankunft eines so großen Völkerschwarms verließen die Menapier voller Schrecken ihre Wohnungen auf dem rechten Ufer, besetzten das linke Rheinufer und wehrten den Germanen den Uebergang. Diese machten alle möglichen Versuche, allein aus Mangel an Schiffen konnten sie keine Gewalt brauchen, noch auch bei der Wachsamkeit der Menapier heimlich übersetzen; deshalb nahmen sie einen verstellten Rückzug nach Hause, nach einem Zuge von drei Tagen aber wendeten sie sich wieder und ihre Reiterei, die den ganzen Weg in einer Nacht zurückgelegt hatte, überfiel unvermuthet und unversehens die Menapier, die auf die Nachricht ihrer Späher von dem Abzuge der Germanen ohne Bedenken ihre Dörfer am rechten Rheinufer wieder bezogen hatten. Diese wurden niedergehauen und auf ihren weggenommenen Schiffen setzten die Feinde über den Fluß, ehe die Menapier, die diesseits des Rheines ruhig in ihrem Eigenthum geblieben waren, noch etwas von dem Vorgange wußten. Auch der Wohnungen Jener bemächtigten sie sich und lebten

* Vgl. Germania, Kap. 32.

den ganzen übrigen Winter hindurch von der Ueberfallenen Reichthum.

5. Bei diesen Nachrichten war Cäsar wegen der Schwäche des gallischen Charakters in Sorgen (denn dieses Volk ist überhaupt in seinen Entschlüssen wankelmüthig und zu Unruhen geneigt) und glaubte daher, ihnen nicht vertrauen zu dürfen. Es ist aber in Gallien Sitte, Reisende, auch gegen ihren Willen, anzuhalten und sich nach Allem, was sie gehört oder erfahren, zu erkundigen. Das Volk drängt sich in den Städten um die Kaufleute und nöthigt sie, zu sagen, woher sie kämen und was sie für Neuigkeiten von da mitbrächten. Auf solche Gerüchte und Erzählungen hin fassen sie oft Entschließungen über die wichtigsten Angelegenheiten, die sie auf der Stelle bereuen müssen, weil man eben nur nach schwankenden Gerüchten handelt und die Aussagen von den Reisenden gewöhnlich nach dem Wunsche der Gallier erdichtet werden.

6. Cäsar kannte diese Gewohnheit und begab sich, um einem bedenklichen Kriege zuvorzukommen, vor seiner gewöhnlichen Zeit zu dem Heere. Bei der Ankunft fand er seine Muthmaßungen bestätigt, einige Staaten hatten Gesandtschaften an die Germanen geschickt und sie eingeladen, das Rheingebiet zu verlassen, alle ihre Forderungen sollten erfüllt werden. Auf diese Hoffnung hin schweiften die Germanen schon weiter umher und waren in das Land der Eburonen und der Condruser, eines Schutzstaates der Trevirer, vorgerückt. Cäsar berief die vornehmsten Gallier zu sich, fand aber nicht rathsam, etwas von seinen gemachten Entdeckungen merken zu lassen, sondern schmeichelte ihnen und befestigte sie in ihren Gesinnungen. Darauf verlangte er Reiterei und beschloß den Krieg gegen die Germanen anzufangen.

7. Sobald für das Getreide gesorgt und die Reiter ausgesucht waren, begann Cäsar seinen Zug dahin, wo die Germanen, wie er gehört hatte, standen. Als er noch einige Tagemärsche von ihnen entfernt war, kamen Abgesandte, deren An-

rede ungefähr diese war: Die Germanen würden zwar keine Feindseligkeiten gegen Rom anfangen, jedoch wären sie auch im Falle eines Augriffs zur Gegenwehr bereit. Denn nach der Sitte ihrer Väter widersetzten sich die Germanen Jedem, der sie bekriegte, ohne ihn zu bitten, indessen wollten sie ihm noch das sagen, daß sie, aus ihren Wohnplätzen vertrieben, nur ungern hierher gekommen seien. Verlangten die Römer ihre Freundschaft, so könnten sie ihnen nützlich sein. Sie müßten ihnen aber Land einräumen oder gestatten, das eroberte Gebiet zu behalten. Nur den Sueven müßten sie weichen, aber mit diesen könnten es auch nicht einmal die Götter aufnehmen. Sonst gebe es kein Volk auf der Welt, das sie nicht bezwingen könnten.

8. Cäsar antwortete hierauf, was er für passend hielt und schloß mit den Worten: so lange sie in Gallien stünden, könne er keine Freundschaft mit ihnen schließen. Uebrigens sei es kein rechtlicher Grund, ein fremdes Land in Besitz zu nehmen, wenn man sein eigenes nicht habe behaupten können; auch gebe es in Gallien nicht so viel herrenloses Land, daß man es ohne Beeinträchtigung Anderer einer solchen Menge Volkes zumal einräumen könne. Doch sollten sie sich in dem Gebiete der Ubier niederlassen, deren Gesandte sich bei ihm befänden, um sich über die Mißhandlungen der Sueven zu beklagen; er wolle die Ubier hierzu veranlassen.

9. Die Abgesandten erklärten, sie wollten diesen Vorschlag den Ihrigen mittheilen und nach einer Ueberlegung in drei Tagen zurückkommen. Inzwischen bäten sie, Cäsar möchte unterdessen nicht weiter gegen sie vorrücken. Allein dieser erklärte, auch hierzu könne er sich nicht verstehen; denn er hatte erfahren, es sei einige Tage zuvor eine starke Abtheilung ihrer Reiterei über die Maas geschickt worden, um im Lande der Ambivariten zu plündern und Lebensmittel aufzutreiben. Diese Truppen, glaubte er, wollten sie an sich ziehen und nur in dieser Absicht suchten sie Aufschub.

10. Die Maas entspringt im lingonischen Gebiete auf dem Vogesengebirge und ergießt sich nach ihrer Vereinigung mit dem Rheinarme Vahalis, der die Insel der Bataver bildet, etwa achtzig Millien weiter in die See. Der Rhein hat seine Quelle in dem Gebiete der Lepontier, eines Alpenvolkes. Nachdem er die lange Strecke durch das nantuatische, helvetische, sequanische, mediomatrische, tribukische und trevirische Gebiet sehr schnell durchströmt hat, theilt er sich in mehrere Arme und bildet so viele ungeheure Inseln, die größtentheils von wilden und barbarischen Völkern bewohnt sind, deren einige nur von Fischen und Vögeleiern leben sollen; durch viele Mündungen ergießt er sich dann in das Weltmeer.

11. Cäsar war nur noch zwölftausend Schritte vom Feinde entfernt, als die Abgesandten der genommenen Abrede zufolge zurückkamen und ihn auf dem Zuge, wo sie ihn trafen, inständig baten, nicht weiter vorzurücken. Als sie dies nicht von ihm erlangen konnten, ersuchten sie ihn, der Reiterei, die den Vortrab machte, alle Feindseligkeiten zu verbieten, ihnen aber möchte er gestatten, an die Ubier Gesandte zu schicken. Stellten sie deren Häuptlinge und Senat durch einen Eidschwur sicher, dann, erklärten sie, wollten sie von Cäsars Vorschlag Gebrauch machen: er solle ihnen nur drei Tage Zeit lassen, die Sache zu Stande zu bringen. Cäsar hielt dafür, Alles das gehe nur dahin, um bei dem Aufschub von drei Tagen ihre entfernte Reiterei an sich zu ziehen, doch versprach er ihnen, er wolle des Wassers wegen nur viertausend Schritte noch an diesem Tage weiterrücken, am folgenden Tage sollten sie sich in möglichster Anzahl bei ihm einfinden, damit er über ihre Forderungen entscheiden könne. Inzwischen schickte er an die Anführer, die mit der ganzen Reiterei vorausgegangen waren, den Befehl, nichts gegen den Feind zu unternehmen, greife man sie aber an, sich zu halten, bis er selbst mit dem Fußvolke nachkäme.

12. Die Feinde aber, so wie sie unsere Reiterei erblickten, die fünftausend Mann stark war, während sie selbst nur acht-

hundert hatten, weil die Abtheilung, welche nach Lebensmitteln über die Maas gegangen, noch nicht zurückgekehrt war, machten auf die Unsrigen, die nichts Böses vermutheten, weil kurz zuvor ihre Abgesandten den Cäsar verlassen und sie einen Waffenstillstand für diesen Tag begehrt hatten, einen Angriff und brachten die Unsrigen sogleich in Unordnung. Als diese sich nun widersetzten, sprangen jene nach ihrer Sitte von den Pferden und stachen von unten unsere Pferde nieder, warfen viele von unseren Leuten zu Boden und jagten den Rest in die Flucht. Der Schrecken war so groß, daß sie nicht eher aufhörten zu fliehen, als bis sie unsern Heereszug zu Gesicht bekamen. Wir verloren in diesem Gefecht vierundsiebzig Reiter, und unter diesen den tapferen Aquitanier Piso, einen Mann von hohem Adel, dessen Großvater über seinen Staat unumschränkt geherrscht und von dem Senate den Ehrentitel »Freund« erhalten hatte. Er kam seinem Bruder, der abgeschnitten war, zu Hilfe und entriß ihn der Gefahr, wurde aber von seinem Pferde abgeworfen und wehrte sich, so lange er konnte, ungemein tapfer. Allein er wurde umringt und niedergehauen. Als das sein Bruder, der schon aus dem Schlachtgedränge entkommen war, in der Ferne sah, sprengte er in vollem Galopp in die Feinde zurück und kam so ebenfalls um.

13. Nach diesem Treffen dachte Cäsar, er habe nun nicht mehr die Abgesandten zu empfangen, noch Vorschläge von Leuten anzuhören, die nach begehrtem Waffenstillstand betrügerisch und heimtückisch aus eigenem Antriebe Feindseligkeiten angefangen hätten, und hielt es zugleich für die größte Thorheit, des Feindes Verstärkung und die Ankunft seiner Reiterei abzuwarten. Er bemerkte ferner, wie viel Ansehen sich der Feind bei der bekannten Unzuverlässigkeit der Gallier durch dieses eine Treffen bei ihnen erworben habe und hielt es für gut, ihnen keine Zeit zu Entschließungen zu lassen. Nachdem Cäsar also beschlossen und sein Vorhaben den Legaten und dem Quästor mitgetheilt hatte, bot sich die schönste

Gelegenheit, das Treffen keinen Tag länger zu verschieben. Die Germanen kamen nämlich am Tage darauf frühe mit gleicher Treulosigkeit und Verstellung in großer Anzahl mit allen Fürsten und Aeltesten zu Cäsar ins Lager, theils um sich, ihrem Vorgeben nach, zu entschuldigen, daß man am Tage vorher gegen die Verabredung und ihr Begehren angegriffen habe, theils auch um ihn womöglich durch einen zu erlangenden Waffenstillstand zu hintergehen. Cäsar war froh, sie in seiner Gewalt zu haben und ließ sie im Lager festhalten,* dann brach er mit dem ganzen Heere auf. Die Reiterei mußte jetzt den Nachtrab machen, weil er sie von dem vorherigen Treffen für noch zu bestürzt hielt.

14. Nach einem schnellen Marsche von acht Meilen erreichte Cäsar in den drei Schlachtreihen** das feindliche Lager, ehe noch die Germanen etwas von dem, was vorging, wissen konnten. Alles, unser geschwindes Vorrücken, die Abwesenheit der Ihrigen, der Mangel an Zeit, einen Kriegsrath zu halten oder die Waffen zu ergreifen, setzte den Feind in Schrecken und vor Verwirrung wußte er nicht, ob er gegen uns ausrücken, oder sich im Lager vertheidigen, oder durch die Flucht retten sollte. Als wir ihre Furcht an dem Geschrei und dem Durcheinanderlaufen wahrnahmen, brachen unsere Soldaten voller Erbitterung wegen des Meineides am Tage vorher ins Lager ein. Was geschwind noch die Waffen ergreifen konnte, that kurzen Widerstand und setzte sich zwischen den Wagen und dem Gepäck zur Gegenwehr, der übrige Schwarm aber von Weibern und Kindern (denn die ganze Nation war ausgewandert und

---

* Das war nun offenbar eine Verletzung des Völkerrechts und wurde auch in Rom als solche erkannt: der rigoröse Cato beantragte sogar im Senat zur Strafe Cäsars Auslieferung an die Germanen. Sueton, Leben Cäsars, Kap. 24.

** »Ein Seitenmarsch in drei Colonnen, durch welchen, wenn man rechts- oder linksum machen läßt, die Armee sogleich in Schlachtordnung steht.« Köchly und Rüstow.

über den Rhein gegangen) ergriff zerstreut die Flucht, auf der sie Cäsar durch seine Reiterei verfolgen ließ.

15. Als die Germanen das Geschrei hinter sich hörten und das Blutbad unter den Ihrigen sahen, warfen sie ihre Waffen weg, verließen ihre Feldzeichen und stürzten zum Lager hinaus. Am Zusammenfluß der Maas und des Rheines angekommen, sahen sie sich außer Stande, weiter zu fliehen. Sie wurden daher größtentheils niedergehauen, der Rest sprang ins Wasser und fand darin vor Schrecken und Ermattung bei der Heftigkeit des Stromes sein Grab. Unsere Leute kehrten nach einer so fürchterlichen Schlacht ohne Verlust eines Mannes, außer etlichen Verwundeten heim; die Feinde waren vierhundertunddreißigtausend Köpfe stark gewesen. Cäsar erlaubte denen, die man im Lager festgehalten hatte, fortzugehen, allein aus Furcht, von den Galliern für die Verheerungen ihrer Fluren gestraft und gepeinigt zu werden, erklärten sie, sie wollten bei ihm bleiben. Cäsar stellte es ihrem Belieben anheim.

Erster Rheinübergang nach Germanien

16. Nach dem Kriege mit den Germanen beschloß Cäsar aus vielen Gründen einen Uebergang über den Rhein. Die Hauptursache war, er wollte, als er sah, die Germanen ließen sich so leicht zu Einfällen in Gallien verleiten, sie ihrer eigenen Sicherheit wegen in Sorgen setzen, wenn er ihnen zeigte, das Heer des römischen Volkes vermöge und wage es, über den Rhein zu gehen; dazu kam noch, daß die Abtheilung der tenchtherischen und usipetischen Reiterei, die nach unserer Erwähnung oben in der Absicht, zu plündern und Lebensmittel zu holen, über die Maas gegangen und nicht bei der Schlacht zugegen war, sich nach der Flucht ihres Volkes über den Rhein in das sigambrische Gebiet zurückgezogen und mit

diesem Volke vereinigt hatte. Als nun Cäsar eine Botschaft an sie sandte, um die Auslieferung von Leuten, die ihn und die Gallier bekriegt hätten, zu begehren, so erhielt er zur Antwort: »am Rheine höre Roms Herrschaft auf. Wenn er den Uebergang der Germanen in Gallien gegen seinen Willen für ein Vergehen hielte, mit welchem Recht er denn auch jenseits des Rheines noch Befehl und Gewalt auszuüben verlange?« Die Ubier endlich, die aus Germanien jenseit des Rheines allein Gesandte an Cäsar geschickt und nicht nur Freundschaft mit ihm geschlossen, sondern ihm auch Geiseln gestellt hatten, baten ihn inständig um Hilfe gegen die harten Bedrückungen der Sueven oder, wenn Cäsar bei seinen Unternehmungen für den Staat daran gehindert sei, nur mit dem Heere über den Rhein zu gehen. Das wäre ihnen schon Trost und Hilfe für die Zukunft genug; denn nach dem Siege über Ariovist und nach dem letzten Treffen hätten die römischen Truppen einen solchen Namen und solche Achtung auch bei den entferntesten Germanen, daß sie durch die hohe Meinung von der Römer Macht und die Freundschaft mit ihnen schon gesichert seien. Zum Uebergange des Heeres versprachen sie eine große Zahl Schiffe zu stellen.

17. Aus allen diesen Gründen war Cäsar entschlossen, über den Rhein zu gehen. Allein den Uebergang auf Schiffen hielt er für zu unsicher und unter seiner und des römischen Volkes Würde. Man stellte ihm zwar die größten Schwierigkeiten bei einem Brückenbau wegen der Breite, Tiefe und Heftigkeit des Stromes vor, dessenungeachtet aber glaubte er, einen solchen vornehmen oder den Uebergang ganz unterlassen zu müssen. Den Bau der Brücke aber veranstaltete er auf folgende Weise.* Er verband je zwei und zwei anderthalb Fuß dicke Balken, die am unteren Ende scharf zugespitzt und nach der Höhe des Flus-

* Den Ort, wo diese Brücke geschlagen wurde, verlegt man wol mit Recht zwischen Koblenz und Andernach. Vgl. Buch 6, 9 und 35.

ses ausgemessen waren, zwei Fuß weit von einander.* Nachdem diese durch Maschinen in den Fluß gesenkt, festgestoßen und mit Rammen eingetrieben waren (und zwar nicht senkrecht wie Pfeiler, sondern vorwärts gelehnt und schief nach der Richtung des Stromes geneigt), wurden ihnen gegenüber zwei andere, auf eben dieselbe Weise verbunden, in einer Entfernung von vierzig Fuß unterhalb, aber gegen den Strom und die Gewalt des Flusses gerichtet, aufgestellt. Diese beiden Strebegestelle wurden durch oben eingepaßte zwei Fuß breite Balken (denn so viel Zwischenraum ließen gerade die beiden verbundenen Pfähle) vermittelst zwei Klammern an beiden äußersten Enden auseinander gehalten. Auf diese Weise von einandergesperrt und auf den entgegengesetzten Seiten verbunden, erhielt der Bau eine solche Stärke und Beschaffenheit, daß, je heftiger die Macht des Stromes gewesen wäre, desto fester sich das Werk aneinander geschlossen hätte. Die Brückenjoche wurden nun in der Länge durch Holzwerk mit einander verbunden und mit Stangen und Flechtwerk überdeckt. Ueberdies wurden auch Tragepfeiler unterhalb der Brücke schief eingetrieben, die als eine Mauer in Verbindung mit dem ganzen Werke die Gewalt des Stromes hemmen sollten, desgleichen auch noch andere oberhalb der Brücke, um durch deren Schutz das Anprallen von Baumstämmen oder Schiffen, die etwa der Feind, die Brücke zu zerstören, heruntertreiben ließe, zu schwächen und diese so zu schützen.

18. Innerhalb zehn Tagen, nachdem man mit der Herbeischaffung des Holzes angefangen hatte, war der ganze Bau fertig. Das Heer ging über den Strom und Cäsar nahm seinen Weg gegen das sigambrische Gebiet, nachdem er eine starke Bedekkung an beiden Seiten der Brücke zurückgelassen hatte. Indes-

* Ausführliche Erläuterungen und Abbildungen dieses sonst nicht leicht verständlichen Brückenbau's findet man bei Köchly und Rüstow, Kraner u. A. Plutarch ist ganz entzückt von diesem Wunderbau, während Napoleon gar nichts Außerordentliches darin findet.

sen kamen von mehreren Staaten Abgesandte zu ihm, die Frieden und Freundschaft suchten. Cäsar gab ihnen einen freundschaftlichen Bescheid und befahl, Geiseln zu geben. Allein die Sigambrer hatten sich seit dem Anfange des Brückenbaues auf Anrathen der Tenchtherer und Usipeter, die bei ihnen waren, zurückgezogen, mit Hab und Gut geflüchtet und in Einöden und Waldungen versteckt.

19. Nach einem Aufenthalte von einigen Tagen, während dessen alle Dörfer und Gebäude eingeäschert und die Feldfrüchte abgemäht wurden, begab sich Cäsar in das Land der Ubier und versprach ihnen gegen die Bedrückungen der Sueven seinen Beistand. Hier erfuhr er, die Sueven hätten auf die Nachricht ihrer Späher von dem Brückenbau einen Landtag abgehalten und Voten nach allen Gauen geschickt mit dem Befehle, die Wohnungen zu verlassen und Kinder, Weiber, Hab und Gut in die Waldungen zu flüchten. Ihre ganze waffenfähige Mannschaft wäre aufgeboten, an einem Orte zusammenzukommen und dazu sei etwa die Mitte des Suevenlandes bestimmt worden; hier hätten sie beschlossen, die Römer zu erwarten und zu schlagen. Bei dieser Nachricht glaubte Cäsar, da seine ganze Absicht bei dem Rheinübergange, nämlich die Germanen zu schrecken, die Sigambrer zu züchtigen, den Ubiern ihre Feinde vom Halse zu schaffen, jetzt erreicht war, nach einem Aufenthalte von achtzehn Tagen Ruhm und Vortheil genug erworben zu haben. Er zog sich also nach Gallien zurück und zerstörte die Brücke.

Erste Ueberfahrt nach Britannien

20. Obwol der Sommer nun zu Ende ging und bei der nördlichen Lage Galliens überhaupt der Winter unter diesem Himmelsstrich frühzeitig eintritt, rüstete sich Cäsar doch, nach Britannien zu gehen, denn er wußte, daß beinahe in allen Kriegen mit den Galliern von daher die Feinde unterstützt waren, und fände er auch keine Zeit mehr, noch Krieg zu führen, so dachte er doch, es habe seinen Nutzen, wenn er auch nur auf dieser Insel landete, die Völkerstämme näher ansähe und die Gegenden, Häfen und Landungsorte kennen lernte, von dem Allen die Gallier beinahe nichts wußten. Denn, die Kaufleute ausgenommen, kommt nicht leicht Jemand dahin und selbst diese haben nur von den Küsten und den Gegenden, welche Gallien gegenüber liegen, Kenntniß. Cäsar konnte daher durch die Kaufleute, die er von allen Orten herbeirufen ließ, weder von der Größe der Insel, noch von deren Völkern, weder von ihrer Stärke, noch von ihrer Kriegsweise und ihren Sitten irgend etwas erfahren.

21. Ehe er also einen solchen Versuch machte, hielt er es für rathsam, den Cajus Volusenus mit einem Kriegsschiffe vorauszuschicken, um hierüber Entdeckungen zu machen. Er hatte den Auftrag, über Alles Kundschaft einzuziehen und dann ohne Verzug zurückzukehren. Cäsar rückte indessen mit seiner ganzen Macht in das morinische Gebiet, weil von hier die Ueberfahrt nach Britannien am kürzesten ist und ließ nebst der Flotte, die man im vorigen Sommer zum Veneterkriege gebaut hatte, Schiffe von allen Staaten an den benachbarten Küsten hierher zusammenkommen. Sein Vorhaben wurde unterdessen bekannt und von Kaufleuten den Britanniern hinterbracht. Es kamen daher von mehreren Staaten Abgesandte zu ihm mit dem Erbieten, Geiseln zu stellen und sich der römischen Herrschaft zu unterwerfen. Nach Anhörung ihrer Gesuche gab Cäsar ihnen freundschaftliche Versicherungen und schickte sie mit der Ermahnung zurück, ihrem Versprechen treu zu bleiben. Mit ihnen ging ein gewisser Commius, den Cäsar nach Bezwingung der Atrebater zu ihrem Könige gemacht hatte, ein Mann, dessen Thätigkeit und Einsicht ihm gefiel und auf dessen Treue er sich verlassen zu können glaubte, und der auch in jenen Gegenden viel Ansehen besaß. Diesem trug er auf, jeden Staat, wo er nur

könnte, anzugehen und nebst der Ermahnung, sich unter Roms Schutz zu begeben, bekannt zu machen, Cäsar werde selbst in den nächsten Tagen kommen. Nachdem Volusenus die Gegenden beobachtet hatte, so viel er nämlich dazu Gelegenheit hatte, da er nicht aus dem Schiffe zu gehen und den Barbaren sich anzuvertrauen wagte, hinterbrachte er am fünften Tage bei seiner Rückkehr dem Cäsar die von ihm gemachten Entdeckungen.

22. Bei Cäsars Aufenthalt in diesen Küstenstrichen kamen von einem großen Theile der Moriner Abgesandte, um sich wegen des früheren Benehmens, daß sie als ferne und mit unseren Sitten gänzlich unbekannte Völker das römische Volk bekriegt hätten, zu entschuldigen mit dem Versprechen, Cäsars Befehle stets fortab zu erfüllen. Das kam dem Cäsar sehr gelegen, denn er wollte keinen Feind im Rücken lassen und war doch wegen der Jahreszeit außer Stande, Krieg zu führen, sodann gedachte er auch nicht wegen so geringfügiger Unternehmungen Britannien hintenanzusetzen. Er forderte demnach eine starke Anzahl Geiseln und nahm, nachdem diese gestellt waren, die Moriner in seinen Schutz. Ungefähr achtzig Lastschiffe hatte er indeß zusammengebracht und auf so viele vermindert, als man nach seinem Ueberschlage zur Ueberfahrt für zwei Legionen brauchte; überdies vertheilte er alle vorräthigen Kriegsschiffe an den Quästor, die Legaten und Anführer der Bundesgenossen. Dazu kamen noch achtzehn Lastschiffe, die acht Millien weiterhin von ungünstigem Winde aufgehalten, den nämlichen Hafen nicht gewinnen konnten. In diese vertheilte er die Reiterei. Den Rest des Heeres ließ er unter den Legaten Titurius Sabinus und Aurunculejus Cotta in das menapische Gebiet und in diejenigen Gaue der Moriner rücken, von denen noch keine Abgesandte zu ihm gekommen waren. Der Legat Sulpicius Rufus erhielt den Auftrag, mit einer hinreichenden Bedeckung den Hafen zu besetzen.

23. Nach diesen Anstalten stach Cäsar bei gutem Winde, der eingetreten war, ungefähr um die dritte Nachtwache in See,

die Reiter aber bekamen Befehl, nach dem anderen Hafen zu ziehen, sich dort einzuschiffen und nachzukommen.* Während dieses jedoch etwas saumselig geschah, erreichte er selbst gegen zehn Uhr früh mit den ersten Schiffen Britanniens Küsten und sah auf allen Hügeln die Feinde unter den Waffen stehen. Die Gegend war so beschaffen: um den Hafen herum schlossen sich Berge so eng an, daß man von den Anhöhen das Gestade mit den Wurfwaffen erreichen konnte. Cäsar hielt daher diesen Ort schlechterdings zu seiner Landung für unpassend und blieb bis gegen drei Uhr Nachmittags vor Anker liegen, um die übrigen Schiffe zu erwarten. Indessen ließ er die Legaten und Kriegstribunen zusammenkommen, sagte ihnen, was er von Volusenus gehört und zeigte ihnen, was er wünsche, mit der Ermahnung, Alles, wie es die Kriegszucht, besonders aber das Seewesen, wo die Bewegungen so plötzlich und unstät wären, erfordere, auf seinen Wink und zu der bestimmten Zeit zu befolgen. Nach ihrer Entlassung gab Cäsar, weil Wind und Flut zu gleicher Zeit günstig war, das Zeichen zur Abfahrt und segelte, nachdem die Anker gelichtet waren, sieben Meilen weiter, wo er an einem freien, flachen Ufer die Flotte anlegte.

24. Die Feinde hatten jedoch die Absicht der Römer gemerkt, und ihre Reiterei sammt den Wagenstreitern, deren sie sich in den Schlachten bedienten, vorausgeschickt, mit den übrigen Truppen folgten sie nach, und hinderten nun die Unsern die Schiffe zu verlassen. Wir waren in der mißlichsten Lage, weil man sich wegen der Größe unserer Schiffe nicht dem Ufer nahen konnte, und ferner unsere Soldaten in unbekannten Gegenden, am freien Gebrauch der Hände gehindert unter der drückenden Last ihrer schweren Rüstung über Bord gesprungen, in den Fluten stehen und dazu mit den Feinden kämpfen

---

* Der Hafen, aus dem Cäsar abfuhr, lag etwas südlich von Calais; südlicher noch derjenige, in welchem die Reiterei die 18 Transportschiffe bestieg. Die Landung geschah bei Dover.

mußten, während diese vom Lande her oder auch selbst ein wenig ins Wasser vorgerückt, am ganzen Körper unbehindert auf bekanntem Boden voller Muth die Wurfwaffen brauchten und ihre abgerichteten Pferde antrieben. Das Alles machte unsere Leute bestürzt und bei ihrer gänzlichen Unkenntniß von Schlachten dieser Art zeigten nicht Alle ihre bei Landtreffen gewöhnliche Munterkeit und Kampfbegierde.

25. Als Cäsar das bemerkte, ließ er die Kriegsschiffe, deren Anblick den Feinden ungewohnt und deren Bewegung nach Bedürfniß weit leichter war, etwas von den Lastschiffen entfernen, durch die Ruder vorwärts bringen und den Feinden zur Seite aufstellen, mit dem Befehle jene mit Schleudern, Pfeilen und Wurfwaffen zurückzutreiben und zu verjagen. Das verschaffte uns große Vortheile, denn der Feind staunte über die Gestalt unserer Schiffe, die Bewegungen der Ruder und das noch nicht gesehene Geschütz und wich so ein wenig zurück. Aber auch jetzt noch zögerten unsere Soldaten, besonders wegen der Tiefe des Meeres; da rief der Soldat, welcher den Adler der zehnten Legion trug, zu den Göttern flehend, daß sie sein Vorhaben zum Heil für die Legion möchten ausschlagen lassen: »Kameraden, springt mit mir hinab, wenn ihr nicht den Adler den Feinden verrathen wollt! Ich wenigstens folge meiner Pflicht gegen das Vaterland und den Feldherrn!« Nach diesen mit lauter Stimme gerufenen Worten sprang er über Bord und watete mit dem Adler auf die Feinde zu. Unsere Leute sprachen hierauf einander zu, eine solche Schande nicht auf sich kommen zu lassen und sprangen insgesammt ins Meer. Auch jene aus den nächsten Schiffen folgten, als sie dies sahen und gingen auf die Feinde los.

26. Von beiden Seiten focht man heftig. Allein, weil die Unsern weder Reihe halten noch feststehen konnten, sondern der eine aus dem, der andere aus jenem Schiffe an das erste beste Feldzeichen, auf das er stieß, sich anschloß, so geriethen sie in große Unordnung. Als die Feinde dagegen, die alle Untiefen kannten, von der Küste her Einzelne von uns die Schiffe verlassen sahen, sprengten sie in vollem Galopp auf sie zu und umringten sie bei unserer erschwerten Gegenwehr mit überlegener Anzahl, während Andere von der unbedeckten Seite her auf Alle insgesammt ihre Geschosse warfen. Als Cäsar dies wahrgenommen, besetzte er schnell die Boote der Kriegsschiffe wie auch die Wachschiffe mit Truppen und schickte sie seinen Leuten im Gedränge zu Hilfe. Sobald die Unsern nun Land gewonnen hatten und unsere Schaaren insgesammt nachgerückt waren, machten sie einen Angriff auf den Feind und warfen ihn zurück; verfolgen konnten sie ihn aber nicht weiter, weil die Reiterei uns auf der Fahrt nicht hatte beihalten* und die Insel nicht erreichen können. Dies Einzige fehlte also an Cäsars bisherigem Kriegsglück.

27. Die geschlagenen Feinde schickten, sobald sie sich von der Flucht wieder sammelten, Gesandte an Cäsar zu Friedensunterhandlungen mit dem Anerbieten, Geiseln zu geben und sich zu unterwerfen. Mit diesen Abgesandten kam auch der Atrebate Commius, den Cäsar nach unserer obigen Erzählung nach Britannien vorausgeschickt hatte, zurück. Sie hatten ihn nämlich, als er aus dem Schiffe trat und die Befehle des Feldherrn überbrachte, ergriffen und in Fesseln geworfen. Allein nach dem Treffen sandten sie ihn zurück und schoben bei dem Gesuche um Frieden die Schuld auf den großen Haufen mit der Bitte, ihm seines Unverstandes wegen zu verzeihen. Cäsar beschwerte sich, daß man ohne Ursache Feindseligkeiten angefangen habe, während man doch von freien Stücken Abgesandte zu ihm auf das Festland geschickt und Frieden nachgesucht hätte, jedoch erklärte er, er wolle es ihrem Unverstande verzeihen und verlangte Geiseln. Diese wurden theils gleich gestellt, theils sollten sie aus

* Technisch-maritimer Ausdruck; d. h. sie hatte die Richtung der Fahrt nicht behaupten können.

entlegenen Gegenden erst geholt und in einigen Tagen gegeben werden. Unterdessen wurde das Landvolk nach Hause zurückgeschickt und die Häuptlinge kamen von allen Seiten herbei, sich und ihre Staaten dem Cäsar zu empfehlen.

28. Da hierdurch der Frieden gesichert war, liefen am vierten Tage nach der Landung in Britannien die achtzehn oben erwähnten Schiffe mit den Reitern an Bord bei einem gelinden Winde aus ihrem Hafen ab. Bei ihrer Annäherung an Britanniens Küsten, als man sie schon aus unserm Lager sah, erhob sich plötzlich ein so heftiger Sturm, daß kein Schiff seine Fahrt fortsetzen konnte, sondern sie theils in den Hafen, aus dem sie ausgelaufen waren, zurückgeworfen, theils an die unteren Küsten der Insel mehr gegen Westen hin mit großer Gefahr verschlagen wurden. Doch weil nach dem Werfen der Anker die Fluten die Schiffe bedeckten, so gingen sie in dieser stürmischen Nacht wieder in See und schifften nach dem Festlande zu.

29. In derselben Nacht hatte man Vollmond, wo gewöhnlich die Flut am höchsten ist, das wußten aber unsere Leute nicht. Die Flut stieg also zu gleicher Zeit in die Kriegsschiffe, die Cäsar zur Ueberfahrt der Truppen gebraucht und auf das Land gezogen hatte, und der Sturm beschädigte die Lastschiffe, die an den Küsten vor Anker lagen. Unsere Leute wußten sich nicht zu rathen und nicht zu helfen. Ein guter Theil der Schiffe wurde zerschmettert und der Rest war nach dem Verlust der Anker, der Taue und des übrigen Geräthes zum Auslaufen unbrauchbar. Das ganze Heer gerieth daher, wie es nicht anders sein konnte, in große Bestürzung, denn man hatte keine anderen Schiffe, um die Truppen zurückzubringen, alle Bedürfnisse zur Ausbesserung der Flotte fehlten, und weil Alle darüber einig waren, man müsse den Winter in Gallien zubringen, so war für kein Getreide in diesen Gegenden gesorgt.

30. Als nun diese mißliche Lage die Fürsten von Britannien wahrnahmen, die nach der Schlacht gekommen waren, Cäsars

Befehle zu vollstrecken, so besprachen sie sich unter einander, und da sie um unsern Mangel an Reiterei, Schiffen und Getreide wußten und an dem kleinen Lager – um so kleiner, als Cäsar die Legionen ohne Gepäck übergesetzt hatte – unsere Schwäche an Truppen sahen, so hielten sie es für das Beste sich zu empören, Getreide und Zufuhr uns abzuschneiden und den Krieg in den Winter hinein zu ziehen. Denn sie waren überzeugt, würde dieses Heer besiegt oder von der Rückfahrt abgeschnitten, so würde in der Folge Niemand mehr nach Britannien kommen, um sie zu bekriegen. Man verband sich also aufs Neue, verlor sich nach und nach aus dem Lager und zog das Volk in der Stille von den Feldarbeiten zusammen.

31. Cäsar wußte zwar noch nichts von ihren Anschlägen, doch argwöhnte er bei dem Unfalle seiner Flotte und dem Ausbleiben der Geiseln, das, was nun auch wirklich geschah. Er bereitete sich daher auf jeden möglichen Fall vor; er ließ nämlich täglich Getreide vom Felde ins Lager führen, mit dem Holze und Erz der am meisten beschädigten Schiffe besserte er die übrigen aus und befahl, die Bedürfnisse hierzu vom Festlande hinüberzuschaffen. Bei der äußersten Betriebsamkeit, mit der die Soldaten Hand anlegten, brachte es Cäsar mit einem Abgange von zwölf Schiffen so weit, daß man mit den übrigen bequem in See gehen konnte.

32. Während dieser Anstalten war wie gewöhnlich eine Legion, nämlich die siebente, um Getreide zu holen, ausgeschickt worden, ohne daß sich bis dahin ein Krieg hatte vermuthen lassen. Denn ein Theil der Einwohner blieb bei seinen Feldarbeiten, ein Theil ging sogar in dem Lager ab und zu, da meldeten die Feldwachen, die vor den Thoren des Lagers standen, dem Cäsar, es steige in der Gegend, wohin die Legion gegangen sei, ein ungewöhnlich großer Staub auf. Cäsar, der sogleich, was in der That geschehen war, vermuthete, nämlich daß die Feinde einen neuen Angriff begonnen hätten, brach mit den Cohorten der Thorwachen nach dieser Gegend hin auf;

zwei von den übrigen Cohorten sollten die Wache beziehen, der Rest sich bewaffnen und ihm nachkommen. Er war eine gute Strecke vorgerückt, als er seine Leute im Gedränge sah, wie sie mit genauer Noth sich noch gegen den Feind hielten und die Legion zusammengedrängt von allen Seiten mit den Wurfwaffen angegriffen wurde. Weil nämlich auf allen Feldern das Getreide schon gemäht war und in dieser Gegend allein noch stand, so hatten sich die Feinde in der Vermuthung, wir würden dahin kommen, des Nachts in das Gebüsch versteckt und fielen, als unsere Leute vertheilt und entwaffnet im Mähen begriffen waren, plötzlich über sie her. Einige wenige waren niedergehauen, die übrigen in Unordnung gebracht und von der Reiterei und den Streitwagen eingeschlossen worden.

33. Mit dem Kampfe von diesen Streitwagen aus verhält es sich so: anfangs umjagen sie den Feind nach allen Richtungen, werfen ihre Geschosse ab und bringen meistens schon durch das Erschrecken der Pferde und das Gerassel der Räder Unordnungen hervor. Haben sie sich aber zwischen die Reiterhaufen gedrängt, so springen sie von den Wagen herab und fechten zu Fuß. Der Wagenlenker zieht sich unterdessen allmählich aus dem Gefechte zurück und stellt seinen Wagen so, daß der Kämpfer bei dem Drucke von feindlicher Uebermacht ungehindert zu demselben kommen kann. So vereinigen sie die Geschwindigkeit der Reiterei mit der Standhaftigkeit des Fußvolkes und haben es durch tägliche Uebungen und Gewohnheiten dahin gebracht, daß sie auf abschüssigen und jähen Abhängen die Pferde in vollem Galopp einhalten, sie in kurzer Zeit bändigen und wenden, über die Deichsel hinlaufen, auf dem Joch stehen bleiben und sich von da mit der größten Geschwindigkeit in den Wagen werfen können.

34. Unter diesen Umständen kam Cäsar den Unsrigen, die durch die Neuheit des Kampfes bestürzt waren, zu sehr gelegener Zeit zu Hilfe, denn bei seiner Ankunft stutzten die Feinde und unsere Truppen erholten sich von ihrer Bestürzung. Cäsar

hielt den gegenwärtigen Zeitpunkt zum Angriff und zu einer Schlacht nicht für günstig, blieb in seiner vortheilhaften Stellung eine kurze Zeit stehen und ging daraus mit den Legionen ins Lager zurück. Während unter diesen Austritten Alles bei uns beschäftigt war, verlief sich das übrige Landvolk, das noch geblieben war. Nun folgten mehrere Tage ununterbrochen Stürme. Wir konnten daher das Lager nicht verlassen und die Feinde keinen Angriff unternehmen. Indessen schickten sie die Boten überall hin und machten unsere Schwäche bekannt mit der Vorstellung, wie günstig die Gelegenheit sei, Beute zu machen und ihre Freiheit für immer zu sichern, wenn man die Römer aus ihrem Lager schlagen würde. Hierdurch brachten sie in kurzer Zeit eine große Macht zu Fuße und zu Pferde zusammen und rückten so vor das Lager.

35. Cäsar sah zwar voraus, daß die Feinde, im Fall sie geschlagen würden, wie an den vorigen Tagen durch ihre Geschwindigkeit entkommen würden, doch weil er zufällig gegen dreißig Reiter, die mit dem oben erwähnten Atrebaten Commius nach Britannien herübergekommen waren, erhalten hatte, so stellte er sich vor dem Lager in Schlachtordnung. In dem nun erfolgten Treffen konnten die Feinde nicht lange dem Angriffe unserer Truppen widerstehen und ergriffen die Flucht. Man verfolgte sie, so viel es Kräfte und Schnelligkeit zuließen und hieb eine gute Anzahl nieder, worauf man weit und breit die Gegend verheerte und verbrannte und in das Lager zurückkehrte.

36. An dem nämlichen Tage kamen Abgesandte vom Feinde zu Cäsar, um Frieden zu suchen. Er legte ihnen nun die doppelte Anzahl der verlangten Geiseln auf mit dem Befehle, sie auf das Festland nachzuschicken, weil er bei der bevorstehenden Tag und Nachtgleiche seine gebrechlichen Schiffe nicht den Stürmen aussetzen wolle, stach bei gutem Wetter gegen Mitternacht in See und erreichte ohne Verlust mit der ganzen Flotte das Festland. Nur zwei Lastschiffe konnten nicht mit den

übrigen den Hafen gewinnen, sondern wurden etwas weiter gegen Norden verschlagen.

Zweiter Zug gegen Moriner und Menapier

37. Als aus den Schiffen ungefähr dreihundert Mann ausgestiegen waren und nach dem Lager zogen, da umringten diese die Moriner, die Cäsar bei seiner Abfahrt nach Britannien in Frieden zurückgelassen hatte, aus Hoffnung auf Beute in einer Anfangs nicht beträchtlichen Zahl und forderten, wenn ihnen ihr Leben lieb wäre, die Waffen zu strecken. Als nun die Römer ein Quarré bildeten* und sich vertheidigten, so kamen auf das Geschrei Jener gegen sechstausend Mann zusammen. Auf diese Nachricht schickte Cäsar die ganze Reiterei seinen Leuten aus dem Lager zu Hilfe. Unterdessen hielten diese den Angriff aus, fochten über vier Stunden mit der größten Tapferkeit und tödteten mehrere Feinde, ohne daß sie selbst viele Wunden bekamen. Als unsere Reiterei zum Vorschein kam, warfen die Feinde ihre Waffen weg und liefen davon. Eine Menge wurde auf der Flucht niedergehauen.

38. Am folgenden Tage sandte Cäsar den Legaten Titus Labienus mit den Legionen, die er aus Britannien zurückgebracht hatte, gegen die Moriner, welche den Aufstand erregt hatten und weil sie wegen der jetzigen Trockenheit der Sümpfe, in die sie sich im vorigen Jahre geflüchtet hatten, nun nichts hatten, wohin sie sich hätten retten können, so kamen sie beinahe Alle in die Gewalt des Labienus. Die Legaten Quintus Titurius und Lucius Cotta, die mit ihren Legionen in das menapische Gebiet gerückt waren, verheerten das flache Land, schnitten das Getreide ab und legten die Wohnungen in Asche, weil die Einwohner insgesammt sich in das dichteste Gehölz versteckt hat-

---

* um nämlich auf allen Seiten gesichert zu sein. Vgl. B. 5, 35.

ten, und kehrten dann zu Cäsar zurück. Cäsar faßte den Entschluß, alle Legionen bei den Belgiern ins Winterlager zu legen. Zwei Staaten Britanniens nur schickten dorthin die versprochenen Geiseln, die übrigen unterließen es. Auf Cäsars Bericht verordnete der Senat in Rom dieser Thaten wegen ein Dankfest von zwanzig Tagen.

FÜNFTES BUCH

Zweite Ueberfahrt nach Britannien

1. Unter dem Consulate des Lucius Domitius und Appius Claudius begab sich Cäsar nach seiner jährlichen Gewohnheit aus dem Winterlager nach Italien und trug den Legaten, welchen er die Legionen anvertraut hatte, auf, so viele neue Schiffe als nur möglich den Winter hindurch bauen und die alten ausbessern zu lassen. Auch bestimmte er deren Bauart und Gestalt: sie sollten etwas breiter gemacht werden, als unsere gewöhnlichen Schiffe auf dem Mittelmeere, um sie geschwinder laden und ans Land ziehen zu können und das um so mehr, weil er gesehen hatte, daß die See in diesen Gegenden wegen der häufigen Ebbe und Flut nicht so hohe Wellen schlage; zur Ueberführung der Ladungen und vielen Pferde aber mußten sie etwas breiter werden, als sonst Schiffe auf anderen Meeren. Alle diese Fahrzeuge sollten Ruderschiffe werden, wobei der niedere Bau gute Dienste thut. Die Bedürfnisse zum vollständigen Auftakeln derselben ließ Cäsar aus Hispanien holen. Nach den Gerichtstagen in den Kreisstädten des diesseitigen Galliens reiste Cäsar nach Illyrikum,* weil den eingegangenen Nachrichten zufolge das Grenzgebiet der Provinz durch die Einfälle der Piruster verwüstet wurde. Bei seiner Ankunft verlangte er von den Staaten Truppen und bestimmte ihren Sammelplatz. Auf die Nachricht davon schickten die Piruster eine Gesandtschaft an Cäsar, um ihn zu belehren, nichts von diesen Vorfällen sei zufolge eines öffentlichen Beschlusses geschehen, auch zeigten sie sich bereit, den Schaden auf jede Art zu vergüten. Nach Annahme dieser Ausrede forderte Cäsar von ihnen Geiseln und bestimmte einen Tag zu deren Stellung. Wenn sie dies nicht thäten, erklärte er, würde er sie bekriegen. Die Geiseln wurden nach Cäsars Befehl

---

* Dieses gehörte noch zu seiner oberitalischen Provinz.

an dem bestimmten Tage herbeigebracht und er ernannte für die Staaten Schiedsrichter, um den Schaden zu schätzen und die Entschädigungshöhe zu bestimmen.

2. Hierauf hielt Cäsar seine Gerichtssitzungen auch in Illyrikum ab und ging dann nach dem diesseitigen Gallien zurück. Von da begab er sich zum Heere. Nach seiner Ankunft besuchte er alle Winterlager und fand trotz des äußersten Mangels an allen Bedürfnissen durch die ausgezeichnete Thätigkeit der Soldaten gegen sechshundert Schiffe vollendet, von der Bauart, die wir oben beschrieben haben, nebst achtundzwanzig Kriegsschiffen, so daß nur wenig daran fehlte, sie in einigen Tagen vom Stapel lassen zu können. Cäsar lobte die Soldaten und diejenigen, welche das Geschäft geleitet hatten, und gab weitere Verhaltungsbefehle. Zum Sammelplatz der ganzen Flotte bestimmte er den Hafen Itius, aus welchem man, wie er gesehen hatte, am bequemsten nach Britannien hinüberfährt. Die Ueberfahrt vom Festlande beträgt etwa dreißig Meilen. Eine Anzahl Soldaten, die nach seinem Gutdünken hierzu hinreichend war, ließ er zurück und brach mit vier Legionen ohne Gepäck, nebst achthundert Reitern nach dem trevirischen Gebiete auf, weil dieses Volk weder die Landtage besuchte, noch sich an seine Befehle kehrte und, wie die Sage ging, die Germanen vom rechten Rheinufer aufzuhetzen suchte.

3. Dieser Staat hatte bei Weitem die beste Reiterei in ganz Gallien und vieles Fußvolk; er stößt, nach unserer Erwähnung oben, an den Rhein. Zwei Männer, Indutiomarus und Cingetorix, stritten damals mit einander um die höchste Gewalt in demselben. Auf die Nachricht von Cäsars Anzuge mit den Legionen kam sogleich der eine Häuptling zu ihm mit der Versicherung, er und sein ganzer Anhang blieben ihrer Pflicht treu und würden nie die Freundschaft mit Rom brechen. Dann machte er ihn auch mit den Vorgängen im trevirischen Gebiete bekannt. Allein Indutiomarus warb Reiterei und Fußvolk, versteckte Alle, die Alters halber nicht zu den Waffen

taugten, in dem Ardennerwalde, der sich in einer ungeheuren Strecke vom Rheine mitten durch die Grenzen der Trevirer bis an das römische Gebiet zieht, und machte Zurüstungen zum Kriege. Doch als einige Fürsten dieses Staates, theils aus Freundschaft mit Cingetorix, theils aus Furcht wegen der Ankunft unseres Heeres, zu Cäsar kamen und, weil sie für den Staat nicht sorgen konnten, für sich insbesondere bei Cäsar baten, so besorgte er doch einen allgemeinen Abfall seiner Partei und schickte an Cäsar Abgesandte mit der Erklärung: »er habe nur in der Absicht sich nicht aus seinem Lande entfernen und zu Cäsar gehen wollen, um den Staat desto leichter im Zaume zu halten, damit nicht bei der Entfernung des ganzen Adels der Pöbel aus Mangel an Einsicht sich vergehen möchte. Er habe demnach den Staat in seiner Gewalt, wolle mit Cäsars Erlaubniß ins Lager kommen und dessen Händen sein und des Staates Schicksal anvertrauen.«

4. Cäsar merkte zwar, warum Indutiomarus jetzt so spreche und was ihn von seinem gefaßten Entschlusse abschrecke, jedoch um nicht bei allen Vorbereitungen zu dem britannischen Kriege den Sommer im trevirischen Gebiete zu verlieren, forderte er ihn mit zweihundert Geiseln vor sich. Die Geiseln kamen und mit ihnen auch des Indutiomarus Sohn und dessen ganze Verwandtschaft, die Cäsar namentlich verlangt hatte. Hierauf sprach er dem Indutiomarus freundlich zu mit der Ermahnung, seiner Pflicht treu zu bleiben, zog aber dennoch von dem trevirischen Adel, den er zu sich kommen ließ, einen nach dem andern auf die Seite des Cingetorix, was dieser, wie Cäsar einsah, nicht allein um ihn verdient hatte, sondern er hielt es auch für sehr wichtig, daß das Ansehen eines Mannes, von dessen vorzüglicher Anhänglichkeit er überzeugt war, in seinem Staate so viel als möglich gelte. Dieses Verfahren, sein Ansehen bei seinem Volke zu schwächen, nahm Indutiomarus übel auf, und da er ohnehin schon einen alten Groll gegen uns hegte, so wurde er um so mehr durch diese Kränkung erbittert.

5. Nachdem dies beigelegt war, kam Cäsar mit seinen Legionen beim Hafen Itius an und hörte hier, daß vierzig Schiffe, die man im meldischen* Gebiete gebaut hatte, von einem Sturme verschlagen seien und weil sie ihre Fahrt nicht fortsetzen konnten, wieder dahin, von wo sie ausgelaufen waren, zurückgekehrt wären. Die übrigen Schiffe fand er sämmtlich segelfertig und mit Allem versehen. Hier kam auch die Reiterei von ganz Gallien, viertausend Mann an der Zahl, nebst den Häuptlingen aller Staaten zusammen. Cäsar hatte aus Furcht vor einem Ausstande in seiner Abwesenheit beschlossen, nur sehr wenige davon, von deren Treue er Proben hatte, in Gallien zurückzulassen, die übrigen aber als Geiseln mit sich zu nehmen.

6. Unter diesen befand sich auch der Aeduer Dumnorix, von dem wir schon oben gesprochen haben.** Dieser sollte nach Cäsars Beschluß vorzüglich mitfahren, weil ihm dessen Neuerungssucht, Herrschbegierde, hoher Muth und großes Ansehen bei den Galliern bekannt war. Dazu kam noch, daß Dumnorix auf dem Landtage der Aeduer hatte verlauten lassen, Cäsar werde ihm die Regierung des Staates übertragen, eine Aeußerung, welche die Aeduer sehr kränkte, obwol sie es nicht wagten, Gesandte zu Cäsar zu schicken, um sich dessen zu weigern oder dagegen vorzubitten. Cäsar aber hatte das von seinen Gastfreunden erfahren. Dumnorix sparte Anfangs keine Bitten, ihn doch in Gallien zu lassen, theils weil er, der Seefahrt ungewohnt, sich vor dem Meere scheute, theils weil ihn, wie er vorgab, Vorbedeutungen zurückhielten. Als er aber seine Bitte hartnäckig verweigert sah und keine Hoffnung hatte, sein Gesuch erfüllt zu erhalten, so hetzte er die gallischen Häuptlinge auf, rief einen nach dem andern auf die Seite, warnte sie, das Festland zu verlassen, machte ihnen

---

* Ein kleiner keltischer Volksstamm zwischen Seine und Marne, zwischen Meaux und Melun.

** Vgl. Buch 1, 3. 18.

bange, man führe nicht ohne Absichten den ganzen Adel aus Gallien, Cäsars Plan sei, sie alle in Britannien ermorden zu lassen, weil er sich nicht getraue, es vor den Galliern zu thun, gab den Uebrigen sein Wort und verlangte einen Eid, in Allem, was sie als vortheilhaft für Gallien anerkennen würden, nach gemeinschaftlichem Plan zu handeln. Dies wurde von Mehreren dem Cäsar hinterbracht.

7. Da Cäsar dem Staate der Aeduer ein so hohes Ansehen eingeräumt hatte, so beschloß er auf diese Nachricht hin Alles anzuwenden, um den Dumuorix in Schranken zu halten und ihn abzuschrecken, und als er dessen Tollsinn zu weit gehen sah, sich und den Staat durch Gegenmaßregeln vor Gefahr zu sichern. In den fünfundzwanzig Tagen, die er ungefähr hier zubrachte, weil er wegen des Nordwestwindes, der fast immer hier weht, nicht auslaufen konnte, machte er es sich daher zum Geschäft, den Dumnorix von jedem pflichtwidrigen Schritte abzuhalten und dessenungeachtet alle seine Pläne zu erfahren. Bei gutem Winde, der endlich eintrat, ließ er seine Truppen zu Fuß und zu Pferd an Bord gehen, und während Aller Gedanken damit beschäftigt waren, fing indessen Dumnorix an, mit den äduischen Reitern ohne Cäsars Wissen nach Hause zu ziehen. Cäsar setzte, auf die Anzeige davon, die Fahrt und alles Andere bei Seite und schickte ihm eine starke Abtheiluug von Reiterei nach, mit dem Befehl, ihn zurückzubringen oder niederzuhauen, wenn er sich zur Wehr setzte und nicht gehorchte, denn er glaubte, daß in seiner Abwesenheit ein Mann nichts Verständiges thun werde, der noch in seiner Gegenwart seinen Befehl nicht geachtet hätte. Bei dem Befehl zurückzukehren, setzte sich Dumnorix zur Gegenwehr, hieb um sich und rief seine Reiter zum Beistand an, unter wiederholtem Schreien, er sei ein freier Mann und aus einem freien Staate. Die abgeschickten Reiter umringten den Menschen und hieben ihn, ihrem Befehl zufolge, nieder. Die Reiterei der Aeduer ging insgesammt zu Cäsar zurück.

8. Als dies abgethan war und Cäsar den Labienus mit drei Legionen und zweitausend Reitern auf dem Festlande zurückgelassen hatte, um die Häfen zu decken, für Lebensmittel zu sorgen und auf alle Vorgänge in Gallien ein wachsames Auge zu haben und nach Zeit und Umständen nöthige Maßregeln zu ergreifen, ging er mit fünf Legionen und eben so viel Reiterei, als er auf dem Festlande zurückgelassen, bei Sonnenuntergang in See. Da der linde Südwestwind sich um Mitternacht legte, konnte er seine Richtung nicht behalten, sondern wurde von der Strömung weiter getrieben und erblickte bei Tagesanbruch Britannien links zur Seite liegend. Er folgte jetzt der veränderten Strömung und suchte durch Rudern jene Küsten der Insel zu gewinnen, wo die Landung nach seiner Erfahrung im letzten Sommer* am leichtesten war. Bei dieser Gelegenheit verdient das brave Betragen unserer Soldaten das größte Lob, die mit den schweren Lastschiffen durch unausgesetzte Anstrengung im Rudern den Kriegsschiffen im Laufe völlig gleich blieben. Um Mittag etwa näherte sich die ganze Flotte Britanniens Küsten, ohne einen Feind zu sehen, denn nach den späteren Aussagen der Kriegsgefangenen vor Cäsar hatte sich die hier versammelte starke Macht des Feindes bei der Menge unserer Schiffe – es kamen nämlich, jene vom vorigen Jahre und die, welche Einzelne zu ihrem Privatgebrauche hatten bauen lassen, eingerechnet, zusammen mehr als achthundert Segel auf einmal zum Vorschein – aus Schrecken von den Küsten zurückgezogen und hinter die Anhöhen versteckt.

9. Cäsar setzte die Truppen ans Land und ließ ein bequemes Lager abgrenzen. Nach eingezogener Kundschaft über den Standort des Feindes bei den Kriegsgefangenen ließ er zehn Cohorten und dreihundert Reiter zur Deckung der Flotte an den Küsten zurück und brach um die dritte Nachtwache gegen die Feinde auf, der Flotte wegen um so weniger

* Buch 4, 23.

besorgt, als er sie an einem sanften, felsenfreien Ufer vor Anker zurückließ; den Oberbefehl über die zurückgelassene Bedekkung der Schiffe vertraute er dem Quintus Atrius an. Nach einem nächtlichen Marsche von etwa zwölf Meilen erblickte er die Feinde. Diese rückten mit ihrer Reiterei und den Streitwagen an einen Fluß vor, fingen von ihrem höheren Standort an, unsere Truppen aufzuhalten und begannen den Kampf. Sie wurden von unsrer Reiterei geworfen und verbargen sich in dichten Wäldern, wo sie einen von Natur und Kunst stark befestigten Platz besetzten, den man, wie es schien, schon vorher für den Gebrauch bei einheimischen Kriegen vorbereitet hatte, denn alle Zugänge waren durch Verhaue verwahrt. Sie selbst machten einzeln aus dem Walde Ausfälle und verhinderten die Unsrigen, in die Verschanzungen einzudringen. Allein die Soldaten der siebenten Legion bildeten ein Schilddach,* führten einen Damm an den Verschanzungen auf, nahmen den Platz weg und trieben mit geringem Verluste die Feinde aus dem Gehölz. Wegen der Unkenntniß der Gegend und auch weil Cäsar die wenige Zeit, die vom Tage noch übrig war, zur Errichtung eines Lagers verwenden wollte, verbot er, die Fliehenden weiter zu verfolgen.

10. Am folgenden Morgen sandte Cäsar die Reiterei und das Fußvolk in drei Abtheilungen aus, die Geflohenen zu verfolgen. Nach einem kurzen Marsche, als man schon den Nachtrab in Sicht hatte, kamen Reiter von Quintus Atrius mit der Nachricht zu Cäsar, in der verflossenen Nacht sei durch einen sehr heftigen Sturm beinahe die ganze Flotte beschädigt, und weil weder Anker noch Taue gehalten, noch Matrosen und Steuerleute bei der Heftigkeit desselben hätten aushalten kön-

* Ich kann mich nicht der Ansicht neuerer Erklärer anschließen, daß hier unter »Schutzdach« eine aus Balken gefertigte Kriegsmaschine zum Schutze der Soldaten, wie in Kap. 43, zu verstehen sei, fasse vielmehr *testudo* (wie in 2, 6) als das Dach, welches die Soldaten durch Erheben und Zusammenhalten ihrer Schilde bilden.

nen, sei sie auf das Land geworfen und habe daher durch das Anprallen der Schiffe großen Schaden erlitten.

11. Auf solche Nachricht ließ Cäsar Legionen und Reiter zurückrufen und sie auf ihrem Wege Halt machen. Er selbst ging zur Flotte zurück und sah hier ungefähr das mit Augen, was man ihm schriftlich und mündlich schon berichtet hatte. Es zeigte sich aber, daß sich mit einem Verluste von etwa vierzig Schiffen doch die übrigen, wenn auch mit vieler Mühe, wieder herstellen ließen. Zu den Werkleuten,* die er aus seinen Legionen nahm, ließ er daher noch andere von dem Festlande herüberkommen, dem Labienus aber schrieb er, von den Legionen, die er bei sich habe, so viele Schiffe als möglich bauen zu lassen. Es war zwar ein mühsames und anstrengendes Unternehmen, doch fand es Cäsar am dienlichsten, alle Schiffe auf das Land zu ziehen und Lager und Flotte in eine Verschanzung einzuschließen. Man setzte die Arbeit nicht einmal des Nachts aus und war daher in zehn Tagen ungefähr damit fertig. Als die Schiffe auf das Land gezogen und das Lager in einem vortrefflichen Vertheidigungszustande war, ließ er dieselben Truppen, wie vorher, zur Sicherheit der Schiffe zurück und kehrte selbst dahin zurück, von wo aus er hierher gekommen war. Hier fand er bereits ein größeres Heer der Britannier von überall her an einem Orte versammelt, die allgemeine Leitung des Krieges aber in der Hand des Cassivelaunus, dessen Gebiet der Fluß Tamesis von den Seestaaten trennt, vom Meere ungefähr in einer Entfernung von achtzigtausend Schritten. Dieser Häuptling führte zwar sonst ewig Krieg mit den übrigen Völkern, allein durch unsere Landung wurden die Britannier bewogen, ihm die ganze Leitung des Krieges zu überlassen.

---

* Dieselben, unter dem *praefectus fabrum* stehend, waren militärisch organisirt und bildeten meist eine eigene Truppenabtheilung; mitunter, wie hier, waren sie auch unter die Legionen vertheilt: sie waren beim römischen Heere, was die Pioniere bei dem unseren.

12. Der innere Theil Britanniens* wird von Leuten bewohnt, welche die Sage Eingeborne der Insel nennt, die Seeküsten hingegen von solchen, die aus Beute und Kriegslust von Belgien herüberkamen (welche fast alle noch den Namen der Staaten führen, aus denen sie ursprünglich nach Britannien gekommen sind), nach dem Kriege sich da niedergelassen und das Feld zu bauen angefangen haben. Die Volksmenge geht ins Unendliche, die zahlreichen Häuser sind fast wie die gallischen; die Viehzucht ist sehr stark; statt der Münzen bedient man sich des Erzes oder eiserner Stäbchen von bestimmtem Gewichte. Im Inneren findet man Zinn, an den Küsten Eisen, jedoch in geringer Menge; ihr Erz wird aus der Fremde eingeführt. Die Holzarten sind dieselben wie in Gallien, nur Buchen und Tannen gibt es nicht. Hasen, Hühner und Gänse darf man nach ihrer Ansicht nicht essen: doch hält man diese Thiere zur Lust und zum Vergnügen. Der Himmelsstrich ist milder, als in Gallien, die Kälte weniger streng.

13. Ihrer Gestalt nach ist die Insel ein Dreieck, dessen eine Seite Gallien gegenüberliegt. Der eine Winkel bei Cantium, dem gewöhnlichen Landungsorte der Schiffe von Gallien aus, zieht sich nach Osten, der andere Winkel weiter unten, nach Süden. Diese Seite ist etwa fünfhunderttausend Schritte lang; die andere hat ihre Richtung gegen Hispanien und Westen zu. Auf dieser liegt Hibernien, das für halb so groß als Britannien geschätzt wird und so weit von Britannien, als dieses von Gallien entfernt ist. Auf dem halben Wege dahin kommt man an eine Insel, die Mona heißt; außer dieser sollen hier noch mehrere kleine Inseln liegen, auf denen, nach einigen Schriftstellern, im Winter vierzig Tage unaufhörlich Nacht sein soll. Wir haben bei unsern Nachfragen nichts davon erfahren, als daß

* Mit der folgenden Beschreibung Britanniens vergleiche man auch die, welche Tacitus im »Leben des Agricola« Kap. 10–12 (Univ.-Bibl. 836, S. 20) gibt.

wir, nach genauen Beobachtungen mit der Wasseruhr, die Nächte kürzer als auf dem Festlande fanden. Die Länge dieser Seite schätzen die Britannier auf siebenhunderttausend Schritte. Auf der dritten Seite gegen Norden ist die offene See. Ihr Winkel schaut hauptsächlich nach Germanien zu: man gibt ihr etwa achthunderttausend Schritt Länge. Der ganze Umfang der Insel beträgt also zweitausend Millien.

14. Unter allen Völkern der Insel sind die Einwohner von Cantium, welche Gegend ganz an der Seeküste liegt, bei Weitem die gebildetsten. Sie haben in ihrer Lebensart viel mit den Galliern gemein. Im Innern des Landes säet man nur an wenigen Orten Getreide, lebt sonst von Milch und Fleisch und kleidet sich in Thierhäute. Alle Britannier färben sich mit Waid blau, wodurch sie in den Schlachten desto fürchterlicher aussehen. Die Haare auf dem Kopfe lassen sie wachsen, sonst scheeren sie, Kopf und Oberlippe ausgenommen, den ganzen Leib glatt. Je zehn bis zwölf, besonders Brüder mit den Brüdern oder Väter mit den Söhnen, haben immer ihre Weiber gemeinschaftlich: die Kinder aus diesen Ehen werden dem zugeeignet, dem die Jungfrau zuerst zugeführt wurde.*

15. Die feindliche Reiterei und ihre Wagenstreiter geriethen mit unsern Reitern auf dem Wege in ein heftiges Gefecht. Doch behielten wir auf allen Punkten die Oberhand und trieben sie in die Wälder und auf die Hügel zurück. Ihr Verlust war ansehnlich, weil man jedoch im Nachsetzen zu hitzig war, verloren auch wir einige Leute. Nach kurzer Zeit, als wir sorglos an dem Lager arbeiteten, stürzten die Feinde unvermuthet aus dem Gehölz und begannen einen heftigen Angriff auf die Vorposten vor dem Lager. Cäsar schickte zwei Cohorten, und zwar die ersten Cohorten von zwei Legionen zu Hilfe, allein bei der Bestürzung, in der unsere Truppen wegen der ihnen fremden

* Jedenfalls wurde auch das durchs Loos entschieden: eine für den Gewinner etwas unbequeme, für die uebrigen sehr angenehme Einrichtung.

Art des Kampfes waren, brach der Feind sehr kühn durch den kleinen Zwischenraum zwischen den beiden Cohorten hindurch und zog sich ohne Verlust zurück. Wir verloren an diesem Tage den Kriegstribun Quintus Laberius Durus; endlich wurden durch mehrere nachgeschickte Cohorten erst die Feinde geworfen.

16. Dieses Gefecht fiel vor dem Lager im Angesicht unseres ganzen Heeres vor. Man sah daher an der ganzen Kampfesart, daß unser Fußvolk, seiner schweren Rüstung wegen, weniger gegen Feinde dieser Art tauge, da es die Flüchtigen nicht verfolgen konnte und Einzelne sich nicht getrauten, von ihren Fahnen sich zu entfernen, während für unsere Reiterei aber jedes Gefecht sehr gefährlich war, da die Feinde sogar absichtlich wichen und wenn sie unsere Reiter von den Legionen etwas fortgelockt hatten, von den Streitwagen sprangen und sich zu Fuß in einen ungleichen Kampf einließen. Reitergefechte aber waren ihrer Beschaffenheit nach für die Zurückweichenden und Verfolgenden gleich bedenklich. Hierzu kam noch, daß sie nicht in geschlossenen Haufen, sondern in Abtheilungen, in großen Zwischenräumen, schlugen und kleine Truppenabtheilungen in Bereitschaft stehen hatten, um einander nach der Reihe abzulösen und frische, unermüdete Leute in die Stelle der Ermatteten einrücken zu lassen.

17. Tags darauf stand der Feind fern vom Lager auf den Höhen, zeigte sich aber nur zerstreut und fing, jedoch mit weniger Eifer, als am Tage vorher, an, unsere Reiterei zum Gefecht zu reizen. Allein um Mittag, als Cäsar den Legaten Cajus Trebonius mit drei Legionen und der ganzen Reiterei zum Futtersammeln ausgeschickt hatte, stürzten die Britannier plötzlich von allen Seiten auf die Futtersammler los und blieben sogar von den Adlern und Legionen nicht fern. Die Unsern griffen sie lebhaft an, warfen sie zurück und hörten nicht auf, sie zu verfolgen, so lange die Reiterei im Vertrauen auf die Legionen, die sie sich nachrücken sahen, die Feinde vor sich herjagte. Man

hieb eine Menge nieder und ließ ihnen keine Zeit, sich zu sammeln, sich zu stellen oder von den Wagen herabzuspringen. Auf dieser Flucht gingen die Hilfstruppen, die von allen Orten hergekommen waren, auseinander, und von dieser Zeit an vermied der Feind Schlachten mit vollständiger Truppenmacht gegen die Römer.

18. Cäsar erkannte des Feindes Pläne und zog mit seiner Armee gegen des Cassivellaunus Staaten an den Fluß Tamesis. Dieser Fluß hat nur eine Furt, über die man jedoch nur mit Schwierigkeiten setzen kann. Bei seiner Ankunft sah Cäsar den Feind am Ufer jenseits des Flusses zahlreich aufgestellt, das Ufer aber mit scharfen, spitzen Pfählen befestigt, wie sie auch im Flusse verdeckt eingerammt waren. Cäsar, der das von Kriegsgefangenen und Ueberläufern erfahren, schickte die Reiterei voraus, die Legionen mußten ihr auf dem Fuße folgen. Unsere Truppen rückten, bis an den Hals im Wasser, so geschwind und rasch vor, daß der Feind dem Sturme der Legionen und Reiter nicht widerstehen konnte, das Ufer preisgab und floh.

19. Cassivellaunus hatte, wie erwähnt, alle Hoffnung auf ein entscheidendes Gefecht aufgegeben, ließ die größere Zahl seiner Truppen auseinander gehen und beobachtete jetzt mit den noch zurückgebliebenen viertausend Wagenstreitern unseren Zug, wobei er nur wenig von der Straße sich entfernte, in unzugänglichen und waldigen Gegenden sich verbarg und aus allen Orten, durch welche, wie er erfahren hatte, wir unsern Zug nehmen würden, Vieh und Menschen von den Feldern in die Wälder treiben ließ. Wenn nun unsere Reiter sich etwas zu dreist über die Felder verbreiteten, um zu plündern und zu verheeren, so stürzte er mit den Wagenstreitern auf allen ihm bekannten Wegen und Stegen aus den Waldungen und setzte unsere Reiter durch seine Angriffe in große Gefahr. Das schreckte sie von weiten Streifzügen ab und es blieb nichts übrig, als daß Cäsar die Reiterei dem Zuge der Legionen anschloß und so weit durch Sengen und Verheeren dem Feinde schadete, als es sich bei der Anstrengung und den Märschen der Legionen thun ließ.

20. Unterdessen schickten die Trinobanten, der mächtigste Staat wol in diesem Lande, aus dem der junge Mandubracius stammte, der sich in Cäsars Schutz begeben hatte und zu ihm auf das Festland gekommen war (seinen Vater nämlich, den König jenes Staates, hatte Cassivellaunus getödtet, er selbst war durch die Flucht dem Tode entgangen), Gesandte an Cäsar mit dem Erbieten, sich zu ergeben und seine Befehle zu befolgen. Dann begehrten sie, er möge den Mandubracius gegen des Cassivellaunus Gewaltthätigkeiten beschützen und ihn schicken, um sie zu beherrschen und ihre Regierung zu übernehmen. Cäsar dagegen verlangte von ihnen, außer vierzig Geiseln, Getreide für sein Heer und ließ den Mandubracius heimziehen. Seine Befehle wurden sogleich befolgt und die vollständige Zahl Geiseln nebst dem Getreide geliefert.

21. Als Cäsar die Trinobanten in Schutz genommen und vor allem Unfuge seiner Soldaten gewahrt hatte, schickten auch die Icener, Canger, Segontiaker, Ankaliten, Bibroken und Kasser Gesandtschaften und unterwarfen sich. Von diesen erfuhr Cäsar, in der Nachbarschaft sei des Cassivellaunus Hauptquartier zwischen Morästen und Wäldern, mit einer sehr großen Menge von geflüchteten Menschen und einer Masse Vieh. »Stadt« nennen die Britannier solche unwegsame Waldungen, durch Wälle und Gräben befestigt, wohin sie sich gegen einen feindlichen Ueberfall zu flüchten pflegen. Cäsar brach also mit seinen Legionen nach jenem Orte auf und fand ihn durch Natur und Kunst außerordentlich befestigt; dennoch unternahm er einen Augriff von zwei Seiten. Die Feinde hielten nur eine kurze Zeit Stand, konnten dann aber den Angriff der Unsern nicht aushalten und stürzten auf der entgegengesetzten Seite zur »Stadt« hinaus. Man fand in dem Orte sehr viel Vieh, von den Flüchtigen wurden viele eingeholt und niedergehauen.

22. Während dieser Vorfälle in der hiesigen Gegend schickte Cassivellaunus an die vier Fürsten Cingetorix, Carvilius, Taximagulus und Segonax, nach Cantium, das, nach unserem obigen Berichte, an der Küste liegt, durch Boten den Befehl, mit voller vereinter Macht das Schifflager Cäsars plötzlich anzugreifen und zu bestürmen. Allein unsere Bedeckung machte beim Anrücken des Feindes einen Ausfall aus dem Lager, tödtete Viele und nahm einen angesehenen Führer, Lugotorix, gefangen, worauf sie ohne Verlust wieder ihr Lager bezog. Auf die Nachricht von diesem Treffen wurde Cassivellaunus durch die vielen Niederlagen und Verwüstungen seiner Staaten, am meisten aber durch den Abfall der anderen Stämme bewogen, unter Vermittlung des Atrebaten Commius Abgesandte an Cäsar zu schicken, um sich zu ergeben. Cäsar seinerseits, entschlossen, wegen der unvermuthet in Gallien ausgebrochenen Unruhen, den Winter auf dem Festlande zuzubringen, weil vom Sommer wenig mehr übrig war und der Rest, wie er sah, leicht verstreichen konnte, setzte daher für Cassivellaunus Geiseln fest und bestimmte den Tribut, den Britannien jährlich an Rom bezahlen sollte, und untersagte ihm auch alle Feindseligkeiten gegen Mandubracius und die Trinobanten.*

23. Nach Stellung der Geiseln ging Cäsar mit dem Heere an die Küste zurück, wo er die Schiffe ausgebessert fand. Sie wurden ins Wasser gelassen und Cäsar begann wegen der großen Anzahl Kriegsgefangener und des Verlustes einiger Schiffe durch den Sturm die Truppen in zwei Sendungen zurückzuführen. Und dies gelang ihm so glücklich, daß von seiner so starken Flotte, bei so vielen Fahrten, weder in diesem, noch im verflossenen Jahre ein Schiff mit Soldaten an Bord verloren ging, während die Schiffe der ersten Sendung, die nach Ausset-

* Die Britannier haben, wie Baumstark richtig hinzufügt, den Tribut nie bezahlt und lebten auch später so unabhängig wie vor Cäsars Ankunft. Seine Kriegszüge haben aber Annäherung, Verkehr und Handel zwischen der britischen Insel und dem Festlande gefördert.

zung der Truppen vom Festlande leer zurückfuhren, sowie jene sechzig Schiffe, die Labienus später hatte bauen lassen, fast alle, sehr wenige ausgenommen, die ihren Bestimmungsort erreichten, verschlagen wurden. Nachdem Cäsar einige Zeit vergebens auf diese gewartet hatte, legte er nothgedrungen seine Soldaten etwas enger zusammen, um nicht durch die Jahreszeit bei der bevorstehenden Tag- und Nachtgleiche an der Fahrt gehindert zu werden, und stach um die zweite Nachtwache bei größter Meeresstille in See. Mit Tagesanbruch erreichte er mit allen Schiffen, ohne Verlust eines einzigen, das Land. Die Schiffe wurden auf das Land gezogen und ein Landtag der Gallier zu Samarobriva abgehalten.

Erster Kampf mit Ambiorix

24. Wegen anhaltender Dürre war diesmal ein Jahr der Mißernte. Cäsar mußte daher seine Soldaten anders als im vorigen Jahre in die Winterquartiere verlegen und das Heer in mehrere Staaten vertheilen. Eine Legion ließ er durch den Legaten Cajus Fabius in das morinische Gebiet führen; die zweite durch Quintus Cicero in das nervische; die dritte durch Lucius Roscius in das esuvische Gebiet; die vierte mußte mit Titus Labienus Winterlager im remischen Lande, an den Grenzen der Trevirer, nehmen; drei wurden unter dem Befehl des Quästors Marcus Crassus und der Legaten Lucius Munacius Plancus und Cajus Trebonius nach Belgien verlegt. Eine, die er erst neulich jenseits des Padus errichtet, schickte er mit fünf Cohorten zu den Eburonen, deren Land größtentheils zwischen dem Rhein und der Maas liegt und die unter der Herrschaft des Ambiorix und Catuvolcus standen. Diese Truppen wurden den Legaten Quintus Titurius Sabinus und Lucius Aurunculejus Cotta übergeben. Durch solche Vertheilung der Legionen dachte Cäsar am leichtesten

dem Getreidemangel vorzubeugen, und doch lagen alle Winterlager der Legionen, die ausgenommen, mit der Lucius Roscius in das ruhigste und friedfertigste Land eingerückt war, in einem Bezirke von hunderttausend Schritten. Cäsar war entschlossen, bevor er Gewißheit erlangt, daß die Legionen die Winterlager bezogen und in Vertheidigungszustand gesetzt hätten, Gallien nicht zu verlassen.

25. Unter dem hohen Adel der Carnuten befand sich ein gewisser Tasgetius, dessen Vorfahren in seinem Staate die Regierung in Händen gehabt hatten. Cäsar setzte ihn wegen seiner Tapferkeit und Anhänglichkeit, sowie wegen seiner vortrefflichen Dienste in allen gallischen Kriegen wieder in die Würde seiner Väter ein, aber im dritten Jahre der Regierung brachten ihn seine Feinde mit öffentlicher Theilnahme vieler Mitbürger* um. Cäsar, hiervon benachrichtigt, ließ aus Besorgniß, der ganze Staat möchte durch die Menge der hierin Verwickelten zum Abfall verleitet werden, den Lucius Plancus mit seiner Legion aus Belgien eilends in das carnutische Gebiet vorrücken und dort sein Winterlager aufschlagen, die Mörder des Tasgetius aber ergreifen und sich zuschicken. Unterdessen lief von allen Legaten und Quästoren, denen er die Legionen übergeben hatte, die Nachricht ein, man habe die Winterlager bezogen und in Vertheidigungszustand gesetzt.

26. Fünfzehn Tage ungefähr seit Beziehung der Standlager brach plötzlich Krieg und Empörung durch Ambiorix und Catuvolcus aus. Sie waren zwar dem Sabinus und Cotta an der Grenze entgegengekommen, hatten auch das Getreide in das Winterlager geliefert, allein durch die Botschaften des Trevirers Indutiomarus aufgereizt, brachten sie die Ihrigen zum Aufstand, überfielen unvermuthet unsere Holzfäller**

---

* Die Lesart ist zweifelhaft.

** D. h. die damit beschäftigten Soldaten.

und rückten mit vielem Volke vor das Lager, um es zu stürmen. Die Unseren griffen sogleich zu den Waffen, besetzten den Wald und die hispanischen Reiter wagten einen Ausfall und erhielten die Oberhand in einem Gefechte mit der feindlichen Reiterei: deshalb ließen Jene hoffungslos von dem Sturme ab und schrieen laut nach ihrer Weise: einige von uns sollten zur Unterredung hinauskommen; sie hätten Vorschläge über die gemeinschaftlichen Angelegenheiten zu thun, wodurch der Zwist, wie sie hofften, sich beilegen ließe.

27. Man schickte zu dieser Unterredung einen vertrauten Freund des Quintus Titurius, den römischen Ritter Cajus Arpinejus, und einen Spanier, Quintus Junius, der schon früher oft mit Aufträgen von Cäsar zu Ambiorix gegangen war. Ambiorix begann folgendermaßen: »er sei, das läugne er nicht, dem Cäsar für seine Güte gegen ihn höchst verbunden, denn durch ihn sei er von dem bisherigen Tribut an seine Nachbarn, die Aduatuker, befreit; auch sein und seines Bruders Sohn, die als Geiseln bei diesen in Sklaverei und in Fesseln gelegen hätten, wären ihm von Cäsar zurückgegeben worden. Der Angriff auf das römische Lager sei nicht nach seinem Plan und Willen, sondern durch den Zwang seiner Mitbürger geschehen, denn nach ihrer Verfassung habe das Volk eben so viele Gewalt über den Fürsten, als der Fürst über das Volk. Das sei übrigens auch der Grund der Feindseligkeiten: sein Staat habe sich nicht gegen die plötzliche Verschwörung der Gallier auflehnen können; dafür sei seine geringe Macht ein deutlicher Beweis, denn so kurzsichtig sei er nicht, daß er sich einbilden sollte, Rom mit seiner Macht bezwingen zu können. Es sei dies vielmehr der allgemeine Plan von ganz Gallien und dieser Tag sei bestimmt worden, um alle Lager Cäsars zugleich anzugreifen, damit keine Legion der anderen zu Hilfe kommen könne. Gallier hätten hierbei Galliern nicht leicht entgegen sein dürfen, besonders da man die Herstellung der allgemeinen Freiheit, wie es schiene,

zum Zwecke habe. Für diese habe er nun, gemäß seiner Liebe zum Vaterlande, genug gethan, jetzt nehme er Rücksicht auf die Pflicht des Dankes für Cäsars Wohlthaten und ermahne und bitte als Gastfreund den Titurius, sich und seine Truppen zu retten. Eine starke Schaar Germanen in ihrem Solde sei über den Rhein gegangen, in drei Tagen würden sie da sein. Ihr Rath wäre, die Truppen, wenn man wollte, ehe die Völker in der Nachbarschaft es merkten, aus dem Winterlager entweder zu Cicero oder zu Labienus zu führen, deren Einer ungefähr fünfzigtausend Schritt, der Andere etwas weiter von dem Orte hier entfernt liege; er verspreche und betheuere eidlich, daß sie ohne Gefahr durch seine Staaten abziehen könnten. So sorge er für das Beste seines Volkes, das er von der Last des Winterlagers befreie, und zeige sich auch gegen Cäsars Dienste dankbar.« Nach dem Schlusse dieser Rede entfernte sich Ambiorix.

28. Arpinejus und Junius hinterbrachten Alles, was sie gehört hatten, den beiden Legaten. Ein so unerwarteter Auftritt setzte diese in Verlegenheit, und obschon es nur die Aussage eines Feindes war, hielten sie es doch für wichtig. Am meisten machte es Eindruck auf sie, daß man sich kaum vorstellen konnte, ein so unansehnliches und schwaches Volk, wie die Eburonen, würde aus eigenem Triebe einen Krieg mit Rom wagen. Man hielt also Kriegsrath, und es entstand hier ein großer Zwist. Lucius Aurunculejus, mehrere Kriegstribunen und Hauptleute ersten Ranges waren der Meinung, nichts übereilen und ohne Cäsars Befehl nicht das Winterlager verlassen zu sollen. Sie erklärten, in dem verschanzten Winterlager könne man sich gegen das stärkste Heer der Germanen behaupten; ein Beweis dafür sei der erste Sturm aufs Lager, den man so tapfer und überdies mit großem Verluste des Feindes zurückgeschlagen habe. Lebensmittel seien im Ueberflusse da; mittlerweile käme auch wol vom nächsten Lager und von Cäsar Ersatz herbei, endlich sei nichts leichtsinniger und schimpflicher, als sich in einer so wichtigen Sache nach Vorschlägen des Feindes zu richten.

29. Dagegen erhob sich Titurius: man würde zu spät kommen, wenn sich der Feind erst nach Vereinigung mit den Germanen verstärkt oder man gar in dem nächsten Lager eine Niederlage erlitten hätte. Die Zeit, einen Entschluß zu fassen, sei kurz; Cäsar müsse seiner Meinung nach schon nach Italien abgegangen sein, sonst würden die Carnuten keinen Anschlag auf das Leben des Tasgetius gefaßt und bei seiner Anwesenheit in Gallien die Eburonen nicht mit solcher Verachtung unsrer Truppen das Lager angegriffen haben. Er sähe nicht darauf, daß dieser Rath von einem Feinde herrühre, sondern auf die Sache. Der Rhein sei in der Nähe, Ariovist's Tod* und unsere früheren Siege den Germanen ein Aergerniß, Gallien aber sei durch so viele schimpfliche Niederlagen, seine Unterjochung durch Rom und den Verlust seines alten Kriegsruhmes tief erbittert. Wer endlich sich wol einbilden könnte, Ambiorix würde auf das Ungewisse hin so etwas wagen! Sein Vorschlag gewähre in jedem Falle Sicherheit. Habe man nichts Arges zu befürchten, so würde man ohne Anstoß die nächste Legion erreichen. Mache ganz Gallien mit den Germanen gemeinschaftliche Sache, so sei ein schneller Abzug das einzige Rettungsmittel. Welchen Ausgang denn Cotta's und der Andern entgegengesetzte Meinung haben würde? Bei dieser habe man, wenn auch gegenwärtig keine Gefahr, doch als Folge einer langwierigen Belagerung sicher den Ausbruch des Hungers zu erwarten.

30. Nach diesem Streite für und wider schrie endlich, bei dem heftigen Widerspruche Cotta's und der ersten Hauptleute, Sabinus und zwar so laut, daß es viele Soldaten hörten: »So behaltet Recht, weil ihr es doch so haben wollt; ich bin nicht der, welcher am meisten unter euch vor der Todesgefahr

* Er starb nicht in der Entscheidungsschlacht selbst (B. 1, 53), sondern erst auf der Flucht an einer Wunde. Cäsar erwähnt übrigens seinen Tod nur hier.

bebt. Die Soldaten werden es schon empfinden und wenn uns ein härteres Loos trifft von dir, Cotta, Rechenschaft fordern, sie, die ohne deine Einsprache schon übermorgen in Vereinigung mit den Truppen in dem nächsten Lager das Kriegsschicksal mit den übrigen theilen könnten und nicht, entfernt und getrennt, weit von den andern durch Schwert oder Hunger umkommen müssen.«

31. Da erhoben sich die Mitglieder des Kriegsrathes, umarmten Beide und baten, durch Zwietracht und Starrsinn nicht Alles in die äußerste Gefahr zu stürzen. Bei einiger Gesinnung würde man bleibend oder aufbrechend leicht dem Feinde widerstehen, bei ihrer Uneinigkeit aber sähe man nirgends Heil. Der Streit dauerte bis gegen Mitternacht; da gab Cotta endlich nach. Des Sabinus Vorschlag drang durch: es ward bekannt gemacht, mit Tagesanbruch rücke man aus. Der Rest der Nacht wurde schlaflos zugebracht, da der Soldat seine Habseligkeiten durchmusterte, was er etwa mitnehmen könne oder von den Wintergeräthschaften im Stiche lassen müsse. Kein Grund wurde vergessen, das Bleiben als gefährlich zu schildern und die Gefahr durch Entkräftung und Wachen der Truppen zu vergrößern. Mit Tagesbeginn brach das Lager auf – so sicher, als wenn der Rath hierzu nicht von einem Feinde, sondern von Ambiorix als Freund gegeben wäre – in sehr langem Zuge und mit vielem Gepäck.

32. Als der Feind an dem nächtlichen Lärm und der Unruhe den Abzug voraus sah, legte er zwei Millien davon an einem gelegenen und verborgenen Orte im Walde einen doppelten Hinterhalt und erwartete die Ankunft der Römer. Als nun das Heer größtentheils in ein langes Thal eingerückt war, kam er plötzlich an dessen beiden Seiten zum Vorschein, drängte den Nachtrab, ließ den Vortrab nicht bergaufwärts rücken und begann das Gefecht an dieser für uns unbequemsten Stelle.

33. Jetzt erst begann Titurius, der das nicht vorausgesehen hatte, zu beben, hin und her zu laufen, die Cohorten aufzustellen, doch selbst das so ängstlich, daß man ihn außer aller Fassung sah, wie es gewöhnlich geschieht, wenn man im Drange von Geschäften erst einen Entschluß fassen muß. Allein Cotta, der überdacht hatte, so etwas könne auf dem Marsche wol geschehen, und deshalb gegen denselben gestimmt hatte, versäumte kein Mittel zur allgemeinen Rettung. Er rief die Soldaten auf, sprach ihnen wie ein Feldherr zu und focht selbst wie ein gemeiner Soldat. Da sie Beide aber wegen der Länge des Zuges nicht wohl Alles selbst thun und was überall zu thun war, übersehen konnten, so gaben sie Befehl, das Gepäck zurückzulassen und einen Kreis zu bilden.* Unter solchen Umständen kann man den Entschluß ja nicht tadeln,** doch hatte er den Nachtheil, daß er das Zutrauen unserer Truppen schwächte und den Feind zum Kampfe muthiger machte, weil man dieses Verhalten als eine Folge der äußersten Furcht und Verzweiflung betrachtete. Dazu kam noch, daß der Soldat ganz allgemein von seinen Feldzeichen fortlief und zu dem Gepäck eilte, um seine besten Sachen zu holen und wegzuschleppen; überall nichts als Geschrei und Gejammer.

34. Aber auch der Feind wußte seine Maßregeln zu nehmen. Die Anführer machten allgemein bekannt, Niemand solle aus den Gliedern treten; die Beute gehöre ihnen. Für sie sei aufbehalten, was immer die Römer verlassen hätten. Sie sollten also bedenken, Alles hinge von dem Siege ab. Die Unsrigen, obgleich von ihrem Führer und dem Glück verlassen, waren trotzdem dem Feinde an Muth und Zahl gewachsen und sie setzten ihre ganze Hoffnung auf die Tapferkeit. So oft deshalb eine Cohorte vorbrach, richtete sie immer ein großes Blutbad unter den Feinden an. Als das Ambiorix sah, gab er Befehl, nur aus der Ferne die Wurfwaffen zu gebrauchen und

* Vgl. Anmerkung zu B. 4, 37.

** Aeußerst interessant ist die Kritik, welche Cäsar hier an den strategischen Maßregeln seiner Offiziere übt.

in der Nähe sich nicht mit den Römern einzulassen, bei jedem Vordringen derselben aber zurückzuweichen; bei ihrer leichten Rüstung und der täglichen Uebung liefen sie keine Gefahr. Bei dem Rückzuge nach ihren Fahnen aber sollten sie die Römer wieder verfolgen.

35. Dieser Befehl wurde aufs Genaueste vollzogen. Sobald also eine Cohorte aus dem Kreise hervorbrach und vorrückte, zog sich der Feind aufs Schnellste zurück. Indessen mußte sich diese Abtheilung nothwendig bloßstellen und die offene Seite* den Geschossen und den Wurfwaffen preisgeben; wollte sie dann aber wieder in die Linie zurück, aus der sie hervorgerückt war, so wurde sie von den gewichenen und den übrigen in der Nähe stehenden Feinden abgeschnitten. Wollten die Römer aber die Stellung behaupten, so konnten sie weder ihre Tapferkeit zeigen, noch sich in der dichtgeschlossenen Masse vor der Menge von Wurfwaffen schützen. Und doch trotz all dieser Bedrängnisse und trotz aller empfangenen Wunden leisteten unsere Truppen Widerstand und hatten, als schon ein großer Theil des Tages verflossen war – denn es wurde vom frühen Morgen bis gegen zwei Uhr Nachmittags gefochten – nichts gethan, was ihrer unwürdig gewesen wäre. In diesem Treffen wurde Titus Balventius, der im vorigen Jahre die erste Centurie geführt hatte, ein Mann von großer Tapferkeit und hohem Ansehen, mit einem Wurfspieß durch beide Schenkel geschossen. Quintus Lucanius, von gleichem Range, wurde, da er seinem eingeschlossenen Sohne mit ungemeiner Tapferkeit Raum machen wollte, niedergehauen und der Legat Lucius Cotta bei der Aufmunterung der Cohorten und Centurien von einem Schleuderer gerade ins Gesicht getroffen.

36. Dies bewog den Quintus Titurius, an Ambiorix, den er in der Ferne seinen Truppen zusprechen sah, seinen Dolmet-

---

* Nämlich die rechte Flanke, denn auf der linken Seite deckte sie der Schild.

scher Cnejus Pompejus zu entsenden, um ihn zu bitten, daß er seiner und der Soldaten schonen möchte. Ambiorix gab auf sein Gesuch zur Antwort: Titurius könne, wenn er wolle, mit ihm sprechen. Er glaube von seinem Volke Alles zur Rettung der Soldaten zu erhalten, ihm solle kein Leid geschehen, dafür stehe er ein. Sabinus unterredete sich mit dem verwundeten Cotta, ob er es räthlich finde, aus der Schlacht zu gehen und sich in seiner Gesellschaft mit Ambiorix zu besprechen. Er hoffe Gnade für sich und die Truppen zu erhalten. Cotta erklärte, er ginge zu keinem Feinde, so lange er die Waffen in der Hand habe. Und dabei blieb er.

37. Titurius gebot nun den Kriegstribunen und Centurionen vom ersten Range, die eben bei ihm waren, mitzugehen und befolgte, nach seiner Annäherung bei Ambiorix, dessen Befehl, die Waffen zu strecken; sein Gefolge mußte auf sein Geheiß dasselbe thun. Unterdessen zog Ambiorix bei der Unterhandlung über die Vergleichspunkte das Gespräch in die Länge und Titurius wurde nach und nach umringt und niedergehauen. Da erhoben die Feinde nach ihrer Art ein lautes Siegesgeschrei, fielen heulend die Unsern an und brachten sie in Unordnung. Lucius Cotta fand kämpfend mit dem größten Theile der Truppen den Tod auf dem Schlachtfelde; der Rest zog sich in das verlassene Lager zurück. Unter ihnen warf der Adlerträger, Lucius Petrosidius im Gedränge feindlicher Uebermacht den Adler über den Wall und starb mit dem Schwert in der Faust vor dem Lager den Heldentod. Mit Mühe und Noth vertheidigte man das Lager bis in die Nacht. Während derselben brachten sich Alle bis auf einen Mann aus Verzweiflung um. Wenige nur entkamen aus dieser Schlacht und erreichtem auf ungewissen Pfaden durch Waldungen das Lager des Legaten Titus Labienus, dem sie die Vorgänge meldeten.

38. Stolz ob dieses Sieges brach Ambiorix sogleich mit der Reiterei auf und setzte Tag und Nacht seinen Zug nach dem aduatukischen Gebiete, an den Grenzen seiner Staaten fort und befahl dem Fußvolk, ihm zu folgen. Der Verlauf der Sache wurde hier erzählt und die Aduatuker zum Aufstande gebracht. Am Tage darauf kam Ambiorix zu den Nerviern und sprach ihnen zu, die Gelegenheit, sich für immer frei zu machen und an den Römern für die erlittenen Mißhandlungen zu rächen, nicht vorübergehen zu lassen: Zwei Legaten seien geblieben, ein großer Theil des Heeres aufgerieben worden; man könne leicht die Legion des Cicero im Winterlager bei einem unvermutheten Ueberfalle niedermachen. Hierzu bot er seinen Beistand an. Die Nervier waren durch diese Vorstellungen ohne Mühe überredet.

39. Sie schickten also ohne Verzug zu ihren Unterthanen, den Ceutronen, Grudiern, Levakern, Plenmaxiern und Geidonen, boten Alles auf und kamen in Eilmärschen, noch eher als die Nachricht von des Titurius Tode, vor Cicero's Lager an. Auch hier geschah, was nicht leicht anders geschehen konnte. Einige unserer Soldaten, die Holz und Brennmaterialien im Walde holten, wurden bei der unvermutheten Ankunft der Reiterei aufgefangen. Hierauf bestürmten die Eburonen, Nervier, Aduatuker und alle ihre Bundesgenossen und Schutzvölker mit großer Macht die Legion. Sie behauptete sich nur mit genauer Noth diesen Tag, weil der Feind seine ganze Hoffnung auf die Geschwindigkeit setzte und fest überzeugt war, nach diesem Siege für die Zukunft Alles gewonnen zu haben.

40. Cicero fertigte ohne Verzug einen schriftlichen Bericht an Cäsar ab und setzte den Ueberbringern große Belohnungen aus. Alle Wege waren aber besetzt und so wurden die Boten aufgefangen. Die Nacht hindurch machte man von dem Holze, das zur Verschanzung des Lagers zusammengebracht war, mit unglaublicher Geschwindigkeit gegen hundertundzwanzig Thürme und ergänzte alle noch unvollkommenen Werke. Am Tage darauf hatte sich der Feind ungleich mehr verstärkt, bestürmte aufs Neue das Lager und füllte den Graben aus, von den Unsrigen wurde jedoch, wie Tags vorher, Widerstand geleistet.

So ging es nach der Reihe in den folgenden Tagen fort. Die ganze Nacht wurde ununterbrochen gearbeitet, weder Kranken, noch Verwundeten ward Zeit zur Ruhe gegeben. Alle Bedürfnisse bei dem Sturme an dem folgenden Tage wurden während der Nacht in Bereitschaft gestellt, eine Menge vorn angebrannter Pfähle und Mauerpfeile verfertigt; die Thürme mit Brettern gedeckt, und Zinnen und Brustwehren von Flechtwerk gefertigt; Cicero selbst genoß, seiner so schwächlichen Gesundheit ungeachtet, nicht einmal der Nachtruhe, so daß er erst durch die stürmischen Bitten der Soldaten gezwungen wurde, sich zu schonen.

41. Endlich bezeigten die Anführer und Vornehmsten der Nervier, die Zutritt zu Cicero und Vorwand durch dessen Freundschaft hatten, ein Verlangen mit ihm zu sprechen. Man gestattete es. Sie brachten hier dasselbe vor, was Ambiorix mit dem Titurius unterhandelt hatte: ganz Gallien stehe unter Waffen, die Germanen seien über den Rhein gegangen, Cäsars und der Uebrigen Winterlager würden bestürmt. Des Titurius Tod wurde dabei nicht vergessen, und um ihn zu überzeugen, wurde auf Ambiorix gedeutet.* Man betrüge sich, sagten sie, wenn man von Jenen Hilfe erwarte, die sich selbst nicht zu helfen wüßten. Doch bei ihren Gesinnungen gegen Cicero und das römische Volk ließen sie sich Alles gefallen, nur Winterlager nicht: diese Gewohnheit dürfe nicht Wurzel fassen. Was sie betreffe, so könne man ungekränkt aus dem Winterlager, und ohne Besorgnisse, wohin man sonst wolle, abziehen. Cicero antwortete weiter nichts, als: Rom pflege nicht von einem Feinde mit den Waffen in der Hand Vorschläge anzunehmen. Wollten sie die Waffen niederlegen, so könnten sie sich seiner Vermittlung bedienen und Abgesandte an Cäsar schicken, bei dessen Gerechtigkeitsliebe werde ihr Gesuch, wie er hoffe, Gewährung finden.

---

* Weil dieser nämlich – ein scheinbarer Freund der Römer die Aussage vom Tode des Titurius beglaubigen könne.

42. Als so der Nervier Hoffnung gescheitert war, schlossen sie unser Winterlager mit einem Walle von neun Fuß Höhe und einem Graben von fünfzehn Fuß Tiefe ein. Das hatten sie uns durch den Umgang in vorigen Zeiten abgelernt oder es wurde ihnen auch von einigen römischen Kriegsgefangenen gezeigt, allein aus Mangel an eisernen Werkzeugen zu dieser Arbeit mußten sie mit Schwertern den Rasen ausstechen und den Grund mit Händen und Kleidern herbeitragen. Hieraus konnte man ihre Anzahl beurtheilen, denn in nicht ganz drei Stunden kamen sie mit dieser Befestigung von tausend Schritt im Umfange zu Stande. An den folgenden Tagen fingen sie die Aufführung von Thürmen in verhältnißmäßiger Größe nach der Wallhöhe, und die Anfertigung von Mauersicheln und Sturmdächern, ebenfalls nach Anweisung der Kriegsgefangenen, an.

43. Am siebenten Tage der Belagerung erhob sich ein entsetzlicher Wind. Die Feinde schleuderten glühende Kugeln von Thon* und glühende Pfeile auf unsere Lagerhütten, die, nach gallischer Art mit Stroh gedeckt waren. Diese fingen sogleich Feuer und der heftige Wind verbreitete den Brand im ganzen Lager. Die Feinde machten sich sogleich mit entsetzlichem Gebrüll, wie siegesgewiß, auf, setzten die Thürme und Sturmdächer in Bewegung und begannen mit Leitern den Wall zu ersteigen. Allein hier zeigte sich die Tapferkeit und Geistesgegenwart unserer Soldaten, daß sie, obgleich auf allen Seiten von dem Feuer umringt, überschüttet mit einem Hagel von Wurfwaffen, das Gepäck, ihren ganzen Reichthum, verbrennen sahen, und doch keiner von dem Walle fortlief, ja sich nicht einmal umschaute. Alles focht mit einer Hitze, mit einem Muthe ohne Beispiel. Das war für uns der härteste Tag. Doch hatte er auch den Erfolg, daß eine ungeheure Menge Feinde, die sich vor dem Walle zusammengedrängt hatten und

---

* D. h. aus diesem Stoff bereitet und mit Werg oder Pech umhüllt.

deren Hinterglieder die Vordermänner nicht zurücktreten ließen, verwundet oder getödtet wurden. Als der Brand etwas nachließ, und ein Thurm angeschoben und bis an den Wall gebracht war, traten die Centuriouen der dritten Cohorte von ihrem Standort zurück, entfernten auch alle die Ihrigen und luden mit Winken und Zurufen die Feinde ein, auf den Wall zu kommen. Keiner von ihnen wagte es; da jagte man sie mit einem Steinhagel von allen Seiten vom Thurm hinunter und setzte diesen in Brand.*

44. Bei jener Legion waren zwei heldenmüthige Hauptleute, die bereits den Führern ersten Ranges sich näherten, Titus Pulio und Lucius Vorenus. Beide hatten fortwährend Zänkereien unter einander, wer vor dem Andern den Vorzug verdiene, und hatten daher immerfort über ihre Rangordnung in Streit gelebt. In dem hitzigsten Gefecht nun vor den Schanzen rief jetzt Pulio: »Vorenus, was zauderst du? Welche andere Gelegenheit erwartest du noch, um deinen Muth zu erproben? Dieser Tag soll unsern Zwist entscheiden!« Nach diesem Rufe trat er aus den Verschanzungen und stürzte sich in den dichtesten Haufen der Feinde. Da blieb auch Vorenus nicht länger auf dem Walle und folgte ihm aus Furcht, ein allgemeines Vorurtheil gegen sich zu erwecken. In geringer Entfernung warf jetzt Pulio seinen Speer auf die Feinde und traf einen, der aus dem Haufen hervorsprang. Die Feinde warfen sich mit ihren Schilden vor die Leiche und schleuderten alle ihre Wurfwaffen auf Pulio. Dieser wurde abgeschnitten, sein Schild durchlöchert, und ein kleiner Wurfspieß haftete im Gürtel. Dieser Unfall verrückte ihm die Scheide, und hemmte die Hand, als er das Schwert ziehen wollte: ihn, der außer Stand, sich zu wehren, umringten die Feinde. Da sprang sein Gegner Vorenus herbei und kam ihm in der Noth zu Hilfe. Der ganze Schwarm wendete sich nun sogleich von Pulio gegen diesen, in dem Wahne,

---

* Ich lese *succensa turris*, nicht mit Nipperdey *succisa*.

jener sei von dem Wurfspieß durchbohrt. Vorenus stürzte ihnen mit dem Schwert in der Faust entgegen und es kam zum Handgemenge. Einen Feind stieß er nieder und die andern trieb er etwas zurück. Allein in der Hitze, mit der er auf die Feinde drang, wurde er bergab gestoßen und fiel. Hier im Gedränge kam ihm wieder Pulio zu Hilfe, und beide zogen sich, nach Verwundung vieler Feinde, unbeschädigt mit dem größten Ruhme in die Verschanzung zurück. So brachte beide ihr Wetteifer und Kampf in die Lage, daß ein Feind den andern schützte und rettete, und daß sich bei ihrer Tapferkeit nicht entscheiden ließ, wessen Muth vor dem des Anderen den Vorzug verdiente.

45. Je schwerer und härter von Tag zu Tag die Angriffe wurden, besonders weil bei der Menge der schwer Verwundeten die Zahl der Streiter sehr zusammengeschmolzen war, desto mehr Briefe und Boten schickte man an Cäsar ab. Ein Theil dieser wurde aufgefangen und vor unseren Augen zu Tode gemartert. Wir hatten in dem Lager einen Nervier von angesehenem Stande, mit Namen Vertico, der gleich Anfangs bei unserer Einschließung zu Cicero übergegangen war und sich ihm treu gezeigt hatte. Dieser brachte durch die Aussicht auf Freiheit und große Belohnungen seinen Sklaven dahin, einen Brief an Cäsar zu überbringen. Mit diesem Schreiben, um einen Wurfspieß gewunden, machte sich der Sklave auf den Weg, ging als Gallier ohne Verdacht durch die Gallier hindurch und kam zu Cäsar, der von ihm Cicero's und der Legion Gefahr vernahm.

46. Cäsar empfing den Brief ungefähr um fünf Uhr Nachmittags* und schickte sogleich einen Boten in das Bellovakische Gebiet an den Quästor Marcus Crassus, der fünfundzwanzig Meilen von ihm im Winterlager war, mit dem Befehl, um Mitternacht mit der Legion aufzubrechen und ohne Verzug zu ihm

---

* Im Text: *hora undecima diei*, um die elfte Tagesstunde. Ich verwandele auch im Folgenden sogleich die antike in moderne Zeitrechnung.

zu stoßen. Crassus brach mit dem Boten auf. Durch einen andern Boten erhielt der Legat Cajus Fabius den Befehl, mit seiner Legion in das Nervische Gebiet zu rücken, wohin ihn, wie Cäsar wußte, der Weg führte. Dem Labienus schrieb er, mit seiner Legion, wenn es die Lage der Dinge erfordere, in das Gebiet der Nervier zu gehen. Die übrigen Truppen mochte Cäsar wegen ihrer großen Entfernung nicht erwarten. Von Reitern brachte er aus den nächsten Winterlagern etwa vierhundert zusammen.

47. Ungefähr um neun Uhr Morgens erfuhr Cäsar von dem Vortrabe des Crassus Ankunft, und rückte an diesem Tage selbst noch zwanzigtausend Schritte vorwärts. Dem Crassus gab Cäsar den Oberbefehl in Samarobriva nebst einer Legion, weil er dort alles Gepäck, die Geiseln der Staaten, die Kriegskanzlei und alles Getreide, das für die Bedürfnisse des Winters zusammengeführt war, zurückließ. Fabius säumte nach dem erhaltenen Befehle ebenfalls nicht lange und stieß auf dem Zuge zu Cäsar. Auf den Labienus hatte sich bei der Nachricht von des Titurius Tode und der Niederlage seiner Cohorten die ganze Macht der Trevirer geworfen. Er fürchtete daher bei einem Aufbruche aus dem Winterlager, der einer Flucht gleichsah, ihrer Macht zu unterliegen, besonders da er ihren Uebermuth wegen des jüngsten Sieges kannte, und schrieb deshalb dem Cäsar zurück, mit welcher Gefahr seine Legion ihr Winterlager verlassen würde, gab sodann einen ausführlichen Bericht über den Vorgang in dem Eburonischen Lande, und zeigte an, daß die ganze Macht der Trevirer zu Fuße und zu Pferde drei Meilen von ihm lagere.

48. Cäsar billigte seinen Entschluß und obschon er von seiner Hoffnung auf drei Legionen auf zwei zurückkam, hielt er doch schnelle Ausführung für das einzige Rettungsmittel des Ganzen. Er kam also in Eilmärschen an die Grenzen der Nervier. Hier erfuhr er von den Kriegsgefangenen die Vorgänge vor Cicero's Lager und dessen gefährliche Lage. Er überredete dann einen gallischen Reiter mit großen Verheißungen, einen

Brief dem Cicero zu überbringen, der griechisch geschrieben war, damit nicht unsere Pläne bei etwaigem Auffangen dem Feinde verrathen würden. Der Gallier bekam die Anweisung, den Brief, wenn er nicht an Ort und Stelle kommen könnte, an dem Riemen eines Spießes in das Lager zu werfen. In diesem Briefe stand, daß Cäsar mit den Legionen aufgebrochen sei, und bald ankommen werde, zugleich mit der Ermahnung, sich tapfer, wie seither, zu halten. Der Gallier bediente sich aus Furcht vor Gefahr nach Cäsars Vorschrift seines Wurfspießes. Zufällig blieb dieser aber zwei Tage an einem Thurme unbemerkt hängen und erst am dritten Tage sah ihn ein Soldat, zog ihn heraus und brachte ihn dem Cicero. Dieser durchlas den Brief und machte seinen Inhalt den versammelten Soldaten bekannt. Er versetzte alle in die größte Freude. Bald sah man auch in der Ferne Rauch an mehreren Orten aufsteigen und wurde dadurch von dem Anzuge der Legionen völlig überzeugt.

49. Auf die Nachricht hiervon durch die Kundschafter hoben die Gallier die Belagerung auf und zogen mit ihrer ganzen Macht dem Cäsar entgegen. Sie waren an sechzigtausend Mann stark. Bei dieser Gelegenheit bat sich Cicero von dem schon erwähnten Vertico abermals jenen Gallier aus, um einen Brief an Cäsar zu schicken, und ermahnte diesen, ja behutsam und vorsichtig auf dem Wege zu sein. In dem Briefe berichtete er, der Feind habe ihn verlassen und seine ganze Macht gegen Cäsar gewendet. Bei dem Empfange dieses Schreibens, ungefähr um Mitternacht, theilte Cäsar den Bericht sogleich den Soldaten mit und stärkte ihren Muth zur Schlacht. Mit Anbruch des folgenden Morgens rückte Cäsar weiter und sah, nach einem Marsche von vier Meilen etwa, jenseits eines großen Thales und Baches das feindliche Heer. Bei einem Angriff auf so ungünstigem Boden gegen eine so starke Macht hätte er zuviel gewagt und weil er nun noch überdies den Cicero nicht mehr belagert wußte, so glaubte er überhaupt von seiner Schnelligkeit ablassen zu dürfen, machte also Halt und schlug auf einer

möglichst bequemen Stelle ein Lager auf. Dieses Lager von nur siebentausend Mann war an und für sich nicht groß, besonders aber jetzt, wo es ohne Gepäck war, sehr klein. Dennoch zog es Cäsar durch Verengerung der Lagerstraßen so sehr zusammen, als nur möglich, in der Absicht, dem Feinde ganz schwach zu erscheinen. Indessen schickte er Späher nach allen Seiten aus, um den besten Weg durch das Thal auszukundschaften.

50. An diesem Tage fielen nur einige Reitergefechte ohne Bedeutung am Bache vor. Beide Heere blieben in ihrer Stellung, die Gallier, weil sie Verstärkungen, die noch auf dem Wege waren, erwarteten, und Cäsar, um womöglich durch verstellte Furcht den Feind auf seine Seite zu locken, und vor dem Thale bei seinem Lager zu schlagen, oder wenn er das nicht erreichen könnte, nach Durchsuchung der Wege mit weniger Gefahr durch das Thal über den Bach zu ziehen. Mit Tagesanbruch rückte die feindliche Reiterei vor unser Lager und ließ sich mit der unsrigen in ein Gefecht ein. Cäsar ließ absichtlich seine Reiter weichen und sich in das Lager zurückziehen. Dann mußten die Soldaten dessen Wall auf allen Seiten erhöhen, die Thore verrammeln, und bei allen diesen Anstalten durch einander laufen und sich bestürzt stellen.

51. Das Alles reizte endlich die Feinde, über den Bach zu gehen, und sich an einem ungünstigen Orte in Schlachtordnung zu stellen. Weil wir aber sogar unsere Posten von dem Walle zurückgezogen hatten, so kamen sie bis vor das Lager und schleuderten auf allen Seiten die Wurfwaffen über die Verschanzungen. Herolde mußten um das Lager herum bekannt machen: »Wolle Jemand, Gallier oder Römer, übergehen, so könne er es ohne Gefahr bis neun Uhr thun; länger sei es nicht gestattet!« Ihre Verachtung gegen uns ging so weit, daß sie in dem Wahne, man könne nicht durch die Thore, die mit einzelnen Reihen von Rasen zum Scheine nur zugelegt waren, einbrechen, den Wall mit den Händen auseinander zu reißen und die Gräben auszufüllen begannen. Da machte plötzlich Cäsar zu allen Thoren heraus einen Ausfall, warf mit der ausgesandten Reiterei die Feinde sogleich in die Flucht, so daß sich nicht ein einziger, in der Absicht zu kämpfen, entgegen stellte, hieb eine große Menge nieder und nahm allen übrigen die Waffen ab.

52. Wegen der vielen Wälder und Moräste hielt Cäsar eine weitere Verfolgung für bedenklich, ferner sah er, daß sie sogar nicht ohne geringen Verlust den Platz verließen, und kam noch an demselben Tage mit seinem Heere im besten Zustande bei Cicero an. Die errichteten Thürme, Sturmdächer und Schanzen des Feindes setzten ihn in Verwunderung. Bei der Musterung der Legion fand er nicht den zehnten Mann ohne Wunden. Aus dem Allen schloß er auf die Größe der Gefahr, und wie tapfer man sich gehalten habe. Dem Cicero und der Legion ertheilte er ihr wohlverdientes Lob, die Centurionen und Kriegstribunen, denen Cicero das Zeugniß einer vorzüglichen Tapferkeit gab, rief er insbesondere vor die Front. Ueber den Unfall des Sabinus und Cotta erhielt er durch die Gefangenen nähere Nachrichten. Am Tag darauf erzählte Cäsar diesen Vorgang den versammelten Truppen und sprach ihnen Trost und Muth zu. Den Nachtheil, den man durch die Schuld und Unbesonnenheit des Legaten erlitten habe, müsse man, wie er sie belehrte, um so gelassener ertragen, da durch die Gnade der unsterblichen Götter und ihre Tapferkeit der Unfall gesühnt, und so wenig dem Feinde ein Grund, sich länger zu freuen, als ihnen, sich weiter zu kränken, geblieben sei.

53. Die Kunde von Cäsars Sieg verbreitete sich indessen mit unglaublicher Geschwindigkeit bis zu Labienus. Er stand zwar sechzigtausend Schritt von Cicero's Lager, und Cäsar war um drei Uhr Nachmittags hier eingerückt, und doch erscholl schon vor Mitternacht vor den Lagerthoren ein Geschrei von den Remern, die den Sieg und ihre Freude darüber dem Labienus anzeigen wollten. Als die Nachricht hiervon auch zu den Trevirern gekommen war, nahm Indutiomarus, der am folgenden Tage des Labienus Lager angreifen wollte,

seinen Rückzug, und ging mit seiner ganzen Macht in das heimische Gebiet zurück. Fabius bezog, auf Cäsars Befehl, wieder ein Winterlager. Cäsar aber faßte den Entschluß, mit drei Legionen drei Winterlager bei Samarobriva zu beziehen, und wegen der großen Unruhen in Gallien den ganzen Winter hindurch bei dem Heere zu bleiben. Denn auf die Nachricht von unserem Unfalle durch den Tod des Titurius berieth man sich in allen Staaten Galliens über den Krieg; schickte Boten und Gesandte überall herum, und erkundigte sich nach den Plänen der Uebrigen, und wo die Feindseligkeiten ausbrechen sollten, hielt in Einöden nächtliche Zusammenkünfte, und fast jeden Augenblick den ganzen Winter hindurch wurde Cäsar durch Nachrichten von Versammlungen und Bewegungen der Gallier in Sorgen gesetzt. Unter Anderm berichtete ihm der Legat Lucius Noscius, Führer der dreizehnten Legion, daß ein starkes gallisches Heer aus den Staaten in Armorica zusammengezogen und bis auf achttausend Schritte von seinem Lager* vorgerückt wäre, dann aber, auf die Nachricht von Cäsars Siege, fast flüchtig auseinander gelaufen sei.

54. Cäsar ließ nunmehr die Häuptlinge aus den Staaten zu sich berufen, und erhielt, theils weil er sie damit schreckte, er wisse, was vorginge, theils durch Zureden, einen großen Theil Galliens bei seiner Pflicht. Dennoch faßten die Senonen, ein Staat mit vorzüglicher Macht und großem Einfluß in Gallien, gemeinschaftliche Anschläge auf das Leben des Cavarinus, den Cäsar zu ihrem Könige gemacht hatte, und dessen Bruder Moritasgus, bei Cäsars Ankunft in Gallien, so wie früher seine Vorfahren, die Regierung in Händen gehabt hatte; setzten ihm also auf der Flucht, die er, bei rechtzeitiger Entdeckung ihrer Absichten, ergriffen hatte, bis an die Grenze nach und jagten ihn aus Heimat und Herrschaft fort. Sie schickten dann zwar Abgesandte an Cäsar, um sich zu rechtfertigen, dieser aber befahl

* Er stand, nach Kap. 24, bei den Esuriern in der Normandie.

dem ganzen Senate, zu ihm zu kommen, und der erschien nicht. Ja der Einfluß davon, daß sich einige Urheber von Feindseligkeiten wieder eingefunden hatten, war auf diese wilden Völker so groß, und brachte eine solche Veränderung in den Gesinnungen Aller hervor, daß, außer den Aeduern und Remern, denen – den ersteren wegen ihrer alten anhaltenden Treue, den letzteren wegen ihrer jüngst geleisteten Dienste im belgischen Kriege – Cäsar immer eine ausgezeichnete Achtung bewiesen hatte, ihm fast alle anderen Staaten verdächtig waren. Ich weiß aber auch nicht, ob man sich hierüber sehr wundern darf, und zwar aus mehreren Gründen, besonders aber, weil es diesem gallischen Volk, das bisher den Ruhm der Tapferkeit vor Allen voraus hatte, äußerst schmerzlich war, so viel von seinem Ruhme verloren zu haben, daß es sich von Rom mußte Gesetze vorschreiben lassen.

Aufstand der Trevirer

55. Die Trevirer, an ihrer Spitze Indutiomarus, schickten den ganzen Winter hindurch Gesandte auf Gesandte über den Rhein, wiegelten die Völker auf, versprachen Sold, und stellten ihnen vor, daß nach dem Verluste eines großen Theiles unseres Heers unsere Macht ungleich schwächer sei. Trotzdem ließ sich kein Volk in Germanien zum Rheinübergange bereden. Man habe es, versetzten Jene, zweimal – in dem Kriege mit Ariovist, und bei dem Uebergange der Tenchtherer – versucht, man dürfe das Glück nicht wieder auf das Spiel setzen. Dieser fehlgeschlagenen Hoffnung ungeachtet bot Indutiomarus Truppen auf, übte sie, kaufte von den Nachbarn Pferde auf und zog durch große Belohnungen Verbannte und Sträflinge aus ganz Gallien an sich. Sein Ansehen war dadurch so gestiegen, daß Gesandte von allen Seiten zu ihm strömten, und theils für sich, theils im Namen ihrer Staaten, seine Gunst und Freundschaft nachsuchten.

56. Als Indutiomarus nun bemerkte, daß man aus eigenem Antriebe zu ihm komme, und erkannte, daß einerseits die Carnuten und Senonen das Bewußtsein ihres Vergehens drücke, andrerseits sich bereits die Nervier und Aduatuker zum Kriege gegen die Römer rüsteten, und es ihm somit an Freiwilligen gar nicht fehlen werde, sobald er aus seinen Grenzen vorrücken würde, berief er eine bewaffnete Volksversammlung. Das ist nach gallischer Sitte die Eröffnung des Krieges. Nach einem Staatsgesetze müssen dann alle Erwachsenen mit Waffen erscheinen, wer zuletzt kömmt, wird vor der Versammlung mit allen Arten von Qualen zu Tode gemartert. Indutiomarus ließ in dieser Versammlung das Haupt der Gegenpartei, seinen Schwiegersohn Cingetorix, der, wie oben erwähnt,* sich an Cäsar anschloß und ihm nie untreu wurde, für einen Staatsfeind erklären, und seine Güter einziehen. Als dies abgethan war, machte er hier bekannt, er sei von den Senonen, Carnuten und andern Völkern berufen worden; dahin werde er seinen Zug durch das remische Gebiet nehmen und ihr Land dabei verheeren; doch zunächst wolle er erst das Lager des Labienus angreifen. Hierzu gab er nun seine Befehle.

57. Des Labieuus Lager war durch Natur und Kunst außerordentlich fest. Ohne Besorgnisse also für sich und die Legion, dachte er stets nur darauf, keinen günstigen Vortheil je zu versäumen. Auf die Nachricht von des Indutiomarus Erklärung in der Volksversammlung, die ihm Cingetorix und dessen Verwandte hinterbracht hatten, ließ er durch Boten in den nächsten Staaten überall Reiter aufbieten, und setzte den Tag fest, wo sie zu ihm stoßen sollten. Indessen schwärmte Indutiomarus fast täglich mit seiner ganzen Reiterei vor dem Lager umher, theils um dessen Lage zu erkundschaften, theils um mit uns zu sprechen, oder auch um Furcht einzujagen. Seine Reiterei schleuderte dabei gewöhnlich alle ihre Wurfwaffen über den

---

* Kapitel 3.

Wall; Labienus aber verschloß sich mit seinen Truppen hinter die Verschanzungen und bestärkte den Schein von seiner Furcht auf jede mögliche Art.

58. Als nun Indutiomarus von Tag zu Tag mit mehr Uebermuth gegen uns vor das Lager kam, zog Labienus in der Nacht die Reiter, die er aus den nächsten Staaten hatte herbei rufen lassen, in das Lager, und hielt mit so vieler Sorgfalt durch Wachen seine Leute innerhalb des Lagers zusammen, daß nichts davon konnte verrathen oder den Trevirern hinterbracht werden. Unterdessen erschien Iudutiomarus, seiner täglichen Gewohnheit nach, wieder vor dem Lager und brachte da den Tag größtentheils zu. Seine Reiter warfen ihre Wurfwaffen und forderten uns mit lautem Gespötte zur Schlacht heraus: man erwiderte unsererseits kein Wort. Gegen Abend, als es ihnen beliebte, zog dessen Reiterei getrennt und zerstreut ab. Da ließ Labienus unvermuthet seine Reiter aus zwei Thoren hervorbrechen, mit dem bestimmten Befehl, sobald die Feinde in Schrecken gesetzt und zum Fliehen gebracht wären, was, wie er voraus sah, geschehen würde, und auch wirklich geschah, nur allein den Indutiomarus anzugreifen, und keinen eher zu verwunden, als bis man ihn getödtet sähe, weil er nicht durch den Aufenthalt mit den Andern ihn Zeit zur Flucht gewinnen lassen wollte; auf seinen Kopf setzte er eine große Belohnung. Zur Unterstützung der Reiterei wurden die Cohorten nachgeschickt. Das Glück begünstigte den Plan des Legaten, und bei der allgemeinen Jagd auf Indutiomarus wurde er gerade an einer Furt des Flusses eingeholt, niedergehauen, und sein Haupt in das Lager zurückgebracht. Bei dem Rückzuge hieben unsere Leute noch, was sie erreichen konnten, nieder. Das zusammengezogene Heer der Eburonen und Nervier aber ging auf die Nachricht von diesem Ereigniß auseinander, und Cäsar hatte nach diesem Vorfalle zunächst mehr Ruhe in Gallien.

SECHSTES BUCH

Unruhen in Gallien

1. Aus vielen Gründen sah Cäsar noch größern Unruhen in Gallien entgegen, und hob daher durch seine Legaten Marcus Silanus, Cajus Antistius und Titus Sextius Truppen aus. Zugleich ersuchte er den Proconsul Cnejus Pompejus,* weil er in Angelegenheiten des Staates doch einmal mit höchster Gewalt bekleidet in der Nähe der Stadt bleiben würde, die Truppen aus dem diesseitigen Gallien, die er als Consul vereidet hätte, zusammen zu berufen und zu ihm stoßen zu lassen. Denn nach Cäsars Ansicht kam auch für die Zukunft viel darauf an, die Meinung in Gallien zu erhalten, Italien habe solche Hilfsquellen, daß es nicht allein einen Verlust im Kriege sogleich ersetzen, sondern sich auch mit anderen Völkern verstärken könnte. Als dies Pompejus, in Rücksicht auf das Beste des Staates und aus Freundschaft, zugestand, und die Aushebung durch seine Leute sehr schnell zu Stande gebracht wurde, so daß drei Legionen noch vor Ende des Winters aufgestellt und herangezogen waren, wobei noch die Cohorten, die Cäsar mit dem Quintus Diturius eingebüßt hatte, doppelt wieder ersetzt wurden, so zeigte er durch diese Geschwindigkeit und diese Truppenzahl, was Roms Verfassung und Kräfte vermöchten.

2. Nach des Indutiomarus Tode, den wir berichtet haben,** übertrugen die Trevirer den Oberbefehl seinen Verwandten; sie verlockten ohne Unterlaß die benachbarten germanischen Völker, und versprachen ihnen Geld. Da diese aber keine Lust bezeigten, so versuchten sie es bei den entlegenen Stämmen. Einige ließen sich bereit finden: man verband sich

---

* Dieser hatte Spanien auf fünf Jahre erhalten, ließ es aber durch seine Legaten Afranius und Petrejus verwalten und blieb selbst – aus politischen Gründen – in der Nähe Roms.

** Buch 5, 58.

also eidlich, stellte jene wegen des versprochenen Geldes durch Geiseln sicher, und zog auch den Ambiorix zur Theilnahme und zum Bündniß herbei. Cäsar bekam davon Nachricht, und, weil er sah, daß Alles sich zum Kriege rüste, die Nervier, Aduatuker, Menapier, mit ganz Germanien diesseits des Rheines, unter den Waffen ständen, die Senonen nicht auf seinen Befehl erschienen und mit den Carnuten und ihren Nachbaren gemeinschaftliche Sache machten, und daß die Trevirer durch häufige Gesandtschaften die Germanen aufwiegelten, so fand er es für gut, diesmal vor der sonst gewöhnlichen Zeit an den Krieg zu denken.

3. Vor Ende des Winters zog demnach Cäsar vier Legionen aus den nächsten Winterlagern an sich und fiel unvermuthet in das nervische Gebiet ein, nahm, ehe sie das Heer zusammenziehen oder sich flüchten konnten, viel Menschen und Vieh weg, und überließ diese Beute den Soldaten, verheerte ihre Fluren und zwang sie, sich zu ergeben und Geiseln zu stellen. Das ganze Unternehmen war in kurzer Zeit ausgeführt, und Cäsar ging mit den Legionen in die Winterlager zurück. Mit Frühlingsanfang sagte Cäsar, seiner Gewohnheit nach, einen Landtag in Gallien an. Alle Staaten, außer den Senonen, Carnuten und Trevirern, erschienen. Cäsar betrachtete das als den ersten Schritt von Feindseligkeit und Empörung, und verlegte, zum Beweise, daß er dem Kriege seine volle Aufmerksamkeit widme, die Versammlung nach Lutetia,* im parisischen Gebiete. Die Pariser grenzen an die Senonen, und hatten, zu unserer Väter Zeiten, einen Streit mit ihnen ausgemacht; doch waren sie nicht einer Theilnahme an diesem letzten Entschlusse Jener verdächtig. Cäsar erklärte das von der Rednerbühne herab, brach noch an dem nämlichen Tage mit den Legionen auf, und kam in starken Märschen in dem senonischen Gebiete an.

* Also nach Paris, statt nach Sens.

4. Acco, die Seele der ganzen Empörung, gab auf die Nachricht von Cäsars Vorrücken dem Volke den Befehl, sich in die Städte zu werfen. Ehe dies aber geschehen konnte, hörte man, die Römer wären eher da, als man damit zu Stande käme. Man gab also nothgedrungen das Vorhaben auf, schickte, um Gnade zu erflehen, Gesandte dem Cäsar entgegen, und bediente sich der Vermittlung der Aeduer, unter deren Schutze einst dieses Volk gestanden hatte. Auf Bitten der Aeduer verzieh ihnen Cäsar gern und nahm ihre Entschuldigungen an, weil er auch den Sommer für geeigneter zu dem bevorstehenden Kriege, als zu Untersuchungen, hielt. Er legte ihnen Stellung von hundert Geiseln auf, die er dann den Aeduern in Verwahrung gab. Während dieser Verhandlungen kamen auch Abgesandte und Geiseln von den Carnuten, für die ihre Schutzherren, die Remer, Fürsprache einlegten, und erhielten denselben Bescheid. Cäsar beendigte die Volksversammlung und verlangte von den Staaten Reiterei.

5. Als die Unruhen hier in Gallien gedämpft waren, war Cäsars ganzes Augenmerk auf den Krieg mit Ambiorix und den Trevirern gerichtet. Cavarinus und die senonische Reiterei erhielt Befehl, mit ins Feld zu ziehen, damit nicht durch seine Rachbegier oder den Haß des Volkes,* den er sich zugezogen hatte, Bewegungen entständen. Nach dieser Anordnung überdachte er bei sich, was für Maßregeln dem Ambiorix übrig blieben, denn er hielt es für ausgemacht, Jener werde keine Schlacht wagen. Die Menapier, in der Nachbarschaft der Eburonen, deren Land durch zusammenhängende Waldungen und Moräste verschlossen ist, hatten in ganz Gallien allein, des Friedens wegen, noch keine Gesandten an Cäsar geschickt; und mit diesen hatte Ambiorix Gastfreundschaft geschlossen. Das wußte Cäsar, so wie er auch erfahren hatte, durch Vermittlung der

* Vgl. 5, 51.

Trevirer habe Jener die Germanen zu Freunden bekommen. Diese Hilfsquellen mußten ihm, Cäsars Ansicht nach, erst vor dem unmittelbaren Angriffe verschlossen werden, damit er sich nicht in der Verzweiflung in das menapische Gebiet flüchten, und nothgedrungen mit den überrheinischen Germanen sich verbinden möchte. Nachdem er diesen Plan gefaßt hatte, schickte Cäsar das Gepäck des ganzen Heeres zu dem Labienus in das trevirische Gebiet, und ließ noch zwei Legionen zu ihm stoßen; mit fünf Legionen, ohne Gepäck, trat er selbst den Marsch gegen die Menapier an. Diese hatten, in der Zuversicht auf ihre Lage, keine Völker aufgeboten, flüchteten sich vielmehr in ihre Wälder und Moräste, und brachten auch all ihr Hab und Gut dahin.

6. Cäsar theilte sein Heer mit dem Legaten Cajus Fabius und dem Quästor Marcus Crassus und drang über die Brükken, die man in Eile geschlagen hatte, in drei Heerhaufen vor. Dörfer und Wohnungen wurden eingeäschert, Menschen und Vieh in großer Menge weggenommen. Dies nöthigte die Menapier, durch Gesandte um Frieden zu bitten. Nach Stellung von Geiseln drohte Cäsar, es als einen Friedensbruch ansehen zu wollen, wenn man dem Ambiorix oder seinen Unterhändlern Zutritt gestattete. Der Atrebate Commius blieb hierauf mit Reiterei zur Aufsicht zurück, und Cäsar rückte gegen die Trevirer vor.

7. Während dieser Beschäftigungen Cäsars zogen die Trevirer eine starke Macht, zu Fuße und zu Pferde, zusammen, und machten Anstalten, den Labienus, der mit einer Legion bei ihnen im Winterquartier lag, anzugreifen. Nur noch zwei Märsche von ihm entfernt, erfuhren sie, zwei Legionen seien, auf Cäsars Befehl, zu ihm gestoßen. Sie schlugen demnach fünfzehn Meilen von ihm ein Lager auf und beschlossen, die Hilfstruppen aus Germanien zu erwarten. Labienus entdeckte des Feindes Absicht und hoffte, bei dessen Tollkühnheit, auf eine günstige Gelegenheit zur Schlacht. Er ließ demnach fünf

Cohorten zur Bedeckung des Lagers zurück und setzte sich mit fünfundzwanzig Cohorten und vieler Reiterei gegen den Feind in Marsch. Eine Meile von ihm schlug er ein Lager auf. Zwischen Labienus und dem Feinde war ein Fluß mit steilen Ufern, der sich nicht wohl überschreiten ließ.* Er beabsichtigte nicht, hier hinüber zu gehen, so wie er auch nicht glaubte, daß dies feindlicherseits geschehen würde. Die Hoffnung auf die Ankunft der Hilfsvölker wurde von Tag zu Tag stärker. Labienus erklärte öffentlich im Kriegsrathe, da, dem Gerücht nach, die Germanen im Anzuge seien, so wolle er sich und seine Truppen keiner Gefahr aussetzen, und in der Frühe des folgenden Tages aufbrechen. Dies wurde sogleich dem Feinde verrathen, da ja natürlich von der zahlreichen gallischen Reiterei einige auf Seiten der Gallier sein mußten. Labienus ließ des Nachts die Tribunen und Anführer der Züge zusammenkommen und theilte ihnen seine Absicht mit. Man mußte beim Abbrechen des Lagers mehr Geräusch und Unruhe machen, als es bei den Römern Gewohnheit war, um desto leichter den Wahn von Furcht bei den Feinden zu erregen. Dadurch gab Labienus seinem Abzuge den Anstrich einer Flucht. Auch dies wurde, bei der Nähe des Lagers, noch vor Tagesanbruch von Kundschaftern dem Feinde hinterbracht.

8. Kaum hatte der Nachtrab die Verschanzungen im Rükken, so riefen die Gallier einander zu, die gehoffte Beute nicht entwischen zu lassen. Bei dem Schrecken der Römer dauere es zu lange, um die Hilfe der Germanen zu erwarten. Dann sei es auch unter ihrer Würde, mit so großer Macht keinen Angriff auf ein so kleines Häufchen, besonders bei seiner Flucht und Verwirrung, zu wagen. Man ging also ohne Bedenken über den Fluß und unternahm an einem ungünstigen Orte den Angriff. Das hatte Labienus vermuthet, und um die ganze Macht über

* Man kann diesen Vorfall ziemlich sicher an die Sauer (Süre), einen Nebenfluß der Mosel, setzen.

den Fluß zu locken, setzte er seinen verstellten Rückzug auch jetzt ruhig fort. Endlich ließ er das Gepäck ein wenig voraus, auf einer Anhöhe aufstellen und sprach: »Soldaten! die erwünschte Gelegenheit ist da. Ihr habt den Feind an einem unbequemen und nachtheiligen Platze in eurer Gewalt. Zeigt euch nun auch unter meiner Führung so tapfer, wie ihr es unter dem Oberfeldherrn so oft gethan habt. Denkt, daß er gegenwärtig und Augenzeuge sei.« Sogleich ließ er dann das Heer sich gegen den Feind richten und in Schlachtordnung stellen. Einige Abtheilungen Reiterei schickte er dem Gepäck zur Bedeckung, die übrigen stellte er an den Flügeln auf. Schnell warfen jetzt die Unsrigen unter großem Geschrei ihre Wurfspieße auf die Feinde. Als diese, ganz gegen ihre Erwartung, diejenigen gegen sich anrücken sahen, die sie auf der Flucht glaubten, vermochten sie nicht einen Angriff auszuhalten, sondern wurden gleich bei dem ersten Anprall in die Flucht geworfen und eilten in das nächste Gehölz. Allein Labienus holte sie mit der Reiterei ein und machte außer einer ziemlichen Anzahl von Kriegsgefangenen Viele nieder. Einige Tage darauf hatte er diesen Staat wieder in seiner Gewalt, denn die Hilfstruppen aus Germanien gingen auf die Nachricht von der Trevirer Flucht wieder nach Haus, in ihrer Begleitung zogen auch die Anstifter des Aufruhrs, des Indutiomarus Verwandte, fort. Cingetorix, der vom Anfang an, wie wir berichtet haben,* pflichttreu geblieben war, erhielt die Herrschaft und die Regierung.

Zweiter Rheinübergang nach Germanien

9. Nach seinem Vorrücken aus dem menapischen in das trevirische Gebiet entschloß sich Cäsar aus zwei Gründen über den Rhein zu gehen: erstens hatte man von da Hilfstruppen gegen

---

* Buch 4, 17.

ihn zu den Trevirern geschickt, und zweitens wollte er dem Ambiorix den Rückzug dahin abschneiden. Diesem Entschlusse zufolge begann er etwas oberhalb der Gegend, wo er schon früher hinübergegangen war,* eine Brücke zu schlagen. Die Art des Brückenbaues war uns jetzt bekannt und geläufig. In wenig Tagen wurde man also bei ganz besonderem Fleiße unserer Truppen damit fertig. Cäsar ließ im Trevirerlande eine starke Bedeckung bei der Brücke zurück, um einem unvermutheten Aufstande vorzubeugen und führte seine übrigen Cohorten und die Reiterei über den Strom. Die Ubier, die schon früher Geiseln gegeben und sich unterworfen hatten, schickten zu ihrer Rechtfertigung Gesandte zu Cäsar, um ihn zu belehren, daß ihr Staat den Trevirern keine Hilfstruppen geschickt, noch die Treue gebrochen habe. Sie baten und flehten um Schonung, damit nicht bei dem allgemeinen Hasse gegen die Germanen Unschuldige statt der Schuldigen büßen müßten, und versprachen noch mehr Geiseln, wenn er es verlangte. Nach eingehender Untersuchung fand Cäsar, daß die Hilfstruppen Sueven gewesen waren, nahm also die Entschuldigung der Ubier an und erkundigte sich nach den Wegen und Zugängen in das Land der Sueven.

10. Unterdessen hinterbrachten ihm einige Tage hierauf die Ubier: die Sueven zögen ihre ganze Macht zusammen und beorderten die ihnen unterworfenen Völker, Hilfstruppen zu Fuß und zu Pferde zu schicken. Auf diese Nachricht hin versah sich Cäsar mit Lebensmitteln und suchte einen passenden Ort zum Lager aus. Den Ubiern gab er Weisung, ihr Vieh wegzutreiben und sich mit allen ihren Habseligkeiten vom Lande in feste Plätze zu begeben, in der Hoffnung, die kurzsichtigen Barbaren durch Mangel an Lebensmitteln zu einem für sie nachtheiligen Gefechte zu nöthigen. Dann trug er ihnen auf, oft Kundschafter zu den Sueven zu schicken und sich dort nach

* Buch 5, 56.

allen Vorgängen zu erkundigen. Die Ubier befolgten die Befehle und hinterbrachten ihm wenige Tage nachher, daß auf die zuverlässige Nachricht von dem Anzuge der Römer sich die ganze Nation der Sueven mit der von ihnen aufgebotenen Macht und ihren Bundesgenossen bis an die äußersten Grenzen ihrer Gaue zurückgezogen habe. Dort sei der ungeheure Wald, Baceuis, der tief in Germanien hineinlaufe und als Naturgrenze die Cherusker und Sueven gegen wechselseitige Beschädigungen und Einfälle sichere. Am Anfange dieses Waldes wollten die Sueven die Römer erwarten.*

11. Bei dieser Gelegenheit finden wir es nicht unpassend, von den Sitten der Gallier und Germanen, und dem Unterschiede zwischen diesen beiden Nationen zu sprechen. In Gallien sind nicht allein in allen Staaten, Gauen und Gemeinden, sondern auch fast in jeder Familie Parteien. An der Spitze derselben stehen Männer, die nach dem Urtheile der Gallier das größte Ansehen haben, und durch ihre Meinnug und ihr Gutachten bei allen Verhandlungen und Entschlüssen den Ausschlag geben. Diese Verfassung ist, wie es scheint, eine alte Einrichtung, damit der gemeine Mann gegen die Uebermacht geschützt sei; denn Niemand läßt seine Schutzgenossen drücken oder beeinträchtigen, oder er hat alle Achtung seiner Partei verloren. Dasselbe Verhältniß besteht im gesammten Gallien, denn die einzelnen Völkerschaften zusammen bilden wieder unter sich zwei Parteien.

12. Bei Cäsars erstem Auftreten in Gallien** waren die Häupter der einen Partei die Aeduer, die der andern die Sequaner.*** Weil nun diese Letzteren an und für sich weniger mächtig waren, da schon von Alters her die Aeduer das überwiegende Ansehen und die meisten schutzverwandten Staaten besessen hatten, so verbanden sie sich mit den Germanen und

---

* Fortsetzung mit Kapitel 29.

** 58. v. Chr.

*** Vgl. 1, 31.

Ariovist, und zogen ihn mit großen Aufopferungen und Versprechungen in ihr Land. Nach verschiedenen glücklichen Treffen und Vertilgung des ganzen Adels der Aeduer hatten sie so sehr die Uebermacht bekommen, daß ein großer Theil der äduischen Schutzvölker zu ihnen überging, daß sie die Kinder der Fürsten zu Geiseln bekamen, und der Staat sich eidlich verpflichten mußte, nichts gegen die Sequaner zu unternehmen, ihre Eroberungen an den Grenzen abzutreten, und sie als das Haupt Galliens anzuerkennen. Nothgedrungen hatte sich deswegen Divitiacus nach Rom begeben,* um bei dem Senat Hilfe zu suchen, kam aber unverrichteter Sache wieder zurück. Mit Cäsars Ankunft änderten sich diese Verhältnisse, die Aeduer erhielten ihre Geiseln zurück, stellten ihre alten Schutzverbindungen wieder her, und vergrößerten sich noch durch Cäsars Einfluß. Weil man unter ihrem Schutze die Behandlung erträglicher und die Herrschaft glimpflicher fand, wurde ihr Ansehen und Einfluß in allen Angelegenheiten erweitert, und so verloren die Sequaner den bisher behaupteten Vorrang in Gallien. An ihre Stelle traten die Remer, und weil man wahrnahm, daß sie in gleicher Gunst bei Cäsar standen, begaben sich alle die Völker, welche, eingewurzelter Feindschaft wegen, sich nicht mit den Aeduern vertragen konnten, unter den Schutz Jener. Die Remer nahmen sich ihrer sorgfältig an, und waren so seit Kurzem und unerwartet zu Ansehen gekommen. Somit hatten die erste Stelle ohne Frage die Aedner, dann kamen die Remer.

13. In ganz Gallien gibt es nur zwei Classen Menschen von einigem Einfluß und Ansehen, denn der gemeine Mann ist fast Sklave, von Allen zurückgewiesen und von jeder Staatsverhandlung ausgeschlossen. Der größte Theil begibt sich daher, gedrückt von den Schulden, den vielen Abgaben oder

* Damals machte auch Cicero, wie er in Buch 1, Kap. 41 »Von der Weissagung« erzählt, Bekanntschaft mit diesem gallischen Häuptling.

den Mißhandlungen der Großen, in den Dienst des Adels, der dadurch über sie alle Rechte erhält, welche sonst Herren über Sklaven haben. Diese beiden Classen sind Druiden und Ritter.* Jene haben die Aufsicht über das Religionswesen, besorgen die Staats- und Privatopfer und erklären die Vorbedeutungen. Eine Menge junger Leute versammelt sich bei ihrem Unterrichte. Man hat eine große Achtung vor ihnen, denn fast alle Staats- und Privatzwistigkeiten entscheiden sie, sie urtheilen über Verbrechen, Mordthaten, Erbschaften und Grenzberichtigungen, bestimmen Strafen und Belohnungen. Unterwirft sich Jemand, Privatmann oder Obrigkeit, ihrem Ausspruche nicht, so wird er von allen Opfern ausgeschlossen.** Dies ist die schwerste Strafe bei ihnen, denn die so Ausgeschlossenen betrachtet man als Ruchlose und Bösewichter, entfernt sich von ihnen, flieht ihren Umgang und ihre Anrede, um nicht von ihnen angesteckt zu werden. Bei keinem Gesuche erhalten sie Recht, noch bekommen sie irgend eine Ehrenstelle. Die Druiden stehen insgesammt unter einem Oberhaupte, dessen Ansehen bei ihnen überaus groß ist. Stirbt es, so folgt ihm nach, wer in ausgezeichnetster Achtung bei den Uebrigen steht. Sind Mehrere von gleichen Verdiensten da, so entscheidet die Wahl der Druiden. Zu Zeiten kämpft man auch mit den Waffen um diese Würde.*** Die Druiden halten jährlich an gewissen Tagen an einer heiligen Stätte im carnutischen Gebiete, dem Mittelpunkte ganz Galliens, wie man annimmt, eine Zusammenkunft ab. Dann erscheinen von allen Orten

---

* Also Adel und Clerus herrschten schon damals in Gallien mit unerhörter Gewalt. Bekanntlich war auch eine Hauptursache der französischen Revolution von 1789, daß diese beiden höheren regierenden Stände dem *tiers-état*, dem Bürger- und Bauernstande, gegenüber, auf welchem der ganze Steuerdruck und übermäßige Frohnden lasteten, hochmüthig ihre Privilegien und Vorrechte (vgl. Kap. 14) behaupteten. Siehe Näheres in meinem »Abriß der neueren Geschichte« (Eisenach, Bacmeister), S. 23 ff.

** Der große Kirchenbann, die *excommunicatio major.*

*** Eine Art gottesgerichtlicher Zweikampf.

her die streitigen Parteien, und unterwerfen sich ihren Aussprüchen und Entscheidungen. Der Orden soll seinen Ursprung in Britannien haben, und von da nach Gallien verpflanzt worden sein. Daher reisen jetzt noch gewöhnlich Diejenigen, welche sich genauer unterrichten wollen, meistens dahin, um sich hierin unterweisen zu lassen.*

14. Die Druiden ziehen selten mit zu Felde und zahlen keine Steuern gleich den Uebrigen; wie von den Kriegsdiensten, so sind sie auch von allen andern Staatslasten frei. Dieser lockenden Vortheile wegen widmen sich Viele aus eigenem Triebe diesem Stande, oder werden von ihren Eltern und Anverwandten dazu veranlaßt. Hier sollen sie dann eine große Menge Verse auswendig lernen, weshalb Einige wol zwanzig Jahre in dieser Schule bleiben. Sie halten es für unerlaubt, diese schriftlich abzufassen, obschon sie sich in Staats- und Privatgeschäften der griechischen Schrift bedienen.** Hierbei haben sie, wie ich vermuthe, zwei Absichten, erstens, weil sie nicht wünschen, daß ihre Lehre unter das Volk komme, sodann auch, damit ihre Schüler im Vertrauen auf die Schrift nicht etwa ihr Gedächtniß weniger üben sollen; denn gewöhnlich vernachlässigt man, unterstützt durch schriftliche Aufzeichnung, seine Sorgfalt im Lernen und sein Gedächtniß. Ihr Hauptlehrsatz ist: die Seele sei unsterblich und wandere nach dem Tode des Leibes weiter von Körper zu Körper.*** Das halten sie für den kräftigsten Antrieb zur Tapferkeit, wenn man den Tod nicht scheue. Außerdem lehren sie noch Vieles von den Himmelskörpern, ihrem Lauf, der Größe der Welt und der Länder, dem Wesen der Dinge, der Macht und Gewalt der unsterblichen Götter, und bringen das Alles der Jugend bei.

---

* In Britannien bestand also eine Art Priesterseminar der Druiden.

** Daß übrigens die Schreibkunst Galliern und Germanen nicht unbekannt war, habe ich schon in meinen Erläuterungen zur »Germania« (U.-B. 726, S. 58) nachgewiesen.

*** Entweder in menschliche oder auch thierische. Lehre der Pythagoräer.

15. Den zweiten Stand bilden die Ritter. Erfordern es die Umstände und entsteht ein Krieg, was vor Cäsars Ankunft fast alle Jahre geschah, um entweder selbst gewaltthätige Einfälle zu thun oder Abwehr zu üben, so ziehen sie insgesammt zu Felde. Je edler und reicher dann Einer ist, desto mehr Vasallen und Schutzgenossen hat er um sich. Ein anderes Zeichen von Macht und Ansehen kennen sie nicht.

16. Alle Gallier sind dem Aberglauben sehr ergeben, und daher opfert man in schweren Krankheiten, in Schlachten und Lebensgefahr Menschen, oder gelobt solche Opfer, die man durch die Druiden verrichten läßt, in dem Aberglauben, daß nur durch den Tod eines andern Menschen sich ein Leben von den unsterblichen Göttern erflehen ließe. Solche Opfer sind sogar durch Staatsverordnungen eingeführt. Manche haben ungeheuere Götzen von geflochtenem Reisig, die man mit lebendigen Menschen anfüllt,* in Brand setzt und sammt den Menschen verbrennt. Hinrichtungen von Dieben, Straßenräubern und andern Missethätern hält man freilich den Göttern für angenehmer, fehlt es jedoch daran, so nimmt man auch wol Unschuldige.

17. Unter den Göttern verehren sie vorzüglich den Mercur, von dem man überall Statuen sieht. Nach ihrer Ansicht ist er der Erfinder der Künste, der Geleitsmann auf Wegen und Straßen, und hat einen großen Einfluß auf Gewinn und Handel. Nächst dem Mercur verehren sie den Apollo, Mars, Jupiter und die Minerva. In den Begriffen von diesen Gottheiten stimmen sie im Ganzen mit andern Völkern überein: Apollo heilt die Krankheiten, von der Minerva stammen Handwerke und Künste, Jupiter führt die Herrschaft im Himmel und Mars leitet den Krieg.

Vor den Schlachten gelobt man ihm gewöhnlich die Kriegsbeute, und opfert ihm nach dem Siege das erbeutete Vieh, das Uebrige wirft man auf einen Haufen zusammen. So aufge-

* Eine Art »eiserner Jungfrau«.

thürmte Beutehügel kann man in vielen Staaten sehen, und nur selten geschieht es, daß Jemand unter Nichtachtung seines Glaubens etwas von der Beute verheimlichen oder von dem Haufen zu stehlen wagt, auch ist die härteste Strafe und Marter dafür festgesetzt.

18. Die Gallier geben den Dis* für ihren allgemeinen Stammvater aus; so lehren, nach ihren Aussagen, die Druiden. Deshalb berechnen sie die Zeit nicht nach Tagen, sondern nach Nächten.** Geburtstage, Monate, Jahre fangen sie immer so an, daß der Tag auf die Nacht folgt. In ihren sonstigen Sitten haben sie vielleicht noch das Charakteristische, daß kein Sohn vor seiner Reise zu den Kriegsdiensten öffentlich Zutritt bei seinem Vater hat, und daß es bei ihnen eine Schande ist, wenn man ein Kind im Knabenalter außer dem Hause an der Seite seines Vaters sieht.

19. So viel Mitgift die Frau dem Manne einbringt, so viel legt dieser, nach genauer Schätzung, aus seinen eigenen Mitteln hinzu; diese Summe wird gemeinschaftlich verwaltet, und der Gewinn aufgespart.*** Wer dann von beiden den Andern überlebt, dem fällt das Stammcapital und die Zinsen der seitherigen Zeit zu. Der Mann ist, wie über seine Kinder, auch Herr über sein Weib: er hat Gewalt über Leben und Tod. Bei dem Tode eines Hausvaters versammelt sich dessen Blutsfreundschaft und hält, wenn man wegen seines Todes Verdacht hat, eine Untersuchung über die Weiber, wie über Sklaven. Kommt etwas heraus, dann werden sie mit Feuer und allen Martern hingerichtet. Die Leichenbegängnisse sind, im Verhältniß zu der sonstigen Lebensweise der Gallier, prachtvoll und kostspielig. Alles, was dem Verstorbenen im Leben werth gewesen ist, wird in das Feuer geworfen, sogar Thiere. Noch vor Kurzem wurden auch

---

* Bei den Römern Gott der Unterwelt und der Finsterniß.

** Wie die Germanen. Vgl. meine Erltg. zu Tacitus, Germ. Kap. 11.

*** Ganz anders dagegen bei den Germanen: nicht das Weib, sondern der Mann brachte die Ausstattung; Tacitus, Germania Kap. 18.

die Sklaven und Schutzgenossen, die der Verstorbene lieb hatte, bei seinem Leichenbegängnisse verbrannt.*

20. In den Staaten, die man für die bestgeordneten hält, muß nach den Staatsgesetzen Jeder, was er über Staatsangelegenheiten durch Gerüchte oder vom Hörensagen bei den benachbarten Völkern vernommen hat, sogleich der Obrigkeit anzeigen und keinem Andern mittheilen, weil unbesonnene und kurzsichtige Leute sich oft, wie man aus der Erfahrung weiß, durch falsche Gerüchte in Schrecken setzen, zu Ausschweifungen verleiten, und zu Entschlüssen von den wichtigsten Folgen bewegen lassen. Die Obrigkeit verschweigt dann, was sie für gut hält, oder macht dem Volke so viel davon bekannt, als sie für passend findet; von Staatssachen darf man sonst nur in den Volksversammlungen sprechen.

21. Von diesen Sitten weichen die Germanen in vielen Stücken ab. Sie haben keine Druiden für den Gottesdienst und geben sich wenig mit Opfern ab. Man weiß von keinen andern Gottheiten, als die man sieht und von denen man in die Augen fallende Dienste empfängt: die Sonne, das Feuer und den Mond.** Die übrigen Götter kennen sie nicht einmal dem Namen nach. Ihr ganzes Leben ist zwischen Jagd und Waffenübungen getheilt. Von Jugend auf härten sie sich zu Arbeiten und Strapatzen ab. Je länger man unverheirathet bleibt, desto rühmlicher ist es. Dadurch wird man nach ihrer Meinung groß, stark und eisennervig. Umgang mit Weibern vor dem zwanzigsten Jahre ist die größte Schande.*** Und doch macht man aus der Geschlechtsverschiedenheit kein Geheimniß, denn beide Geschlechter baden sich gemeinschaftlich in Flüssen und tragen

* Also indische Sitte, wo sogar die Frau beim Tode des Mannes verbrannt wird.

** Die Germanen hatten Priester, doch keine besondere Kaste. Ihre Religion war zuerst einfacher Naturdienst, wurde später aber wesentlich complicirter. Vgl. übrigens zu allem Folgenden die Germania des Tacitus.

*** Germania, Kap. 20.

unter den Fellen oder kleinen Decken von Rennthierhäuten den Leib größtentheils bloß.

22. Den Feldbau betreiben sie nicht; ihre Nahrung besteht hauptsächlich in Milch, Käse und Fleisch. Niemand hat eine abgegrenzte Feldmark oder eigene Grundstücke, sondern die Obrigkeiten und Vorstände weisen jährlich den Stämmen und Verwandtschaften, die sich zusammen halten, Feld an, so viel und wo sie es immer gut finden, und lassen sie im folgenden Jahre anders wo hinziehen. Dafür geben sie viele Gründe an: es solle durch Vorliebe für bleibende Wohnstätten der Hang zum Krieg nicht in Lust zum Feldbau ausarten, man solle nicht nach ausgedehnten Gütern trachten, Mächtigere nicht Schwächere aus ihrem Eigenthum vertreiben, man solle nicht bequeme Einrichtungen gegen Hitze und Kälte beim Bauen machen, es dürfe nicht Habsucht, die gewöhnliche Quelle von Parteien und Zwistigkeiten, entstehen – endlich, der gemeine Mann solle zufrieden erhalten werden, wenn er sähe, daß der Mächtigste nicht mehr habe als er.

23. Der größte Ruhm eines Volkes ist, weit und breit um sich herum Einöden und Wüsteneien zu haben. Sie sehen es als einen ganz besondern Beweis von Tapferkeit an, wenn ihre verjagten Nachbarn auswandern und Niemand es wagt, sich an den Grenzen aufzuhalten. Das betrachten sie zugleich als ein Mittel für ihre Sicherheit, weil man so keine plötzlichen Ueberfälle zu befürchten hat. Bei Kriegen, man mag angreifen oder sich vertheidigen, werden Anführer gewählt, in deren Händen die Leitung liegt, und welche Gewalt über Leben und Tod haben. Während des Krieges gibt es keine allgemeine Obrigkeit, sondern Landvögte und Gaugrafen handhaben die Gerechtigkeit und schlichten die Streitigkeiten. Straßenraub entehrt nicht, nur muß er außerhalb der Grenzen geschehen.*

* Aehnlich war ja auch in Sparta zu Lycurgs Zeit Diebstahl nur dann eine Schande, wenn er entdeckt wurde.

Nach ihrer Ansicht ist er ein Mittel, junge Leute zu beschäftigen und vom Müßiggang abzuhalten. Macht daher ein Edler in den Volksversammlungen bekannt, er wolle einen Streifzug ausführen, wer Lust hierzu hätte, möge sich erklären, so stehen alle auf, denen das Unternehmen und der Anführer gefällt, sagen ihren Beistand zu und erhalten noch vom Volke vieles Lob. Folgt einer derselben nicht auf dem Zuge, so betrachtet man ihn als einen Flüchtling und Verräther, er findet in keiner Beziehung mehr Glauben. Fremde darf man nicht mißhandeln; ihre Person ist, aus welchen Absichten sie auch immer das Land betreten, heilig und unverletzlich; jedes Haus steht ihnen offen und freie Tafel zu Gebote.

24. In früheren Zeiten waren die Gallier muthiger, als die Germanen, fingen ohne Ursache Kriege mit ihnen an,* und schickten wegen ihrer Volksmenge und Mangels an Land Colonieen über den Rhein. Ein Stamm der Tektosagen hat so die fruchtbaren Gaue beim Hercyner-Walde in Germanien besetzt und sich da angesiedelt. Von diesem Walde finde ich übrigens schon Spuren bei Eratosthenes** und einigen andern Griechen: er heißt bei ihnen der Orcynerwald. Dieses Volk hält sich noch jetzt da auf und steht im besten Rufe der Gerechtigkeitsliebe und Tapferkeit, lebt nun eben so arm, dürftig und hart, wie Germanen, und unterscheidet sich von ihnen weder in Nahrung, noch Kleidung. Den Galliern verschafft aber die Nähe der römischen Provinz und ihre Kenntniß der Produkte, die über das Meer kommen, manches Andere zum Ueberfluß und Gebrauch. Nach und nach gewöhnten sie sich, geschlagen zu werden, und jetzt, nach vielen Niederlagen, wagen sie sich selbst nicht mehr mit den Germanen zu vergleichen.

---

* Diese Stelle scheint Napoleon III. besonders imponirt zu haben!

** Lebte 276 –192 v. Chr.; geboren in Kyrene in Afrika, berühmter Sprachforscher, Geograph und Astronom, war Oberbibliothekar der Kgl. Bibliothek in Alexandria.

25. Wer ein guter Fußgänger ist, durchläuft den Hercynerwald, von dem eben die Rede war, der Breite nach in neun Tagen – denn anders läßt es sich nicht bestimmen, weil man hier nichts von Meilenbezeichnungen weiß. Der Wald fängt an der Helvetier, Rauraker und Nemeter Grenzen an und geht in gerader Richtung mit der Donau bis an das dakische und anartische Gebiet fort. Dann geht er links von dem Strome ab und berührt bei seiner Größe viele Staaten. Man findet hier keinen Germanen, der, wenn er auch sechzig Tage fortgelaufen ist, sagen kann, er sei an das Ende gekommen oder habe etwas davon gehört. Es gibt in diesem Walde, wie bekannt, viele Thiere, die man sonst nirgends antrifft. Die ausgezeichnetsten und merkwürdigsten sind etwa folgende.

26. Ein großes Thier, ein Hirsch von Gestalt, mit Einem Horne zwischen den Ohren mitten auf der Stirne, das größer und gestreckter ist, als die uns bekannten Geweihe.* An der Krone theilen sich Enden, wie Palmenzweige, sehr breit aus einander. Beide Geschlechter haben ganz gleiche Beschaffenheit, Gestalt und Größe des Geweihes.

27. Ferner das Elenthier;** der Gestalt und den bunten Flecken nach einem Rehe gleich, doch etwas größer und ohne Hörner. Die Beine haben weder Knöchel, noch Gelenke, daher es sich weder der Ruhe wegen niederlegt, noch, wenn es durch einen Zufall hinstürzt, sich aufhelfen und emporrichten kann.*** Ein Baum dient ihm zum Lager; an diesen stützt es sich, und so, ein wenig angelehnt, ruht es. Merken nun die Jäger aus der Spur, wo ein solches Thier seine gewöhnliche Ruhestätte hat, so untergraben sie entweder alle Bäume in dieser Gegend, oder schneiden den Stamm so

---

* Man will das Rentier darunter verstehen.

** Entweder aus dem althochdeutschen *elaho* = das gelbe Thier, oder von *ellend* = Kraft, Stärke.

*** Die starken Knoten der Gelenke des Thieres mochten zu dieser Fabel Anlaß geben.

weit durch, daß der Gipfel aufrecht stehen bleibt. Wenn nun das Thier sich nach seiner Gewohnheit anlegt, so wirft es durch die Last den schwach stehenden Stamm um und fällt mit ihm zu Boden.

28. Die dritte Gattung sind die Auerochsen,* wie man sie nennt, etwas kleiner als Elephanten, an Gestalt, Farbe und Körperbau wie Stiere. Ihre Stärke ist eben so groß als ihre Geschwindigkeit. Sie schonen nichts, was sie erblicken, weder Menschen noch Thiere. Man fängt sie eifrig in Gruben und tödtet sie. Mit dieser Arbeit härtet sich die Jugend ab und beschäftigt sich mit Jagden solcher Art. Wer die meisten Thiere erlegt hat und zum Beweise davon die Hörner vor dem Volke zeigt, erhält großes Lob. Das Thier läßt sich, selbst jung gefangen, doch nicht an Menschen gewöhnen und zahm machen. Seine Hörner sind viel größer, auch anders geformt und gestaltet, als bei unsern Ochsen. Man sucht sie sorgfältig, faßt den Rand mit Silber ein, und gebraucht sie auf vornehmen Tafeln als Pokale.

Zweiter Kampf mit Ambiorix und den Eburonen

29. Auf Nachricht von den Spähern der Ubier,** daß die Sueven sich in ihre Waldungen zurückgezogen hätten, faßte Cäsar, aus Furcht vor Mangel an Lebensmitteln, weil sich in Germanien nach unserer obigen Erzählung keineswegs Alle mit dem Feldbau abgeben, den Entschluß, nicht weiter vorzurücken. Doch um die Feinde nicht ganz von der Besorgniß vor seiner Rückkehr zu befreien und ihre Hilfstruppen nach Gallien aufzuhalten, ließ er bei dem Rückzuge seines Heeres nur zwei-

---

* Im Texte *urus*, der Ur.

** Cäsar kehrt nunmehr zur fortlaufenden Darstellung, die er mit Kap. 10 unterbrochen, zurück.

hundert Fuß lang die Brückenjoche auf dem ubischen Ufer abbrechen, errichtete dann an dem Brückenkopfe einen Thurm von vier Stockwerken, besetzte ihn mit einer Bedeckung von zwölf Cohorten und warf starke Schanzen um ihn auf. Der junge Cajus Volcatius Tullus bekam das Commando über den Ort und seine Besatzung. Um die Erntezeit rückte Cäsar gegen Ambiorix ins Feld. Lucius Minucins Basilius wurde mit der Reiterei durch den Arduennerwald, den größten in ganz Gallien, der von dem Rheine und dem trevirischen Gebiete bis an das Nerviergebiet in einer Länge von fünfhundert Meilen sich erstreckt, vorausgeschickt, um vielleicht durch Ueberraschung oder eine günstige Gelegenheit Vortheile zu erzielen. Er hatte Befehl, kein Feuer im Lager zu leiden, damit man nicht in der Ferne seinen Anmarsch wahrnehme. Cäsar versprach, ihm auf dem Fuße zu folgen.

30. Basilius rückte dem Befehle gemäß schnell und gegen alle Erwartung vor, und überraschte unvermuthet Viele bei ihren Feldarbeiten. Auf deren Anzeige eilte er auf den Ort zu, wo Ambiorix sich mit einiger Reiterei aufhalten sollte. Im Kriege, so wie überall, entscheidet sehr viel der Zufall. Denn wie es ein besonderer Zufall war, daß Basilius den Ambiorix unversehens und unvorbereitet überraschte, noch ehe seine Ankunft bemerkt oder durch Gerücht und Boten ihm überbracht werden konnte, so war es ein großes Glück für diesen, bei dem Verluste des ganzen Waffengeräthes, das er bei sich hatte, bei der Wegnahme seiner Wagen und Pferde, dennoch dem Tode zu entgehen.

Gelegenheit hierzu gab, daß sein Haus (wie fast alle gallischen Wohnungen, die man, um sich gegen die Hitze zu schützen, gewöhnlich an Flüssen oder in der Nähe der Wälder baut) im Walde lag und daß sein Gefolge und Gesinde unsere Reiter in dem engen Zugange etwas aufhielt. Während dieses Kampfes half ihm einer von seinen Leuten auf ein Pferd, und Ambiorix entschlüpfte flüchtend in die Wälder. So hatte der

Zufall auf die kühne Unternehmung des Einen, wie auf die Rettung des Andern gleich großen Einfluß.

31. Man weiß nicht, ob Ambiorix seine Truppen absichtlich nicht zusammengezogen hatte, in der Ueberzeugung, daß jetzt kein Treffen mehr zu liefern sei, oder ob er daran durch Mangel an Zeit oder durch die plötzliche Ankunft unserer Reiterei verhindert war, in dem Glauben, das übrige Fußvolk rücke ihr auf dem Fuße nach. Gewiß aber weiß man, daß er heimlich Boten auf dem Lande umher schickte mit dem Befehl, sich zu retten, wie man könne.* Man flüchtete sich also theils in den Ardennenwald, theils in die fortlaufenden Sumpfgegenden. Die Küstenbewohner versteckten sich auf die Inseln, welche die Flut zu bilden pflegt. Ein großer Theil wanderte aus und vertraute sich und das Seinige ganz fremden Völkern an. Catuvolcus, König einer Hälfte des eburonischen Landes und Mitwisser der Anschläge des Ambiorix, konnte seines hohen Alters wegen die Beschwerden des Krieges und der Flucht nicht ertragen, stieß deswegen Verwünschungen gegen Ambiorix, den Urheber des Anschlages, aus und brachte sich mit dem Safte des Taxusbaumes,** den man in Gallien und Germanien häufig findet, um.

32. Die Seguer und Condruser, zwei Völkerschaften germanischen Stammes, zwischen den Eburonen und Trevirern, schickten Gesandte an Cäsar mit der Bitte, sie nicht feindlich zu behandeln, noch zu glauben, alle Germanen diesseits des Rheines seien in gleicher Schuld. Sie hätten an nichts Feindseliges gedacht, noch dem Ambiorix Hilfstruppen gegeben. Man zog hierüber Kundschaft von den Kriegsgefangenen ein, und Cäsar befahl, die Eburonen, die sich zu ihnen flüchten wür-

* »*Sauve qui peut!*«

** Auch P.inius (16, 20) spricht von dem tödtlichen Safte, den die bitteren Beeren des Eibenbaumes (*taxus baccata) bergen sollen.*

den, ihm auszuliefern, dann wolle er ihre Grenzen nicht feindlich berühren. Hierauf machte Cäsar aus seinen Truppen drei Abtheilungen und brachte das Gepäck aller Legionen nach Aduatuca. So hieß eine Burg fast in der Mitte des eburonischen Landes, wo Titurius und Auruncule jus im Winterlager gelegen hatten.* Cäsar wählte diesen Ort auch deshalb, weil die Befestigungswerke vom vorigen Jahre noch unbeschädigt waren, was den Soldaten ihre Arbeit erleichterte. Zur Bedeckung des Gepäckes ließ er die vierzehnte Legion, eine von den dreien, die er erst neu errichtet und aus Italien hatte zu sich kommen lassen, zurück. Dem Quintus Tullius Cicero wurde nebst zweihundert Reitern der Oberbefehl über das Lager und seine Bedeckung aufgetragen.

33. Nach dieser Vertheilung seiner Truppen ließ er den Titus Labienus mit drei Legionen gegen den Ocean zu, in das Gebiet an den Grenzen der Menapier, aufbrechen; den Cajus Trebonius schickte er mit eben so viel Legionen ab, um die Gaue in der Nähe der Aduatuker zu verheeren. Für seine Person aber beschloß er, mit drei Legionen nach dem Flusse Skaldis, den die Maas aufnimmt,** und nach dem Ende des Ardennenwaldes zu marschiren, wohin sich Ambiorix mit einigen Reitern den Nachrichten zufolge begeben hatte. Bei dem Aufbruche versprach Cäsar, nach sieben Tagen zurückzukommen, weil dann, wie er wußte, der Legion, die zur Bedeckung des Gepäckes zurückgelassen wurde, ihr Getreide gegeben werden mußte. Dem Labienus und Trebonius schärfte er ein, an demselben Tage, wenn es zum Besten des Ganzen geschehen könnte, bei ihm einzutreffen, um nach gemeinschaftlichem Plan und Prüfung der feindlichen Maßregeln die Feindseligkeiten von Neuem auf eine andere Weise wieder beginnen zu können.

---

* Vgl. 5, 24–58.

** Die Schelde fließt aber in die Nordsee – ein *lapsus geographicus*.

34. Es war, wie wir früher gezeigt haben,* kein ordentliches Heer, keine Stadt, keine Besatzung, die sich zur Gegenwehr setzte, sondern die gesammte Menge hatte sich zerstreut, und in entlegene Thäler, Gebüsche und unwegsame Sümpfe versteckt, wo sich einige Hoffnung zur Sicherheit oder Rettung zeigte. Diese Schlupfwinkel waren in der Nachbarschaft bekannt, und man mußte sehr auf der Hut sein, nicht wegen des Heeres überhaupt, denn dieses konnte bei dem Schrecken und der Versprengung der Feinde keine Gefahr laufen, sondern wegen der Erhaltung einzelner Soldaten, die doch auch zur Wohlfahrt des ganzen Heeres gehörte. Denn die Plünderungssucht reizte Viele, sich weit zu entfernen, und auf den ungangbaren und geheimen Pfaden in den Wäldern konnte man nicht geschlossen eindringen. Wollte man zu Ende kommen und die ruchlose Brut von Menschen ganz vertilgen, so mußte man mehrere Abtheilungen abschicken und die Truppen theilen. Hielten sich nach der Römer Art und Gewohnheit die Manipeln bei ihren Feldzeichen zusammen, so gewährte das Land selbst dem Feinde Schutz; einzelne derselben hatten Verwegenheit genug, in einem Hinterhalt aufzulauern und zerstreute Soldaten abzuschneiden. Bei diesen Hindernissen brauchte man alle mögliche Vorsicht und ließ, der allgemein brennenden Rachgier ungeachtet, lieber manche Gelegenheit, dem Feinde zu schaden, unbenutzt, als daß man es zum Nachtheil einiger Soldaten hätte geschehen lassen. Cäsar sandte zu den Grenzvölkern und lud durch Aussicht auf Beute Alles ein, das eburonische Gebiet zu plündern, damit so eher das Leben von Galliern, als das der Legionssoldaten in den Waldungen Gefahr liefe und zugleich beim Einschluß durch die große Völkermasse von allen Seiten alle Spuren dieses Volkes und seines Namens für sein großes Verbrechen vertilgt würden. Es kam auch wirklich sofort von allen Orten her viel Volk herbei.

---

* Kap. 31.

35. Unter diesen Auftritten im ganzen Eburonengebiet nahte der siebente Tag, an dem Cäsar seinem Entschlusse zufolge zu dem Gepäck und der Legion zurückkommen mußte. Auch hier zeigte sich wieder, wie viel in den Kriegen das Glück entscheidet und was für Zufälle es herbei führt. Bei der Bestürzung und Versprengung der Feinde, die wir erwähnt haben, war keine Mannschaft da, von der sich das Geringste befürchten ließ. Als aber die Nachricht zu den Germanen jenseits des Rheines kam, das eburonische Gebiet sei preisgegeben und Alles werde noch überdies zum Plündern eingeladen, da boten die Sigambrer nächst dem Rheine, die nach unserer früheren Erwähnung* die Teuchtherer und Usipeter auf ihrer Flucht aufgenommen hatten, zweitausend Mann zu Pferde auf und gingen auf Schiffen und Flößen dreißig Meilen unterhalb der Brücke, die Cäsar zum Theil abgebrochen, mit einer starken Bedeckung verlassen hatte, über den Rhein, rückten dann in das Grenzgebiet der Eburonen ein, machten viele Flüchtlinge zu Gefangenen und erbeuteten eine Menge Vieh, auf das die Barbaren sehr begierig sind. Die Beute reizte sie nun, weiter vorzudringen. Kein Sumpf, noch Wald hielt dies Volk auf, das unter Waffen und Streifzügen aufgewachsen war. Bei der Anfrage, wo Cäsar stände, erfuhren sie von den Gefangenen, er sei weiter gezogen, sein ganzes Heer aber entfernt. Da setzte einer der Gefangenen hinzu: »Was lauft ihr einer so elenden, armseligen Beute nach, da sich euch jetzt das größte Glück darbietet? In drei Stunden seid ihr in Aduatuca, wo das ganze römische Heer all sein Gepäck zusammengebracht hat. Die Bedeckung dort ist so schwach, daß sie nicht einmal den Wall besetzen kann, und Niemand es wagt, die Verschanzungen zu verlassen!«

36. Durch diese Hoffnung verlockt, versteckten die Germanen ihre bisher aufgebrachte Beute und gingen unter An-

---

* Buch 4, 16.

führung des Eburonen, der ihnen diese Nachricht gegeben auf Aduatuca los. Cicero hatte diese Tage hindurch seine Truppen nach Cäsars Befehl mit größter Sorgfalt im Lager zusammengehalten, und nicht einmal einen Troßknecht vor die Verschanzungen gehen lassen. Allein am siebenten Tage zweifelte er, ob Cäsar sich genau an die festgesetzte Zeit halten werde; denn den Nachrichten zufolge war er weiter vorgerückt und von seinem Rückzuge hatte man noch nichts gehört. Dazu kam noch das Murren seiner Truppen: sein geduldiges Sitzen hinter den Verschanzungen sei fast gleich einer Belagerung, wenn man aus dem Lager nicht heraus dürfe. Bei den neun vor ihm stehenden Legionen und der so zahlreichen Reiterei, bei der Versprengung und fast gänzlichen Vernichtung der ganzen feindlichen Macht besorgte er in einem Bezirke von drei Meilen keinen Unfall für seine Truppen und schickte daher fünf Cohorten aus, um von den Saatfeldern in der Nähe Getreide zu holen; zwischen diesem und dem Lager war nur ein Hügel. Im Lager waren Kranke von den übrigen Legionen zurückgeblieben, von denen ungefähr dreihundert Wiederhergestellte unter einer Fahne mitgeschickt wurden.

Auch ein starker Troß Knechte mit den vielen Pferden, die im Lager waren, folgte mit besonderer Erlaubniß nach.

37. In diesem Augenblicke erschienen zufällig die germanischen Reiter und wollten, so wie sie angesprengt kamen, durch das Hauptthor ins Lager einbrechen. Man hatte sie der vorliegenden Wälder wegen nicht eher, als vor dem Lager wahrgenommen, so daß die Marketender in den Zelten vor dem Lagerwalle sich nicht mehr flüchten konnten. Dieser neue Auftritt, so gegen alles Vermuthen, brachte unsere Leute ganz außer Fassung. Die Cohorte auf dem Posten vor dem Lagerthore hielt mit genauer Noth den ersten Angriff aus. Die Feinde umschwärmten das ganze Lager, um einen Eingang zu finden. Kaum behauptete man die Thore, denn auf den übrigen Seiten war der Ort für sich selbst mit seinen Werken Vertheidigung genug. Alles im Lager bebte, Einer wollte von dem Andern die Ursache des Lärmens wissen, Niemand traf Vorkehrungen, wo man sich sammeln und welche Posten ein Jeder besetzen sollte. Hier schrie man: das Lager ist schon erobert; dort behauptete man: Heer und Feldherr seien vernichtet, und die Barbaren jetzt als Sieger da. Der größte Theil hielt den Ort selbst für verhängnißvoll und hatte des Cotta und Titurius Niederlage vor Augen, die fast in derselben Schanze hier gefallen waren.* Durch diese allgemeine Bestürzung wurde der Feind in dem Glauben bestärkt, das Lager sei nach der Aussage der Gefangenen ohne Bedeckung. Sie suchten also durchzubrechen und ermahnten einander selbst, ihr so großes Glück nicht aus den Händen zu lassen.

38. Im römischen Lager war Publius Sextius Baculus erster Hauptmann bei Cäsar, dessen wir schon in den vorhergehenden Kriegen Erwähnung gethan haben,** krank bei der Bedeckung zurückgeblieben und hatte seit fünf Tagen keine Nahrung zu sich genommen. Ohne Hoffnung auf seine und Aller Rettung kam er wehrlos aus dem Zelt und sah das Vordringen und die äußerste Gefahr. Er nahm sogleich von dem Nächststehenden eine Waffe und trat unter das Thor. Die Hauptleute der Cohorte dort schlossen sich ihm an und hielten eine kurze Zeit mit ihm den Feind auf. Sextius wurde tödtlich verwundet und sank ohnmächtig nieder. Mit Mühe schleppte man ihn auf die Seite und rettete seinen Körper. Indessen ermannten sich die übrigen Truppen doch so weit, daß sie sich getrauten, die Schanzen zu besteigen und einen Schein von Gegenwehr zu zeigen.

39. Inzwischen war man mit dem Einbringen des Futters zu Ende gekommen und unsere Truppen hörten das Geschrei. Die Reiter sprengten herbei und sahen die große Gefahr. Hier fand

---

* Siehe Kap. 32 und B. 5, 28 ff.

** So B. 2, 25 und 3, 5.

sich aber keine Schanze vor, wohin man sich in der Bestürzung hätte flüchten können; es waren außerdem Rekruten ohne alle Kriegserfahrung. Sie richteten daher ihre Blicke auf die Tribunen und Centurionen und erwarteten von ihnen Befehle. Niemand aber hatte die Geistesgegenwart, durch diese ganz neue Lage nicht aus der Fassung zu kommen. Beim Anblick unserer Feldzeichen in der Ferne ließen die Barbaren von dem Sturme ab und glaubten anfänglich, die Legionen, die nach der Aussage der Gefangenen weiter vorgerückt sein sollten, wären im Anzuge; stürzten aber dann mit Verachtung des kleinen Häufchens von allen Seiten über sie her.

40. Die Troßknechte liefen auf die nahen Hügel voraus, wurden aber sogleich wieder herabgejagt, unter die Fahnen und Manipeln geworfen und vermehrten so noch die Bestürzung unserer erschrockenen Truppen. Einige wollten, man solle, weil das Lager so nahe wäre, eine keilförmige Ordnung* bilden und sich ohne Verzug durchschlagen; wenn auch in dem Gedränge ein Theil bleiben würde, so hofften sie doch sicher, der Rest könne sich retten, Andere wollten, man solle sich auf den Höhen aufstellen und hier das Schicksal mit einander theilen. Damit waren aber die alten Soldaten nicht zufrieden, die nach unserem Bericht unter ihrer eigenen Fahne mitgezogen waren. Nach wechselseitiger Aufmunterung brachen sie daher unter der Anführung des römischen Ritters Cajus Trebonius mitten durch die Feinde hindurch und erreichten ohne Verlust auch nur eines Mannes das Lager. Ihnen drängten sich die Troßknechte und Reiter mit gleicher Heftigkeit nach und wurden durch die Tapferkeit dieser Erfahrenen gerettet. Allein der Theil, der sich auf die Höhen geworfen hatte, bis jetzt noch ohne alle Kriegserfahrung, konnte sich weder bei dem Entschlusse, sich von der Anhöhe zu vertheidigen, behaupten, noch auch die

* Eine Art Phalanx, wie in B. 1, 24.

kraftvolle und schnelle Bewegung, welche, wie sie selbst sahen, für die Andern von so gutem Erfolge war, nachahmen; sondern zog sich in dem Bestreben, das Lager zu gewinnen, in eine nachtheilige Tiefe herab. Die Centurionen, deren einige wegen ihrer Tapferkeit von den unteren Stellen in anderen Legionen zu höherem Range bei dieser versetzt waren, starben, um ihren alten Kriegsruhm nicht zu verlieren, nach einer heldenmäßigen Gegenwehr mit dem Schwert in der Faust. Durch deren Tapferkeit wurden die Feinde zurückgedrängt, und ein Theil unserer Truppen erreichte wider Vermuthen unversehrt das Lager; die Uebrigen wurden von den Barbaren abgeschnitten und niedergehauen.

41. Als die Germanen unsere Schanzen besetzt sahen, gaben sie die Hoffnung, sie zu erstürmen, auf und gingen mit der Beute, die sie in den Waldungen versteckt hatten, über den Rhein zurück. Auch nach ihrem Abzuge noch war man so bestürzt, daß Cajus Volusenus, der in der Nacht darauf mit dem Vortrabe von Reiterei im Lager ankam, keinen Glauben fand mit der Kunde, Cäsar sei mit dem Heere wohlbehalten im Anzuge. Die Furcht hatte Alles so ganz befangen, daß man fast ohne alle Besinnung behauptete, nur die Reiterei habe sich aus der allgemeinen Niederlage des Heeres durch die Flucht gerettet, weil sonst ohne Vertilgung unseres Heeres die Germanen gewiß das Lager nicht angegriffen haben würden. Diese Furcht verlor sich endlich erst mit Cäsars Ankunft.

42. Vertraut mit den Wechselfällen des Krieges tadelte Cäsar bei seiner Rückkehr nur, daß man die Cohorten habe aus ihrem Standorte und den Verschanzungen ziehen lassen. Man hätte auch nicht dem geringsten Unfalle Raum geben sollen. Er war überzeugt, daß man dem Glücke bei der unvermutheten Ankunft des Feindes sehr viel zu danken habe, besonders weil man die Barbaren bereits aus den Lagerthoren noch zurückgetrieben hatte. Das Sonderbarste bei dem ganzen Vorgange

war, daß die Germanen, die in der Absicht über den Rhein gegangen waren, des Ambiorix Staaten auszuplündern, ihm bei ihrem Zuge nach dem Lager der Römer den erwünschtesten Dienst geleistet hatten.

43. Cäsar brach nun nochmals auf, um die Feinde zu beunruhigen, und sandte zu diesem Zweck die ganze aus den benachbarten Staaten zusammengebrachte Menge nach allen Seiten hin aus. Alle Dörfer und Wohnungen, die man erblickte, wurden eingeäschert, überall wurde geplündert; das Getreide war nicht allein von den vielen Menschen und Pferden aufgezehrt, sondern auch vom schlimmen Wetter und Platzregen zu Boden gedrückt worden, so daß, wenn sich Einige auch gegenwärtig versteckt hatten, sie doch nach dem Abzuge unserer Armee aus Mangel an Lebensbedürfnissen wahrscheinlich zu Grunde gehen mußten. Bei der Ausbreitung unserer zahlreichen Reiterei nach allen Gegenden kam man oft dahin, daß die Gefangenen behaupteten, sie hätten nicht nur soeben den Ambiorix anf der Flucht gesehen, sondern er könne noch nicht ganz aus ihren Augen fort sein, so daß die, welche dachten, sich bei Cäsar in die höchste Gunst zu setzen, bei so sich zeigender Hoffnung, ihn zu erreichen, mit unbeschreiblicher Rastlosigkeit sich fast über ihre Kräfte anstrengten, und immer nur wenig, wie es schien, von diesem so sehnlichst gewünschten Glück entfernt blieben. Ambiorix aber verkroch sich in Schlupfwinkel, Gebüsche und Wälder, und begab sich mit einer Bedeckung von nicht mehr als vier Reitern, denen er sich allein anvertraute, unter dem Schutze der Nacht in entferntere Gegenden.

44. Nach solcher Verheerung des ganzen Landes zog Cäsar mit Verlust von zwei Cohorten nach Durocortorum im Remerlande zurück. Hier fing er, auf dem Landtage, den er in Gallien angesagt hatte, eine Untersuchung über die Verschwörung der Senonen und Carnuten an. Acco, das Haupt derselben, wurde zum Tode verurtheilt und nach der hergebrachten Art

hingerichtet.* Einige flüchteten sich aus Furcht vor der Untersuchung und wurden in die Acht erklärt. Cäsar verlegte hierauf zwei Legionen in das Trevirerland, eben so viele in das lingonische Gebiet, und die übrigen sechs nach Agedicum im Staate der Senonen, sorgte hierauf für den Bedarf des Heeres an Getreide und ging dann nach seiner Gewohnheit nach Oberitalien, um dort die Gerichtssitzungen zu halten.

* Die Verurtheilten wurden an einen Pfahl gebunden, der Kopf in ein gabelförmiges Brett gesteckt (ähnlich wie bei der Guillotine) und sie so zu Tode gepeitscht; dann erst wurde der Kopf durch das Beil der Lictoren vom Rumpfe getrennt. Vgl. 8, 38.

SIEBTES BUCH

Krieg mit Vercingetorix – a) Aufstand, b) Avaricum, c) Gergovia, d) Alesia

1. Nach Niederschlagung der Unruhen in Gallien begab sich Cäsar, seinem Plane gemäß, nach Italien, um die Rechtspflege zu leiten. Hier bekam er die Nachricht von der Ermordung des Clodius,* wie auch von dem Senatsbeschlusse, die ganze waffenfähige Mannschaft in Italien zu den Waffen zu rufen: auch er hob demnach Truppen in der ganzen Statthalterschaft aus. Die Nachrichten hiervon verbreiteten sich sogleich nach Gallien jenseits der Alpen. Die Gallier setzten nun selbst noch hinzu, was die Sache mit sich zu bringen schien, daß Cäsar durch Unruhen in Rom aufgehalten werde. Bei solchem Zwiespalt könne er nicht zu der Armee gehen. Da sie nun schon vorher mit Unwillen Roms Herrschaft ertrugen, so ließen sie sich durch diese Veranlassung reizen, freier und kühner wiederum an Krieg zu denken. Die Fürsten in Gallien hielten in Wäldern und entlegenen Winkeln unter sich Zusammenkünfte, beklagten Acco's Tod, zeigten, wie dies Loos auch sie treffen könne, bedauerten das gemeinschaftliche Schicksal der Staaten Galliens und forderten mit allen Versprechungen und um jeden Preis einen Staat auf, die Feindseligkeiten zu eröffnen und Galliens Freiheit mit eigner Gefahr wieder zu erringen. Man müsse, sagten sie, vor allen Dingen darauf bedacht sein, den Cäsar, ehe ihre geheimen Anschläge verrathen würden, von dem Heere abzuschneiden. Das koste nicht viel Mühe, denn bei der Abwesenheit des Feldherrn hätten die Legionen nicht den Muth, ihr Winterlager zu verlassen, und ohne starke Bedeckung könne der Feldherr nicht zu den Legionen kommen; schließlich sei es ja auch besser, mit dem Schwerte

* Durch Milo. Näheres in Cicero's Rede für Milo.

in der Faust zu sterben, als den alten Kriegsruhm und die von ihren Vätern eroberte Freiheit niemals wieder zu erlangen.

2. Am Schlusse dieser Verhandlungen erboten sich die Carnuten, jeder Gefahr für die allgemeine Wohlfahrt sich aufzuopfern, mit dem Versprechen, vor Allem den Anfang mit Feindseligkeiten zu machen, und weil man sich einander in dem Augenblicke nicht durch Gewährsmänner gegen Verrätherei sichern könnte, so begehrten sie, man solle sich durch Vereinigung der Feldzeichen – einer Sitte von größter Bedeutsamkeit bei ihnen – und durch Eid und Versprechen verbürgen, sie nicht nach dem Ausbruche des Krieges im Stiche zu lassen. Die Carnuten erhielten dann allgemeine Lobsprüche, die ganze Versammlung schwur, setzte den Zeitpunkt zur Ausführung fest und ging darauf auseinander.

3. An dem bestimmten Tage überfielen die Carnuten unter der Anführung des Cotuatus und Conetodunus, zweier verzweifelten Menschen,* auf das gegebene Zeichen Genabum und ermordeten alle römischen Bürger, die sich ihrer Handelsgeschäfte wegen da aufhielten, darunter auch einen achtbaren römischen Ritter, Cajus Fusius Cita, dem Cäsar die Aufsicht über das Getreidewesen übertragen hatte; ihre Güter wurden geplündert. Die Nachricht hiervon verbreitete sich schnell in allen gallischen Staaten, denn jeden wichtigen und besondern Vorfall rufen die Gallier auf dem Felde und Lande einander zu; der Einzelne hört ihn dann und schreit ihn wieder den Nachbarn zu.** So geschah es auch damals. Den Auftritt zu Genabum bei Sonnenaufgang wußte man schon vor dem Ende der ersten

* So gibt auch Baumstark wörtlich und gut das *desperatis hominidus*, was andere Uebersetzer fälschlich in allerlei gekünstelten Wendungen glauben umschreiben zu müssen.

** Baumstark: »Selbst die Incas in Peru unterhielten auf den Straßen Schnellläufer, welche mit einer Schnelligkeit, die selbst den Lauf spanischer Pferde übertraf, die ihnen mitgetheilten Nachrichten durch Zuruf verbreiteten.«

Nachtwache in dem arvernischen Gebiete, hundertundsechzig Meilen ungefähr davon entfernt.

4. Eben so rief Vercingetorix, des Celtillus Sohn, ein sehr mächtiger, junger Arverner, dessen Vater einst der erste Fürst in ganz Gallien gewesen, aber wegen seines Strebens nach unumschränkter Gewalt von dem Staate hingerichtet wurde, seine Getreuen zusammen und verleitete sie ohne Mühe zum Aufstande. Bei Entdeckung seiner Absichten ergriff man die Waffen, und sein Oheim Gobannitio mit den übrigen Häuptlingen der Nation, welche das Glück auf diese Weise nicht auf die Probe stellen wollten, jagten ihn aus der Stadt Gergovia hinaus. Trotzdem stand er von seinem Vorhaben nicht ab, sondern sammelte sich aus dem Lande eine Schaar von armen verdorbenen Leuten, verführte auch noch andere Bürger aus seinem Staate zu seinem Plan, sprach ihnen zu, der allgemeinen Freiheit zu Liebe die Waffen zu ergreifen und vertrieb zuletzt mit der starken Macht, die er aufgebracht hatte, seine Gegner, von denen er selbst kurz zuvor verjagt worden war, aus der Stadt. Seine Partei legte ihm den Titel »König« bei. Gesandte nach allen Orten hin mußten die Völker beschwören, treu zu bleiben, und so verflocht er in kurzer Zeit die Senonen, Parisier, Pictonen, Cadurken, Turonen, Aulerker, Lemoviken, Anden und die Staaten an der See insgesammt in seine Pläne. Der Oberbefehl wurde ihm einstimmig übertragen. Sobald er sich in dem Besitz dieser Macht sah, forderte er von allen Staaten Geiseln und befahl, ihm eine bestimmte Truppenzahl sogleich zu stellen. Dann setzte er jedem Volke fest, wie viele Waffen und bis zu welcher Zeit man sie in seinem Gebiete fertig halten sollte; vor Allem warb er Reiterei. Mit der pünktlichsten Genauigkeit im Dienst verband er die äußerste Strenge. Unschlüssige zwang er durch die Schärfe der Strafen, große Verbrecher wurden mit Feuer und allen Arten von Martern hingerichtet, geringere schickte er mit abgeschnittenen Ohren oder ausgestochenen Augen nach

Hause, um den Uebrigen zur Warnung zu dienen und Andere durch solche harte Bestrafungen zu schrecken.

5. Mit solchen Mitteln brachte er bald ein Heer zusammen und schickte dann den Cadurken Lucterius, einen außerordentlichen Wagehals, mit einer Abtheilung in das rutenische Gebiet. Er selbst brach gegen die Biturgier auf. Bei seinem Anmarsche baten diese durch eine Gesandtschaft die Aeduer, ihre Schutzherren, um Beistand, um so desto leichter gegen die feindliche Macht auszuhalten. Die Aeduer schickten, nach dem Rathe der Legaten, die Cäsar bei dem Heere gelassen hatte, Hilfstruppen zu Pferde und zu Fuße nach dem biturgischen Lande. Allein diese machten bei ihrer Ankunft am Ligerstrom, der Grenze zwischen den Biturgiern und Aeduern, einige Tage Halt und kehrten dann, ohne den Uebergang über den Fluß zu wagen, nach Hause zurück. Vor unsern Legaten gaben sie vor, sie seien aus Mißtrauen gegen die Aufrichtigkeit der Biturgier zurückgegangen, da deren Absicht, ihren Nachrichten zufolge, gewesen sei, sie nach dem Uebergange auf der einen Seite mit ihren eigenen Truppen, auf der andern mit denen der Arverner einzuschließen. Ob in der That das, was man bei den Legaten vorgeschützt, oder Treulosigkeit die wahre Ursache gewesen, will ich aus Mangel an zuverlässigen Gründen nicht entscheiden. Nach ihrem Abzuge vereinigten sich in der That sogleich die Biturgier mit den Arvernern.

6. Als Cäsar in Italien hiervon Nachricht erhalten hatte und zugleich sah, daß durch den energischen Muth des Cnejus Pompejus die Dinge zu Rom bereits in eine bessere Verfassung kamen, begab er sich nach Gallien jenseits der Alpen. Bei seiner Ankunft fand er große Schwierigkeiten, zu seinen Truppen zu gelangen: denn berief er die Legionen zu sich in die Provinz, so mußten sie, wie er wohl sah, ohne ihn an der Spitze auf dem Wege sich schlagen; machte er sich aber auf den Weg zu denselben, so durfte er wol auch nicht einmal jenen Völkern trauen, bei denen man bis jetzt noch keine Empörung voraussah.

7. Der Cadurke Lucterius brachte indessen auf seiner Sendung in das rutenische Gebiet diesen Staat auf die Seite der Arveruer. Von dort rückte er in das nitiobrigische und gabalische Land vor, empfing von beiden Völkern Geiseln und richtete nun mit der ganzen Menge von Truppen, die er zusammengebracht hatte, seinen Zug in unsere Provinz.* Sein Vorhaben wurde dem Cäsar gemeldet, und dieser glaubte daher, er müsse vor allen Dingen ihm in Narbo zuvorzukommen suchen. Sobald er hier angelangt, beruhigte er die Besorgten, besetzte den Antheil der Provinz in dem rutenischen, das Gebiet der Arecomiker im volkischen Lande, die tolosatischen Grenzen und die Gegend um Narbo, die dem Feinde zunächst lag, und befahl einem Theil der Soldaten aus der Provinz, nebst der Ergänzungsmannschaft, die er mit sich aus Italien gebracht hatte, in dem helvischen Lande, an der Arverner Grenzen, zusammen zu kommen.

8. Durch diese Anstalten schon war Lucterius aufgehalten und zurückgedrängt, denn er fand es bedenklich, sich zwischen unsere Posten zu wagen. Cäsar ging also in das helvische Gebiet. Das Cevennengebirge, das die Arverner und Helvier trennt, verhinderte zwar bei der strengen Jahreszeit, damals mit tiefstem Schnee, ein Vorrücken, allein Cäsar öffnete sich dennoch durch Wegräumung des sechs Fuß hohen Schnee's einen Weg und erreichte unter den größten Beschwerden seiner Truppen die Grenze der Arverner. Nach deren unvermutheter Ueberraschung, weil man sich hinter den Cevennen, wie hinter einer Mauer, sicher glaubte, und in dieser Jahreszeit noch niemals ein einzelner Mensch hinüber gekommen war, ließ Cäsar seine Reiterei so viel nur möglich sich ausbreiten, und Alles in den größten Schrecken setzen. Vercingetorix bekam hiervon durch Gerüchte und Boten Nachricht; alle Arverner drängten sich bestürzt um ihn und baten, ihnen zu helfen und sie von

* Gallia Narbonenfis.

dem Feinde nicht ausplündern zu lassen, besonders da sich, wie er sähe, der ganze Krieg in ihr Land gezogen habe. Auf diese Bitten brach Vercingetorix aus dem biturgischen Gebiete gegen Arvernien hin auf.

9. Allein Cäsar hielt sich hier nur zwei Tage auf, weil er des Vercingetorix Entschluß schon im Voraus vermuthet hatte, und verließ unter dem Vorwand, Ergänzungstruppen und Reiter aufzubringen, das Heer. Die Führung übertrug er dem jungen Brutus, mit dem Befehl, die Reiterei überall, so weit als möglich, herumstreifen zu lassen. Er würde sicher in drei Tagen wieder bei dem Heere sein. Nach diesen Verhaltungsbefehlen ging Cäsar, gegen das Vermuthen seiner Leute, in möglichster Eile nach Vienna. Hier nahm er eine neue Bedeckung von Reitern, die er mehrere Tage früher schon dahin voraus geschickt hatte und eilte Tag und Nacht ununterbrochen fort durch das Aeduerland zu den zwei Legionen in dem Winterlager bei den Lingonern, um den Aeduern durch diese Geschwindigkeit zuvorzukommen, wenn sie vielleicht einen Anschlag auf seine Person beabsichtigten. Bei seiner Ankunft schickte er sogleich den übrigen Legionen Befehle zu und zog sie eher zusammen, als die Arverner von seiner Annäherung Nachricht erhalten konnten. Bei dieser Kunde zog Vercingetorix mit seinem Heere wieder zu den Biturgiern, um von da aus Gorgobina* zu überfallen, die Stadt jener Bojer, welche Cäsar nach ihrer Niederlage im helvetischen Kriege dorthin verpflanzt und unter die Aeduer gestellt hatte.**

10. Diese Wendung der Dinge setzte Cäsar bei seiner Entschließung in große Verlegenheit, da, falls man mit den Legionen den Rest des Winters an Einem Orte stehen blieb, zu befürchten war, ganz Gallien werde, wenn die Schutzverwandten der Aeduer die Beute des Feindes würden, von ihm abfallen,

---

* So die Handschriften. Andere lesen Gregovia.

** Vgl. B. 1, 28.

weil sich seine Freunde niemals sichere Hilfe von ihm versprechen könnten. Rückte er dagegen vor der Zeit aus dem Winterlager, so sah er in der schwierigen Zufuhr eine Gefahr für das Proviantwesen. Endlich aber hielt er es doch für vortheilhafter, lieber allen Schwierigkeiten entgegen zu treten, als einen solchen Schimpf auf sich zu laden und der Zuneigung seiner Freunde verlustig zu gehen. Er forderte also die Aeduer auf, für Proviant zu sorgen, und ließ den Bojern durch Boten seine nahe Ankunft melden, mit der Aufforderung, treu zu bleiben und den Angriff der Feinde festen Muthes auszuhalten. Dann ließ er zwei Legionen und das Gepäck des ganzen Heeres in Agedicum und eilte zu den Bojern.

11. Am zweiten Tage bei der befestigten Senonenstadt Vellaunodunum angekommen, begann er diesen Ort zu belagern und schloß ihn innerhalb zwei Tagen ein, um, wenn er keinen Feind im Rücken ließ, leichte Zufuhr der Lebensmittel zu haben. Als am dritten Tage eine Gesandtschaft der Belagerten ihre Unterwerfung erklärte, forderte Cäsar Waffen und Pferde nebst sechshundert Geiseln und ließ den Legaten Cajus Trebonius zurück, um dies alles in Ordnung zu bringen. Er selbst brach, um seinen Marsch zu beschleunigen, gegen Genabum im carnutischen Lande auf. Die Carnuter waren eben erst bei der Nachricht von der Belagerung Vellanuodunums, in der Hoffnung, der Ort würde sich länger halten, beschäftigt, Truppen zu sammeln, um sie zur Besatzung nach Genabum zu schicken. In zwei Märschen aber kam Cäsar hier an, schlug vor der Stadt ein Lager auf und verschob aus Mangel an Zeit den Angriff auf den folgenden Tag. Die Soldaten mußten jedoch unterdessen die nöthigen Vorbereitungen machen. Aus Besorgniß, die Einwohner möchten sich des Nachts über die Brücke, die hier über den Ligerfluß geht, flüchten, ließ Cäsar zwei Legionen unter Waffen stehen. Kurz vor Mitternacht verließen die Genaber in der Stille ihre Stadt und gingen über den Fluß. Cäsar bekam sogleich durch seine Kundschafter Nachricht davon und ließ

daher die Thore in Brand stecken, und die Legionen, die er hatte unter Waffen bleiben lassen, in die Stadt rücken. Sie wurde erobert, und alle ihre Bewohner, nur sehr wenige ausgenommen, fielen ihm lebendig in die Hände, weil Brücken und Straßen für die Menge der Flüchtigen zu enge waren. Der Ort wurde geplündert und eingeäschert, die Beute ganz den Soldaten überlassen. Hierauf ging Cäsar über den Liger und rückte in das biturgische Gebiet vor.

12. Bei der Nachricht von seinem Vorrücken hob Vercingetorix die Belagerung auf und ging ihm entgegen. Cäsar hatte indessen die Stadt Noviodunum im Biturgischen, die ihm im Wege lag, zu bestürmen angefangen. Es kamen Abgesandte aus dem Ort, um Verzeihung und Gnade für ihr Leben zu erbitten. Cäsar, der, wie er seither die meisten Absichten durch seine Geschwindigkeit erreicht hatte, auch seinen gegenwärtigen Plan dadurch ausführen wollte, forderte Waffen, Pferde und Geiseln. Schon waren die Geiseln zum Theil gestellt und man noch mit den übrigen Anstalten beschäftigt, während einige Centurionen, die man mit etlichen Soldaten in die Stadt gesandt hatte, die Waffen und Pferde aufsuchten, als sich auf einmal feindliche Reiterei, des Vercingetorix Vortrab, in der Ferne zeigte. Bei ihrem Anblick und der Hoffnung auf Entsatz ergriffen sogleich die Einwohner mit Geschrei die Waffen, schlossen die Thore und besetzten den Wall. Die Centuriouen in der Stadt merkten aus dem Benehmen der Gallier, daß sie ihre Gesinnungen geändert hätten, bemächtigten sich daher mit dem Schwerte in der Faust der Thore und zogen mit ihrer ganzen Mannschaft unbeschädigt zurück.

13. Cäsar ließ die Reiterei aus dem Lager rücken und das Gefecht anfangen, als aber die Unsrigen zurückgedrängt wurden, schickte er zu ihrer Unterstützung die vierhundert germanischen Reiter, die er von Anfang an bei sich hatte, ihnen zu Hilfe. Dem Angriffe dieser konnten die Gallier nicht widerstehen, sie wurden geworfen und zogen sich mit vielem Verlust

auf das Hauptheer zurück. Als diese Truppen über den Haufen geworfen wurden, geriethen die Einwohner abermals in Furcht, ergriffen die Unruhestifter unter dem Volk, schickten sie zu Cäsar und unterwarfen sich. Cäsar brach hierauf gegen Avaricum, die größte Stadt und Hauptfestung in dem fruchtbarsten Gaue des Biturgiergebiets, auf, in der festen Hoffnung, mit dieser Stadt das ganze Land zu erobern.

14. Nach so vielen Verlusten zu Vellaunodunum, Genabum, Noviodunum, hielt Vercingetorix einen Kriegsrath und erklärte, man müsse den Krieg jetzt ganz anders als seither führen. Das Hauptbestreben müsse sein, den Römern Fourage* und Zufuhr abzuschneiden. Bei ihrem Ueberfluß an Reiterei und der Gunst der Jahreszeit ließe sich das leicht machen. Futter könne man noch nicht schneiden, die Feinde müßten es nothgedrungen in Abtheilungen aus den Gehöften holen, und die könne man dann Tag für Tag mit der Reiterei niederhauen. Ferner müsse man jetzt, des eigenen Vortheils zum Besten des Ganzen nicht achtend, nach allen Richtungen von Boja** an, Dörfer und Häuser, wohin die Römer der Fourage wegen sich wenden könnten, niederbrennen; sie selbst hätten keinen Mangel zu befürchten, weil sie der Staat, indem der Krieg geführt würde, mit seinem Vorrathe unterstützte. Die Römer würden es entweder bei der Noth an Lebensmitteln nicht aushalten oder sich mit großer Gefahr weit von ihrem Lager entfernen müssen. Es sei im Grunde dasselbe, sie niederzuhauen oder sie ihres Geräthes zu berauben, nach dessen Verlust sie ja den Krieg nicht fortsetzen könnten. Außerdem müsse man alle Städte, die nicht durch ihre Befestigung oder Lage vor Gefahr sicher wären, in Brand stecken, damit sie nicht ihren eigenen Leuten zu Schlupfwinkeln dienten, sich

* Das ist zwar kein ächt deutscher Ausdruck, aber – militärischer *term. technicus*.

** Es kann der Hauptort, eher aber das ganze Land der Bojer damit gemeint sein.

dem Kriege zu entziehen, oder für die Römer daständen, um im Ueberfluß Lebensmittel und Beute zu holen. Käme ihnen auch dies hart und bitter vor, so sei es doch erträglicher, als wenn Kinder und Weiber in die Sklaverei geschleppt und sie selbst ermordet würden, was ja nach dem Siege der Römer unvermeidlich wäre.

15. Dieser Vorschlag fand allgemeinen Beifall und in einigen Tagen wurden über zwanzig Städte im Biturgischen in Brand gesteckt. Dasselbe geschah in den übrigen Staaten: überall sah man rauchende Brandstätten. Freilich war das für Jedermann sehr schmerzhaft, doch machte man sich die tröstliche Hoffnung, nach dem Siege, den man ja schon fast in Händen habe, ließe sich gewiß in kurzer Zeit der Schaden wieder ersetzen. Ueber Avaricum berathschlagte man in einer allgemeinen Volksversammlung, ob man den Ort auch anzünden oder behaupten solle. Die Biturgier warfen sich den versammelten Galliern zu Füßen, sie doch nicht zu zwingen, die schönste Stadt beinahe ganz Galliens, den Schutz und Stolz ihres Staates, mit eigenen Händen anzuzünden, mit der Versicherung, sie wollten sie bei ihrer natürlichen Lage leicht vertheidigen, da sie ja außer einem einzigen und zwar sehr schmalen Zugange fast auf allen Seiten vom Flusse und den Morästen umgeben wäre. Man gewährte ihnen die Bitte. Vercingetorix war Anfangs dagegen, doch willigte er ebenfalls zuletzt wegen ihres Flehens und aus Mitleid gegen das Volk ein. Eine hinreichende Besatzung für den Ort wurde auserlesen.

16. Vercingetorix rückte in kleinen Märschen dem Cäsar nach und nahm eine Stellung sechzehntausend Schritt von Avaricum zwischen Sümpfen und Waldungen. Hier empfing er stündlich durch treue Kundschafter Nachrichten von allen Vorgängen in der Stadt und gab seine Verhaltungsbefehle. Er lauerte überall unsern Fourageuren auf, überfiel sie, wenn sie sich, was man ja nicht vermeiden konnte, zu weit zerstreut hatten und that uns so großen Abbruch, obschon wir unsererseits alle möglichen Vorkehrungen trafen und zu unbestimmten Stunden, sowie auf verschiedenen Wegen auszogen.

17. Cäsar hatte sein Lager auf der Seite der Stadt aufgeschlagen, wo zwischen dem Flusse und den Sümpfen ein enger Weg nach unserer obigen Erwähnung* in die Stadt führte. Eine vollkommene Einschließung machte ihm die Lage des Orts unmöglich, daher traf er Anstalten zur Errichtung eines Dammes, der Laufgräben und zweier Thürme. Die Bojer und Aeduer erhielten Mahnungen über Mahnungen, Getreide herbeizuschaffen, allein die Unterstützung von den Einen war, weil sie die Sache nicht anging, gering, die der Andern bei dem Unvermögen ihres kleinen armen Staates mit ihrem Vorrath bald aufgezehrt. Bei der Armuth der Bojer, der Saumseligkeit der Aeduer und der Einäscherung der Wohnplätze trat also bei dem Heer eine außerordentliche Noth an Lebensmitteln ein, so daß unsere Truppen mehrere Tage kein Brod hatten und sich nur mit dem Vieh aus den entlegenen Dörfern des äußersten Hungers erwehrten. Trotzdem entfuhr ihnen kein Wort, das die Würde des römischen Volks oder ihren alten Siegesruhm geschändet hätte. Ja, als Cäsar eine Legion nach der andern bei den Arbeiten namentlich aufrief, und sich erbot, die Belagerung aufzuheben, wenn sie die Noth zu hart fühlten, baten sie ihn einmüthig, es doch nicht zu thun. Sie hätten nun unter seiner Führung mehrere Feldzüge so mitgemacht, daß sie überall Ehre gehabt und nichts unvollendet gelassen hätten. Die Aufhebung der angefangenen Belagerung aber würden sie als einen Schimpf ansehen, und lieber wollten sie alles Ungemach tragen, als den treulosen Meuchelmord der römischen Bürger zu Genabum ungerächt lassen. Diese Vorstellungen mußten auf ihren Antrag die Centurionen und Tribunen bei Cäsar wiederholen.

18. Man näherte sich schon mit den Thürmen der Stadtmauer, als Cäsar von den Kriegsgefangenen hörte, Vercingetorix

---

* Kap. 15.

sei aus Mangel an Fourage gegen Avaricum vorgerückt und habe sich selbst mit der Reiterei und den leichten Truppen, die zwischen den Reitern mitzukämpfen pflegten, in einen Hinterhalt gelegt, wohin wir seiner Meinung nach am folgenden Tage kommen würden, um Futter zu holen. Bei dieser Nachricht brach Cäsar in der Stille um Mitternacht auf und kam früh Morgens vor das feindliche Lager. Cäsars Vorrücken wurde sogleich dem Feinde von seinen Spähern verrathen. Man führte daher die Wagen und das Gepäck in dichtere Waldungen und stellte sich auf einer freien Anhöhe in Schlachtordnung. Cäsar ließ auf diese Anzeige eilends die Truppen ihr Gepäck zusammenwerfen und sich zur Schlacht rüsten.

19. Die Anhöhe erhob sich von ihrem Fuße an sanft aufwärts und lag fast in der Mitte eines Sumpfes, der nicht über fünfzig Fuß breit, aber schwer und mühsam zu durchwaten war; die Brücken waren sämmtlich abgebrochen. Mit Zuversicht auf ihre Stellung standen die Gallier in Abtheilungen nach Nationen auf der Anhöhe und hatten alle Furten und Schleichpfade mit zuverlässiger Mannschaft besetzt, in der Absicht, wenn die Römer den Uebergang erzwingen wollten, auf sie in den Sumpf von der Anhöhe herab zu stürzen, so daß man bei der Betrachtung der Nähe ihres Standorts vermuthen konnte, daß sie zu einer förmlichen Schlacht sich angeschickt hätten; wer aber die Schwierigkeiten erwog, fand, daß ihr ganzes Verhalten nur eitel Verstellung war. Cäsar erklärte seinen Soldaten, die mit Unwillen sahen, daß der Feind in dem so geringen Abstande ihren Anblick ertrage und das Zeichen zum Angriff verlangten, mit welchem Verlust und mit wie vieler Tapferen Tode man den Sieg erkaufen müßte; bei ihrer Bereitwilligkeit, Alles für seinen Ruhm zu wagen, wäre es seinerseits äußerst ungerecht, wenn er ihr Leben seinem Vortheile aufopfern wollte. Als er so die Soldaten beruhigt hatte, ging er noch an demselben Tage in das Lager zurück und setzte seine Anstalten zur Belagerung der Stadt fort.

20. Nach der Zurückkunft zu dem Hauptheere wurde Vercingetorix der Verrätherei beschuldigt, weil er näher gegen die Römer vorgerückt sei, mit der ganzen Reiterei sich entfernt, das so zahlreiche Heer ohne Anführung gelassen habe, und die Römer nach seinem Aufbruche so geschwind und zu einer so vortheilhaften Zeit angerückt seien. Alles das könne nicht zufällig und ohne Plan geschehen sein; er wolle gewiß lieber seine königliche Macht durch Cäsars Gunst, als von ihrer Gnade haben. Auf diese Beschuldigungen antwortete Vercingetorix: aus Mangel an Futter sei er vorgerückt; sie selbst hätten ja dazu gerathen. Die Stellung in der Nähe der Römer habe er wegen der vortheilhaften Lage des Ortes genommen, der sich durch seine eigene Festigkeit vertheidige. Von der Reiterei habe man in den Sümpfen keinen Dienst erwarten dürfen, aber sehr brauchbar sei sie da gewesen, wohin er sie geführt habe. Den Oberbefehl habe er bei seinem Abzuge absichtlich Niemandem übertragen, damit sich dieser nicht durch die Kampflust der Truppen zu einer Schlacht verleiten ließe, nach der man aus Weichlichkeit, um nicht das Kriegsungemach länger zu ertragen, so allgemein, wie er sähe, sich sehne. Wären die Römer zufällig gekommen, so müsse man dem Glücke danken, dem Verräther aber, wenn sie durch Verrätherei herbei gerufen wären. Denn dadurch habe man ihre Schwäche von der Anhöhe sehen können und ihre Tapferkeit verachten gelernt, indem sie aus Furcht vor einer Schlacht so schimpflich sich in ihr Lager zurückgezogen hätten. Von Cäsar verlange er keine Gewalt durch Verrätherei, die er sich durch Siege verschaffen könne, den er nach seinem und aller Gallier Bewußtsein in den Händen habe. Ja, er gebe ihnen seine Macht zurück, wenn sie sich einbildeten, sie erwiesen ihm dadurch mehr Ehre, als sie von ihm Vortheile empfingen. »Um euch zu überzeugen, sagte er schließlich, daß ich ohne Arglist spreche, so vernehmet die römischen Soldaten selbst.« Man führte auf seinen Befehl Sklaven vor, die er

einige Tage zuvor bei dem Futtersammeln aufgehoben und mit Hunger und Fesseln gemartert hatte. Die Antwort war ihnen schon in den Mund gelegt, die sie auf seine Fragen geben sollten. Sie sagten also aus, sie wären Legionssoldaten, hätten sich aus Hunger und Noth aus dem Lager geschlichen, ob sie vielleicht Getreide oder Vieh auf dem Lande finden möchten. Dieselbe Noth drücke das ganze römische Heer: Alles sei entkräftet und könne nicht länger die Anstrengungen im Dienst ertragen. Ihr Feldherr hätte daher die Aufhebung der Belagerung beschlossen, wenn er innerhalb drei Tagen nichts ausrichten würde. »Das habt ihr mir zu verdanken, versetzte hierauf Vercingetorix, den ihr für einen Verräther haltet, durch dessen Anstalten ihr ein so starkes siegreiches Heer ohne euer Blut vom Hunger fast aufgerieben seht, der schon Vorkehrungen getroffen hat, daß ihm auf seiner schimpflichen Flucht kein Volk den Rückzug in sein Land gestattet.«

21. Das ganze Heer jauchzte und erhob nach gallischer Gewohnheit* ein Waffenklirren, was zu geschehen pflegt, wenn ein Vortrag Beifall findet. Vercingetorix, hieß es, sei der größte Feldherr, an seiner Redlichkeit dürfe man nicht zweifeln, besser könne der Krieg nicht geführt werden. Man beschloß hierauf, zehntausend Mann Verstärkung von dem Kerne des ganzen Heeres in die Stadt zu schicken und die allgemeine Wohlfahrt den Biturgiern nicht allein zu überlassen, weil man wohl wußte, daß man ihnen, im Falle sie die Stadt behaupteten, den Sieg zu verdanken haben würde.

22. Der außerordentlichen Anstrengung unserer Truppen arbeiteten die Gallier auf jede Art entgegen, wie denn die Nation äußerst sinnreich und geschickt ist, was sie nur sehen, nachzuahmen und selbst zu thun, was ihnen gezeigt wird.** Denn unsere Mauerhaken fingen sie mit Schlingen auf, und

---

* Auch nach germanischer: Tacitus Germania Kap. 11.

** Auch heute noch ein französischer Charakterzug.

hatten sie dieselben erst festgefaßt, so zog man sie mit Zugwinden in die Stadt hinein. Den Erdwall stürzten sie durch Minen ein, und zwar um so geschickter, als sie viel in Eisengruben arbeiteten und alle Minenarten bei ihnen bekannt und gebräuchlich sind. Die ganze Mauer bebauten sie von allen Seiten mit Bretterthürmen und überzogen diese mit Häuten. Dann steckten sie durch häufige Ausfälle bei Nacht wie bei Tage unsern Wall in Brand, oder überfielen unsere Soldaten bei der Arbeit. In dem Maße, wie sich unsere Thürme durch täglichen Erdauswurf erhoben, vergrößerten sie auch die Höhe ihrer Thürme durch angefügte Stämme und erschwerten das Fortrücken der offenen Laufgräben und ihre Annäherung an die Mauern mit angebrannten zugespitzten Balken, heißem Pech und ungeheuren Steinen.

23. Alle gallischen Mauern sind ungefähr folgendermaßen gebaut: Zuerst werden gerade Balken in ununterbrochener Ordnung der Länge nach und in gleichen Entfernungen, nämlich immer zwei Fuß von einander, in den Boden gelegt, unter einander verklammert und mit vielem Schutt zugedämmt, die Zwischenräume aber, die wir angeführt haben, mit großen Steinen an der Außenseite ausgefüllt. Sind nun die Balken so gelegt und ausgefüllt, so wird auf ihnen eine zweite Lage mit denselben Zwischenräumen angefangen, doch so, daß die Balken nicht auf Balken liegen, sondern in gleichen Räumen abwechseln und immer durch dazwischen eingesetzte Steine geschlossen sind. So wird das Werk fortgeführt, bis die Mauer ihre gehörige Höhe erreicht hat. Eine solche Mauer ist dem Aussehen und ihrer Mannigfaltigkeit nach bei den gerade fortlaufenden Lagen von abwechselnden Balken und Steinen für das Auge nicht häßlich, sodann verschafft sie auch den Städten ungemeinen Vortheil und Schutz, denn durch die Steine ist sie gegen Feuer und durch das Holz gegen Mauerbrecher geschützt, das bei der Verbindung durch Querbalken von vierzig Fuß gewöhnlich aus einem Stükke, sich weder durchbrechen noch wegreißen läßt.

24. Alle die Schwierigkeiten dieser Belagerung bei der fortdauernden Behinderung der Truppen durch Frost und ununterbrochene Regengüsse besiegten dennoch unsere Soldaten durch anhaltende Anstrengung und brachten innerhalb fünfundzwanzig Tagen einen Erdaufwurf von dreihundert Fuß in der Breite und achtzig in der Höhe zu Stande. Derselbe hatte fast die Höhe der Mauer erreicht und Cäsar brachte seiner Gewohnheit nach die Nacht bei den Arbeitern zu, um die Soldaten zur Arbeit ohne Unterlaß aufzumuntern, als man ein wenig vor Mitternacht den Aufwurf rauchen sah, den der Feind durch eine Mine in Brand gesteckt hatte. Gleichzeitig erhob sich ein Geschrei auf den Stadtmauern und ein Ausfall geschah durch zwei Thore zunächst an den beiden Seiten der Thürme. So schleuderte man auch von dem Walle in der Ferne Pechkränze und dürres Holzwerk auf den Erdaufwurf oder schüttete Pech und andere feuerfangende Sachen darauf, so daß man nicht wußte, wo man zuerst hinlaufen oder helfen sollte. Weil jedoch nach Cäsars Anordnung immer zwei Legionen vor dem Lager auf Wache standen, mehrere andere zur bestimmten Ablösung an der Arbeit waren, so kam es sehr schnell dahin, daß Einige sich den Ausfällen entgegen warfen, Andere die Thürme zurückzogen und den Wall durchschnitten, das ganze Lager aber zum Löschen herbeieilte.

25. Der Tag war angebrochen, ohne daß das Treffen auf einem Punkte nachgelassen hatte Die Hoffnung auf Sieg erneuerte sich bei dem Feinde mit jedem Augenblicke, und zwar um so mehr, als, da die Holzwände an unsern Thürmen abgebrannt waren, man nicht so bald Jemand von den Römern außerhalb der Laufgräben zur Hilfe herbeikommen sah, dagegen auf ihrer Seite immer frisches Volk die Ermüdeten ablöste und man überhaupt glaubte, Galliens allgemeine Wohlfahrt hänge von dem gegenwärtigen Augenblicke ab. Hier ereignete sich vor unsern Augen ein Auftritt, den wir seiner Merkwürdigkeit halber nicht übergehen wollen. Vor dem Stadtthore warf ein Gal-

lier Pech und Unschlittkugeln, die immer von Hand zu Hand weiter gereicht wurden, einem unserer Thürme gegenüber in das Feuer; dieser wurde mit einem Scorpion* durch die rechte Seite geschossen und stürzte todt zu Boden. Sein Nachbar sprang an die Stelle der Leiche und übernahm dasselbe Geschäft. Derselbe wurde eben so von einem Scorpion getödtet, in seine Stelle trat der dritte, der vierte und so wurde der Ort immer von den Belagerten besetzt, bis nach Löschung unseres Walles und allgemeiner Zurückwerfung des Feindes das Gefecht beendigt wurde.

26. Als bei allen ihren Versuchen den Galliern nichts geglückt war, faßten sie am folgenden Tage auf des Vercingetorix Anrathen und Befehl den Entschluß, die Stadt zu verlassen. Dieses Vorhaben wollten sie in stiller Nacht ausführen in der Hoffnung, ohne großen Verlust damit zu Stande zu kommen, theils weil Vercingetorix sein Lager in der Nähe hatte, theils weil ein dazwischen liegender ausgedehnter Sumpf die Römer beim Nachsetzen aufhielt. Schon traf man in der Nacht Anstalten hierzu, als auf einmal die Weiber auf die Straßen liefen und kniefällig mit Thränen in den Augen auf das Inständigste baten, sie und ihre gemeinschaftlichen Kinder, da sie doch wegen ihrer Schwäche nicht mit entfliehen könnten, nicht den Feinden zum Martern zu überlassen. Als sie die Männer bei ihrem Entschlusse beharren sahen, weil Furcht in der äußersten Gefahr kein Mitleid fühlt, so heulten sie zusammen und verriethen dadurch die Flucht den Römern. Die Gallier gaben daher aus Furcht, die römische Reiterei möchte ihnen den Weg abschneiden, ihr Vorhaben auf.

27. Tags darauf, als Cäsar einen Thurm vorgeschoben und allen Belagerungswerken, die er begonnen, ihre Richtung gegen die Stadt gegeben hatte, fiel ein starker Platzregen, und er

* Eine Kriegsmaschine. die kleine fein zugespitzte Pfeile und Steine abschleuderte, welche meist tief verwundeten.

glaubte, das Wetter sei nicht ungeeignet, etwas zu wagen. Die Posten auf dem Walle waren, wie er sah, etwas nachlässig besetzt, er ließ daher auch seine Leute die Arbeit schläfrig betreiben und theilte ihnen Verhaltungsbefehle mit. Hierauf hielt er an die Legionen, die innerhalb der bedeckten Wege unbemerkt unter den Waffen standen, eine Anrede des Inhalts, endlich den Siegeslohn für ihre ausgestandenen Strapatzen einzuernten und setzte Preise für die aus, welche zuerst den Wall ersteigen würden; dann gab er das Zeichen zum Angriff. Seine Truppen stürmten plötzlich von allen Seiten hervor und besetzten in kurzer Zeit die Mauer.

28. Bei diesem unvermutheten Ueberfall geriethen die Feinde in Schrecken, wurden von den Thürmen und dem Stadtwall hinuntergejagt und stellten sich auf dem Markt und den offenen Plätzen in keilförmiger Ordnung auf, in der Absicht, jeden Angriff, von welcher Seite man auch anrücken würde, in gerüsteter Schlachtordnung abzuschlagen. Als sie aber wahrnahmen, man rücke nicht auf die Stadtebene herunter, sondern umginge sie auf der Mauer von allen Seiten, so warfen sie aus Furcht, ganz abgeschnitten zu werden, die Waffen weg und liefen ohne Aufenthalt nach den entferntesten Theilen der Stadt. Hier wurden sie theils durch unser Fußvolk bei dem Gedränge durch die engen Thore, theils vor den Thoren von der Reiterei niedergehauen. Niemand dachte an Beute. In der Erbitterung über die Ermordung der römischen Bürger zu Genabum und wegen der Anstrengungen bei dieser Belagerung verschonten unsere Soldaten weder Greise, noch Weiber und Kinder. Von der ganzen Mannschaft, die noch an vierzigtausend Köpfe stark war, kamen kaum achthundert, die bei dem ersten Lärm aus der Stadt entronnen waren, unbeschädigt zu Vercingetorix. Aus Furcht, durch ihre Ankunft und das Mitleid mit ihnen möchte ein Aufstand unter den Soldaten entstehen, ließ Vercingetorix diese Flüchtlinge durch seine in der Entfernung ausgestellten Vertrauten und die Für-

sten auf dem Wege spät in der Nacht heimlich auffangen, vertheilen und Jeden nach dem Ort des Lagers führen, der seiner Nation gleich Anfangs zugetheilt worden war.

29. Am Tage darauf versammelte Vercingetorix seine Truppen und sprach ihnen Trost und Muth zu, sie möchten nicht über ihren Verlust zu kleinmüthig oder bestürzt werden. Die Römer hätten nicht durch Tapferkeit oder im Felde gesiegt, sondern durch eine Kriegslist und ihre Geschicklichkeit in der Belagerungskunde, worin sie selbst noch zurück wären; man irre, wenn man im Kriege nur lauter Glück erwarte. Avaricums Vertheidigung habe nie in seinem Plane gelegen, dessen seien sie selbst Zeugen. Diesen Verlust habe man nur durch den Unverstand der Biturgier und die zu große Nachgibigkeit der Uebrigen erlitten. Doch er wolle ihn in Kurzem durch größere Vortheile wieder gutmachen, denn durch seine Thätigkeit würde er die andern Staaten Galliens, die sich noch nicht zu ihnen geschlagen hätten, in den Bund ziehen und ganz Gallien zu gemeinschaftlichem Vorgehen vereinigen, ein Bündniß, dem bei seiner Einstimmigkeit die ganze Welt nicht widerstehen könnte. Dies sei schon jetzt beinahe so gut wie geschehen. Indessen sei es ihrerseits billig, sich aus Liebe für die allgemeine Wohlfahrt nicht verdrießen zu lassen, das Lager in der Folge zu verschanzen, um desto leichter die unvermutheten Angriffe des Feindes aushalten zu können.

30. Mit Vergnügen hörten die Gallier diese Rede, besonders weil Vercingetorix nach einem so großen Verlust den Muth nicht verloren und sich nicht versteckt oder den Augen des Volks entzogen hatte. Man glaubte, er sähe mit durchdringenderem Blicke in die Zukunft, weil er noch vor dem Unfalle Avaricum zuerst eingeäschert, in der Folge aber geräumt habe. Während also das Ansehen anderer Feldherrn im Unglück sich mindert, so nahm es im Gegentheil bei diesem durch erlittene Unfälle von Tage zu Tage zu. Man machte sich

sogleich nach seiner Aussage Hoffnung auf den Beitritt der übrigen Staaten. Von dieser Zeit erst fingen die Gallier an, ihre Lager zu verschanzen, und dieses sonst an keine Anstrengung gewöhnte Volk war so bestürzt, daß es sich gegen keinen Befehl zu sträuben oder aufzulehnen wagte.

31. Vercingetorix war unterdessen seinem Versprechen gemäß bemüht, die übrigen Staaten mit sich zu vereinigen und lockte deren Häuptlinge durch Geschenke und Verheißungen auf seine Seite. Hierzu bediente er sich geschickter Unterhändler, durch deren verschmitzte Reden und einnehmendes Wesen man sehr leicht irre geführt werden konnte. Was bei der Einnahme von Avaricum entkommen war, ließ er bewaffnen und kleiden; um die geschwächte Armee zu ergänzen, setzte er zugleich für die Staaten eine bestimmte Anzahl Truppen, sowie den Tag ihrer Stellung im Lager fest. Alle Bogenschützen, deren es überaus viele in Gallien gab, mußten ausgehoben und zu ihm geschickt werden. So wurde in kurzer Zeit der Verlust zu Avaricum ersetzt. Indessen stieß auch der König der Nitiobriger, des Ollovico Sohn Teutomatus, dessen Vater von unserem Senate den Ehrennamen »Freund« erhalten hatte, mit einer starken Abtheilung theils eigener Reiter, theils Miethsvölker aus Aquitanien zu ihm.

32. Cäsar dagegen blieb eine Zeit lang in Avaricum stehen und ließ seine Truppen bei dem ungeheuren Vorrath an Lebensmitteln und andern Bedürfnissen, den er hier gefunden hatte, von allem Mühsal und Mangel sich erholen. Der Winter war indessen fast vorüber, und die Jahreszeit lud ein, den Feldzug zu eröffnen. Er beschloß daher, gegen den Feind aufzubrechen, ihn entweder aus den Sümpfen und Wäldern herauszulocken oder darin einzuschließen, da aber kamen edle Aeduer als Gesandte zu ihm mit der Bitte, in dem gegenwärtigen dringenden Augenblicke ihrem Staate zur Hilfe zu kommen. Sie wären in der bedenklichsten Lage, weil sie nun zwei Häuptlinge hätten und jeder behauptete, er sei gesetzmäßig gewählt worden, während doch von Alters her gewöhnlich nur ein Häuptling erwählt würde und die königliche Gewalt ein Jahr lang besäße. Der Eine derselben sei Convictolitavis, ein blühender junger Adliger, der Andere heiße Cotus und stamme aus einer sehr alten Familie, ein Mann von großem Einfluß und ausgedehnter Verwandtschaft, dessen Bruder Valetiacus im verflossenen Jahr dieselbe Würde bekleidet habe. Der ganze Staat stände unter den Waffen, Senat und Volk sei in dem Anhange der Beiden getheilt. Würde diese Zwietracht länger unterhalten, so würde nothwendig ein Theil des Staates mit dem anderen in Streit gerathen, ein Unheil, dem Cäsar durch seine Thätigkeit und sein Ansehen vorbeugen könne.

33. Cäsar hielt zwar selbst seine Entfernung vom Kriegsschauplatz und vom Feinde für nachtheilig, doch kannte er auch die schädlichen Folgen, welche gewöhnlich mit solchen Uneinigkeiten verknüpft sind, und hielt es daher für gut, schleunige Vorkehrungen zu treffen, daß nicht ein so mächtiger, so innig mit Rom verbündeter Staat, dessen Wohlstand er immer befördert, und den er in jeder Hinsicht blühend gemacht habe, zu Gewaltthätigkeiten mit den Waffen schreiten und etwa dann die schwächere Partei den Vercingetorix zum Beistand rufen möchte. Der erste Staatsbeamte durfte aber nach den Gesetzen der Aeduer nicht aus dem Lande gehen, somit entschloß sich Cäsar selbst zu einer Reise in das Aeduergebiet, um auch den Schein eines Eingriffs in ihre Rechte und Gesetze zu vermeiden und beschied den ganzen Senat mit den streitigen Parteien zu sich nach Decetia. Bei der Zusammenkunft beinahe des ganzen Aeduervolkes wurde Cäsar überzeugt, Cotus sei von einigen Wenigen und heimlich Berufenen nicht an dem rechtmäßigen Orte und nicht zu der gesetzmäßigen Zeit gewählt worden, so daß also eigentlich der eine Bruder den andern ausgerufen habe, während doch nach den Gesetzen zwei Lebende aus einer Familie nicht zu gleicher Zeit Senatoren sein, viel weniger zu der

höchsten Gewalt gewählt werden dürften. Er nöthigte daher den Cotus, seine Gewalt niederzulegen; Convictolitavis aber, der nach dem Herkommen von den Priestern in Gegenwart der Beamten erwählt worden war, erhielt durch seinen Ausspruch die Regierungsgewalt.

34. Nach dieser Entscheidung ermahnte Cäsar die Aeduer, alle Streitigkeiten und allen Zwist zu vergessen, sich mit Vermeidung aller Auftritte dieser Art nur mit dem gegenwärtigen Kriege zu beschäftigen und die verdienten Belohnungen nach Galliens Besiegung von ihm zu erwarten.* Dann befahl ihnen Cäsar, ihm ihre ganze Reiterei und zehntausend Mann zu Fuß ohne Verzug zu schicken, um sie zur Deckung seiner Zufuhren zu gebrauchen. Hierauf theilte er seine Truppen in zwei Theile: vier Legionen schickte er mit Labienus in das senonische und parisische Gebiet und zog mit sechs Legionen längs des Flusses Elaver in das arvernische Gebiet gegen die Stadt Gergovia hin. Einen Theil der Reiterei behielt er bei sich, den andern gab er dem Labienus. Auf diese Nachricht hin ließ Vercingetorix alle Brücken über diesen Fluß abbrechen und marschirte auf der anderen Seite des Flusses ihm entgegen.

35. Beide Heere standen einander im Angesicht und lagerten fast gegenüber. Vercingetorix hatte Wachen ausgestellt, damit die Römer nicht irgend wo auf einer schnell geschlagenen Brücke hinübergehen möchten. Cäsar gerieth dadurch in die große Verlegenheit, den größten Theil des Sommers hindurch von dem Flusse aufgehalten zu werden, weil man selten vor dem Herbst den Elaver durchwaten kann. Diesem vorzubeugen, schlug Cäsar einer Brücke gegenüber, die Vercingetorix hatte abbrechen lassen, in einem Gebüsche ein Lager und hielt sich den folgenden Tag hindurch mit zwei Legionen verborgen, die übrigen Truppen aber ließ er mit dem vollständigen Gepäck, ganz wie gewöhnlich, ausrücken, nachdem er immer

* Vgl. Kap. 37.

die vierte Cohorte zurückbehalten hatte, damit dennoch die Zahl der Legionen als vollständig erschiene. Die Legionen mußten nach seinem Befehle, so weit sie konnten, aufwärts ziehen. Als Cäsar aus der Tageszeit muthmaßte, sie hätten ihr Nachtlager erreicht, ließ er die Brücke auf den Pfeilern, deren untere Theile unbeschädigt geblieben waren, wieder herstellen. Der Bau wurde beschleunigt, die Legionen hinübergeführt und ein passender Ort zum Lager gewählt, worauf Cäsar die übrigen Legionen zurückrief. Vercingetorix gewann bei der Nachricht hiervon durch starke Märsche, um sich nicht gegen seinen Willen schlagen zu müssen, einen Vorsprung.

36. Cäsar kam in fünf Märschen von diesem Orte vor Gergovia an und hatte an demselben Tage noch ein kleines Reitergefecht. Beim Anblick der Stadt, der bei ihrer Lage auf einem sehr hohen Berge nirgends leicht beizukommen war, gab Cäsar die Hoffnung auf, sie erstürmen zu können, und beschloß zugleich, die Belagerung derselben nicht eher anzufangen, bis er für den Unterhalt seiner Truppen gesorgt hätte. Vercingetorix schlug indessen vor der Stadt ein Lager auf dem Berge auf und stellte die Völker jedes Staates in mäßigen Entfernungen besonders; und da alle Anhöhen des Bergrückens von der Seite, die wir sehen konnten, besetzt waren, so gewährte dies einen furchtbaren Anblick. Die Häuptlinge der Staaten, die er zu seinen Kriegsräthen erwählt hatte, mußten sich Tag für Tag bei ihm einfinden, für den Fall, daß ihnen etwas mitzutheilen oder aufzutragen wäre. Fast täglich machte er in Reitergefechten mit Bogenschützen Versuche an dem Muthe und der Tapferkeit jedes Volkes. Der Stadt gerade gegenüber lag hart an dem Fuße des Gebirges ein vortrefflich befestigter und auf allen Seiten schroffer Hügel; waren wir Herren dieses Platzes, so schien der Feind größtentheils von dem Wasser und von der ungehinderten Einsammlung des Futters abgeschnitten. Da dieser Hügel nur schwach besetzt war, brach Cäsar in der Stille der Nacht aus dem Lager auf, warf die

Bedeckung, ehe man ihr aus der Stadt zu Hilfe kommen konnte, den Berg hinunter und nahm so den Ort weg; besetzte ihn dann mit zwei Legionen und zog einen Doppelgraben, jeden von zwölf Fuß, aus dem großen Lager in das kleine, damit selbst einzelne Soldaten bei dem Hin- und Hergehen vor unvermutheten Ueberfällen sicher wären.

37. Während dieser Vorgänge bei Gergovia bestachen die Arverner den Aeduer Convictolitavis, dem Cäsar nach der früheren Erzählung* die höchste Staatsstelle zugesprochen hatte. Er verband sich mit einigen jungen Männern, unter denen Litavicus und seine Brüder, junge Adlige aus einem erlauchten Hause, die Vornehmsten waren. Mit diesen theilte er die Geschenke und redete ihnen zu: nicht zu vergessen, daß sie freie Männer und zur Herrschaft geboren seien. Durch die Aeduer allein nur würde der entschiedene Sieg Galliens noch aufgehalten; ihr Einfluß sei ein Zaum für die Uebrigen, träten diese aber den Galliern bei, so müßten die Römer das Land räumen. Er habe wol einige Verbindlichkeiten gegen Cäsar, doch habe er weiter nichts erhalten, als das, wozu er das größte Recht gehabt. Doch noch mehr Werth lege er auf die allgemeine Freiheit, denn warum sollten eher die Aeduer bei Cäsar um Entscheidung über ihre Rechte und Staatsgesetze einkommen, als die Römer bei den Aeduern?

Durch diese Rede des ersten Staatsbeamten, wie durch Bestechung wurden sogleich die jungen Leute auf seine Seite gebracht und erboten sich sogar, die Hauptrolle bei dem Unternehmen zu spielen. Allein man bezweifelte, den Staat so leicht zu Feindseligkeiten verleiten zu können und berathschlagte über die Ausführung dieses Planes. Endlich wurde man einig, Litavicus solle den Oberbefehl über die zehntausend Mann, die man zu Cäsar schicken wollte,** erhalten und

---

* Kap. 33.

** Vgl. Kap. 34.

sie ihm selbst zuführen, seine Brüder aber sollten vorausgehen. Auch wie Alles sollte ausgeführt werden, wurde des Weiteren verabredet.

38. Litavicus übernahm den Oberbefehl. Dreißig Millien ungefähr von Gergovia rief er plötzlich die Soldaten zusammen und sprach unter Thränen: »Soldaten! wohin marschiren wir? Unsere ganze Reiterei, unser gesammter Adel ist ermordet. Die ersten Männer unseres Staates, Eporedorix und Viridomarus, sind von den Römern unter Beschuldigung einer Verrätherei, ohne jede weitere Untersuchung, hingerichtet. Hört den Vorgang aus dem Munde Jener, die mitten aus dem Blutbad entflohen sind; denn bei dem Verlust meiner Brüder und meiner ganzen Verwandtschaft kann ich selbst ihn vor Schmerz nicht erzählen.« Hierauf ließ er Leute auftreten, die von ihm schon zuvor über ihre Aussagen unterrichtet waren, und diese erzählten vor dem Heere ausführlich, was Litavicus bereits gesagt hatte, daß die Reiterei der Aeduer insgesammt niedergehauen sei, weil man sich in eine Verbindung mit den Arvernern eingelassen haben solle. Sie hätten sich unter den Haufen der Soldaten versteckt und wären nur so aus dem Gewürge entflohen. Die Aeduer schrieen nun und baten: Litavicus solle ihnen doch rathen. Er aber sprach: »Als ob wir noch bei solchen Umständen eines Rathes bedürften und nicht sofort nach Gergovia aufbrechen müßten, um uns mit den Arvernern zu vereinigen! Meinen wir etwa noch, daß die Römer nach diesem Verbrechen nicht herbeieilen werden, um auch uns niederzumetzeln? Laßt uns also, wenn unser Muth nicht ganz erschlafft ist, den Tod unserer so schändlich umgebrachten Landsleute rächen und diese Mörder niederhauen.« Hierbei zeigte er auf dic römischen Bürger, die, im Vertrauen auf diese Bedeckung, mitgezogen waren. Sogleich ließ er eine Menge Getreide und Lebensmittel ihnen wegnehmen und sie selbst unter grausamen Martern ermorden, schickte dann Boten überall in dem ädnischen Gebiete umher, brachte Alles

durch die Lüge von der Ermordung der Reiter und Adligen aus, und ermahnte, nach seinem Beispiele die erlittenen Mißhandlungen zu rächen.

39. Unter der Reiterei befand sich der Aeduer Eporedorix, ein junger Mann von hohem Adel und sehr großem Ansehen in seinem Staate, so wie Viridomarus, der ihm an Jahren und Ansehen gleich, aber von geringerer Herkunft war. Cäsar hatte ihn von Divitiacus in seine Dienste genommen und aus niederm Stande zum höchsten Range erhoben. Diese Männer waren von ihm ausdrücklich zum Feldzug aufgefordert worden. Beide wetteiferten mit einander um den Vorrang, und in der angeführten Streitigkeit über die höchste Gewalt verwendete sich der Eine aus allen Kräften für Convictolitavis, der Andere für Cotus. Einer derselben, nämlich Eporedorix, erhielt Nachricht von dem Plan des Litavicus und hinterbrachte es, etwa um Mitternacht, dem Cäsar, mit der Bitte, zu verhüten, daß ihr Staat durch die verderbten Anschläge junger Leute von der Freundschaft mit Rom abfalle, was, wie er voraussehe, geschehen würde, wenn soviele Tausende zum Feinde übergingen, deren Schicksal weder ihre Verwandten gleichgiltig ansehen, noch auch der Staat selbst gering anschlagen könne.

40. Diese Nachricht setzte Cäsar in große Betrübniß, weil er von jeher den Staat der Aeduer mit ausgezeichneter Milde behandelt hatte. Er brach also ohne Zaudern mit vier Legionen ohne Gepäck und mit der ganzen Reiterei auf. Das Lager konnte man unter solchen Umständen, aus Mangel an Zeit, nicht enger zusammenziehen, weil Alles von der schnellen Ausführung seines Planes abhing. Zur Vertheidigung des Lagers ließ er seinen Legaten Quintus Fabius mit zwei Legionen zurück. Als er sich zuvor noch der Brüder des Litavicus bemächtigen wollte, hörte er, daß sie vor wenigen Augenblicken zum Feinde entflohen seien. Cäsar ermahnte seine Soldaten, in dem Drange der Zeitumstände sich einen lästigen Marsch nicht verdrießen zu lassen. Alles war voll Eifer. Nach einem

Marsche von fünfundzwanzig Millien stieß er auf den Heerhaufen der Aeduer. Die Reiterei mußte auf seinen Befehl anrükken, hielt den Feind auf und zwang ihn, Halt zu machen; doch durfte Niemand dabei getödtet werden. Den Eporedorix und Viridomarus, die nach dem Glauben der Aeduer todt sein sollten, ließ Cäsar mit der Reiterei vorrücken und ihren Landsleuten zurufen. Als die Aeduer diese sahen, und die Betrügereien des Litavicus erkannten, streckten sie ihre Hände aus und gaben so zu verstehen, daß sie sich unterwürfen, warfen ihre Waffen weg und baten um ihr Leben. Litavicus selbst flüchtete sich mit seinen Schutzgenossen, die nach gallischer Sitte auch in der äußersten Noth ihren Schutzherrn nicht verlassen dürfen,* nach Gergovia.

41. Cäsar schickte sogleich durch Boten an den Staat der Aeduer die Nachricht: nach dem Kriegsrecht habe er zwar ihre Truppen dürfen niederhauen lassen, aber er begnadige sie in seiner Güte. Nach einer Rast von drei Stunden zur Nachtruhe brach er nach Sergovia auf; auf dem halben Wege ungefähr kamen reitende Boten von Fabius mit der Anzeige, wie gefährlich dessen Lage gewesen sei; es sei ein Gesammtangriff auf das Lager geschehen, der Feind habe seine ermüdeten Truppen öfter mit frischem Volke abgelöst, und unsere Leute, die wegen der Größe des Lagers sich nicht von dem Walle hätten entfernen dürfen, durch die ununterbrochene Anstrengung abgemattet. Bei dem Hagel von Pfeilen und Wurfwaffen jeder Art seien Viele verwundet worden. Das schwere Geschütz** habe viel dazu beigetragen, daß sie sich gehalten. Bei der Boten Abgang seien auf des Fabius Befehl alle Thore, bis auf zwei, verrammelt, Brustwehren an dem Walle angebracht und Vorbereitungen zu denselben Auftritten für den nächsten Tag gemacht worden. Durch die außerordentlichen Anstren-

---

* Vgl. Buch 3, 22 und 6, 15.

** Wie die Balisten und Katapulten.

gungen der Truppen auf diese Nachricht hin erreichte Cäsar noch vor Sonnenaufgang das Lager.

42. Während dieser Ereignisse bei Gergovia ließen sich die Aeduer auf die erste Botschaft von Litavicus, ohne sich nur Zeit zur Untersuchung zu nehmen, Einige von Geiz, Andere von Rachsucht und einem dieser Nation eigenthümlichen Leichtsinne* verleiten, eine ungegründete Sage für ausgemachte Wahrheit zu halten. Man plünderte die römischen Bürger, mordete und schleppte sie in die Sklaverei. Convictolitavis besonders gab der Sache den Ausschlag und brachte den Pöbel so in Wuth, daß er eine That verübte, die eine Rückkehr zur Vernunft unmöglich machte. Man ließ nämlich den Marcus Aristius, einen Kriegstribun, der sich zu seiner Legion begeben wollte, mit der Zusage eines sichern Geleits aus Cabillonum ziehen und dasselbe mußten die römischen Bürger thun, die ihrer Geschäfte wegen sich da aufhielten. Auf dem Wege überfiel man sie dann plötzlich und nahm ihnen ihr Gepäck ab, sie selbst wurden, als sie sich zur Wehr setzten, Tag und Nacht umzingelt gehalten, und nach einem starken Verlust auf beiden Seiten wurde noch mehr Volk unter die Waffen gebracht.

43. Indessen lief die Nachricht ein, daß alle ihre Soldaten sich in Cäsars Gewalt befänden. Nun eilte man zu Aristius und erklärte ihm: der Staat habe an diesem ganzen Unfug keinen Theil gehabt. Man stellte jetzt Untersuchungen über die Plünderungen an, zog des Litavicus und seiner Brüder Vermögen ein und schickte eine Gesandtschaft an Cäsar, um sich von jedem Vorwurf zu reinigen. Dies geschah jedoch nur, um ihre Leute aus Cäsars Händen zu bringen; denn in das Verbrechen einmal mit verwickelt und gelockt durch den Vortheil von den geraubten Gütern (eine Sache die ja so Viele anging), und endlich auch geschreckt durch die Furcht vor Strafe, machte man in

* Auch ein bedeutender französischer Charakterzug.

der That im Stillen Pläne zum Kriege und wiegelte durch Gesandtschaften auch die übrigen Staaten auf. Dies Alles wußte Cäsar, trotzdem sprach er auf das Huldreichste so mit den Gesandten: »Unverstand und Leichtsinn des Pöbels stimme seine gute Gesinnung über ihren Staat nicht um, und vermindere nicht seine Gewogenheit gegen die Aeduer.« Aus Besorgniß, der Aufstand in Gallien würde noch weiter um sich greifen, überlegte Cäsar nun, wie er, um nicht von allen gallischen Staaten eingeschlossen zu werden, von Gergovia wegziehen und wieder seine ganze Macht vereinigen könnte, ohne daß sein Abzug, der die Furcht einer allgemeinen Empörung zum Grunde hatte, den Anschein einer Flucht gewänne.

44. Mitten in dieser Ueberlegung glaubte Cäsar eine günstige Gelegenheit zu einem glücklichen Schlage erhalten zu haben. Bei seiner Anwesenheit in dem kleineren Lager, um hier die Arbeiten zu besichtigen, fand er den Hügel, der von dem Feinde besetzt war, ohne Truppen, obschon er an den vorhergehenden Tagen dicht mit Truppen besetzt war. Das kam ihm sonderbar vor, und er erkundigte sich deshalb bei den Ueberläufern, die täglich zahlreich ankamen, nach der Ursache. Ihre Aussagen stimmten darin überein, der Rücken des Hügels sei, was Cäsar auch schon durch seine Späher wußte, ganz flach, aber gebüschig und schmal auf dem Wege nach der gegenüber liegenden Stadtseite zu. Wegen dieses Orts sei man sehr besorgt und glaube, nach der Wegnahme des einen Hügels durch die Römer würde man, wenn man auch diesen verlöre, fast ganz eingeschlossen und gänzlich von der Flucht und dem Einsammeln des Futters abgeschnitten sein. Vercingetorix habe deswegen das ganze Lager zur Verschanzung dieses Postens abberufen.

45. Infolge dieser Nachricht schickte Cäsar mehrere Reiterhaufen um Mitternacht an diesen Ort mit dem Befehl, lärmend überall umher zu streifen. Mit Tagesanbruch ließ er Troß und Maulthiere in großer Anzahl vor das Lager führen, diesen

ihre Tragsättel abnehmen, und die Maulthiertreiber mit Helmen, wie Reiter, die Hügel umreiten. Einige Reiterei wurde ihnen zugesellt, die, um Aussehen zu machen, sich weit ausbreiten mußte. Alle hatten den Befehl, sich auf einem großen Umwege an denselben Punkt zu wenden. Das sah man in der Ferne aus der Stadt, da man von Gergovia eine Aussicht auf das Lager hatte, doch der großen Entfernung wegen konnte man nichts genau unterscheiden. Eine Legion mußte nach demselben Hügel aufbrechen, die Cäsar nach einem kurzen Vorrücken an dessen Fuß aufstellte und in dem Gehölz verbarg. Das bestärkte die Gallier in ihrer Ansicht, und ihre ganze Macht zog sich jetzt zu den Schanzarbeiten dahin.* Als Cäsar so das Lager entblößt sah, ließ er seine Völker einzeln mit bedeckter Waffenzierrath und verborgenen Feldzeichen (um nicht aus der Stadt gesehen zu werden) aus dem Hauptlager in das kleinere gehen, und theilte den Legaten, welchen er die einzelnen Legionen anvertraut hatte, ihre Verhaltungsbefehle mit. Vor allen Dingen schärfte er ihnen ein, die Truppen beisammen zu halten, damit sie nicht aus Kampflust oder aus Hoffnung auf Beute zu weit sich hinreißen ließen. Er stellte ihnen die Schwierigkeiten bei dem unbequemen Boden vor, die man nur durch Schnelligkeit beseitigen könne; nur der günstige Zeitpunkt, nicht ein Treffen könne hier entscheiden. Nach diesen Erklärungen gab er das Zeichen zum Vorrücken und ließ zu gleicher Zeit auf der rechten Seite durch einen andern Weg die Aeduer bergan ziehen.

46. Von der Ebene und dem Fuß des Hügels hatte man in gerader Linie ohne Umweg bis an die Stadtmauer zwölfhundert Schritte; so viel man nun umging, um das steile Aufsteigen zu mildern, so viel verlängerte sich natürlich auch der Weg. In der

---

* Also Cäsar wollte durch Scheinmanöver die Aufmerksamkeit der Feinde nur auf ihre neue Verschanzung concentriren, um so anderwärts ungestört operiren zu können.

Mitte des Hügels ungefähr hatten die Gallier eine sechs Fuß hohe Mauer von großen Steinen längs des Berges, soweit es der gebirgige Boden erlaubte, vorgebaut, um unsern Angriff zu erschweren. Unter dieser Schanze war ein Hügel unbesetzt, über der Schanze standen bis an die Stadtmauer Lager an Lager. Auf das gegebene Zeichen kamen die Truppen ohne Verzug an diese Schanze, erstiegen sie und eroberten drei Lager. Die Wegnahme derselben geschah in solcher Geschwindigkeit, daß Teutomatus, der Nitiobrigerfürst, unvermuthet bei seiner Mittagsruhe in dem Zelt überrascht wurde, und kaum noch mit entblößtem Oberleib auf einem verwundeten Pferde den Händen der plündernden Soldaten entfliehen konnte.

47. Cäsar hatte also seine Absicht erreicht und ließ zum Rückzug blasen. Die zehnte Legion, zu der er selbst gesprochen hatte,* machte sogleich Halt; allein die übrigen Legionen hörten wegen des ziemlich großen Thales, das dazwischen lag, den Schall der Tuba nicht, doch wurden sie von den Tribunen und Legaten zurückgehalten. Allein hingerissen von der Hoffnung auf schnellen Sieg durch die Flucht der Feinde und das Waffenglück in der vorhergegangenen Zeit, glaubten sie, nichts sei für ihre Tapferkeit zu schwer. Sie setzten daher dem Feinde bis an die Mauer und die Stadtthore nach. Da erhob sich hierauf ein Geschrei in allen Theilen der Stadt. Die in den entfernten Stadttheilen stürzten vor Schrecken wegen des plötzlichen Lärms zum Ort hinaus in dem Glauben, die Feinde seien schon eingedrungen. Die Frauen warfen, mit bloßer Brust über die Stadtmauer liegend, Kleider und Silber den Soldaten zu und baten mit ausgebreiteten Armen die Römer um Gnade: man solle sich doch nicht, wie zu Avaricum, an Weibern und Kindern vergreifen. Einige ließen sich an den Händen die Mauer hinunter und warfen sich den Soldaten in die Arme. Lucius Fabius,

* Sie war Cäsars Lieblingslegion; vgl. 1, 40.

ein Centurio von der achten Legion, der, angefeuert durch Cäsars Belohnungen bei Avaricum, nach zuverlässigen Nachrichten an diesem Tage seinen Soldaten erklärt hatte: vor ihm dürfe Keiner auf die Stadtmauer kommen, ließ sich von drei Soldaten seiner Manipel in die Höhe heben und erstieg die Mauer; dann reichte er Einem nach dem Andern die Hand und zog sie so ebenfalls hinauf.

48. Indessen eilten die Truppen, die nach unserer Erzählung sich zu der Schanzarbeit an der andern Stadtseite versammelt hatten, auf das erste Geschrei, dann auch durch die wiederholte Nachricht, die Stadt sei in den Händen der Römer, angespornt herbei; die Reiter ihnen voraus. Sobald sie ankamen, stellten sie sich an der Mauer auf und verstärkten so die Gegenwehr. Als sich nun viel Truppen versammelt hatten, beschworen die gallischen Weiber, die kurz zuvor von der Mauer ihre Arme den Römern entgegengestreckt hatten, ihre Landsleute, zeigten nach gallischer Sitte ihr fliegendes Haar und führten ihre Kinder vor. Die Römer hatten des Bodens, sowie auch der Uebermacht des Feindes wegen einen bösen Stand, und überdies durch Laufen und anhaltendes Gefecht abgemattet, hielten sie es nicht leicht gegen frische unermüdete Truppen aus.

49. Beim Anblick unseres nachtheiligen Standorts und der anwachsenden Macht der Feinde gerieth Cäsar seiner Leute wegen in große Sorgen, und schickte dem Legaten Titus Sextius, den er zur Deckung des kleinen Lagers zurückgelassen hatte, den Befehl, mit seinen Cohorten eilends aus dem Lager aufzubrechen und sich an den Fuß des Hügels gegen die rechte Seite des Feindes hin aufzustellen, um, falls er unsere Truppen zurückgedrängt sähe, ihm die Verfolgung zu erschweren. Cäsar selbst rückte mit seiner Legion etwas weiter vor und erwartete hier den Ausgang der Schlacht.

50. Während des hitzigsten Handgemenges, als die Feinde sich auf Standort und Uebermacht, unsere Truppen aber auf

ihre Tapferkeit verließen, kamen die Aeduer, die Cäsar auf einem andern Wege rechts bergauf geschickt hatte, um die Feinde auseinander zu drängen, plötzlich auf der rechten Seite der Unsrigen zum Vorschein. Diese setzten durch ähnliche Bewaffnung unsere Leute in großen Schrecken; man sah zwar an ihnen das Zeichen der unterworfenen Völker, die bloße rechte Schulter, allein eben dadurch glaubten unsere Truppen, man wolle sie täuschen. Zur gleichen Zeit wurde der Centurio Lucius Fabius und die mit ihm die Mauer erstiegen hatten, übermannt, niedergemacht und über die Mauer hinuntergeworfen. Marcus Petrejus, ein Centurio von derselben Legion, wollte die Thore aufsprengen, als der Völkerschwarm auf ihn losstürzte und, weil er bei seinen vielen Wunden an seiner Rettung verzweifelte, so rief er den Leuten seines Manipels, die ihm gefolgt waren, zu: »Mit euch kann ich mich zugleich nicht retten. Ich will also wenigstens für eure Erhaltung sorgen, da ich euch aus Ruhmsucht in Gefahr gebracht habe. Rettet euch, wohin ihr könnt!« Sogleich brach er mitten durch die Feinde, streckte zwei zu Boden und drängte die Uebrigen etwas von dem Thore zurück. Seinen Leuten, die ihn unterstützen wollten, rief er zu: »Eure Mühe um mich ist vergebens, schon schwinden mir Blut und Kräfte. Macht euch also fort, jetzt, da ihr noch könnt und begebt euch zu der Legion.« So fiel er mit dem Schwerte in der Faust und rettete die Seinen.

51. Jetzt wurden die Unsern auf allen Punkten zurückgedrängt und mit Verlust von sechsundvierzig Hauptleuten von unserm Standort geworfen, die Gallier setzten übermüthig nach, wurden aber von der zehnten Legion, die zur Unterstützung einen etwas vortheilhafteren Punkt besetzt hatte, aufgehalten. An ihre Stelle traten sodann die Cohorten der dreizehnten Legion, die mit dem Legaten Titus Sextius aus dem kleinen Lager auf eine Anhöhe vorgerückt waren. So wie unsere Truppen die Ebene erreichten, stellten sie sich sogleich wieder gegen den Feind auf. Vercingetorix zog sich vom Fuße des Berges in

seine Verschanzungen zurück. Dieser Tag kostete uns beinahe siebenhundert Mann.

52. Tags darauf ließ Cäsar seine Truppen zusammenkommen und verwies ihnen ihre Verwegenheit und Hitze, daß sie eigenmächtig gehandelt hätten und trotz des Zeichens zum Rückzug vorwärts gerückt wären, ohne sich von den Tribunen und Legaten zurückhalten zu lassen. Er zeigte ihnen, wie viel die ungünstige Lage eines Ortes entscheide, und wie er dies selbst empfunden hätte, als er bei Avaricum die Feinde ohne Anführer und ohne Reiterei überrascht und dennoch einen unbezweifelten Sieg sich habe aus den Händen gehen lassen, um sie wegen des nachtheiligen Schlachtfeldes auch einem geringen Verlust im Gefechte nicht auszusetzen. So sehr er ihre Geistesgegenwart bewundere, daß sie sich nicht durch das verschanzte Lager, nicht durch den hohen Berg, nicht durch die Stadtmauer hätten aufhalten lassen, eben so tadle er ihre Unbescheidenheit und Anmaßung, sich besser als der Feldherr auf Siege und den Ausgang der Schlachten verstehen zu wollen. Er verlange von einem Soldaten Tapferkeit und hohen Muth, aber eben so auch Bescheidenheit und Gehorsam.

53. Diese Rede an die versammelten Truppen schloß Cäsar mit einer Aufmunterung an die Soldaten, deswegen nicht kleinmüthig zu werden, noch das, was man durch den nachtheiligen Ort gelitten habe, der Tapferkeit des Feindes zuzuschreiben, und weil er seinen früher gefaßten Entschluß, von Gergovia abzuziehen, noch nicht aufgegeben hatte, so rückte er mit den Legionen aus und stellte sich an einem geeigneten Platze in Schlachtordnung auf. Vercingetorix aber blieb auf seiner Anhöhe. Cäsar ging deshalb nach einem kleinen Reitergefecht, das für ihn glücklich ausgefallen war, in das Lager zurück. Dasselbe geschah auch an dem folgenden Tage. Nun glaubte er, er habe genug gethan, den Hochmuth der Gallier zu demüthigen und den Muth der Seinen zu stärken, und brach gegen das äduische Gebiet auf. Als Jener auch jetzt nicht einmal ihm nachrückte,

stellte Cäsar die Brücke über den Elaver her und ging mit dem Heere hinüber.

54. Hier verlangten die Aeduer Viridomarus und Eporedorix mit Cäsar zu sprechen und meldeten ihm, Litavicus sei mit der ganzen Reiterei auf dem Marsche, um die Aeduer aufzuwiegeln; sie müßten deshalb vorausgehen, um den Staat in seiner Treue zu bestärken. Cäsar hatte schon viele überzeugende Beweise von der Treulosigkeit der Aeduer und glaubte, deren Empörung würde durch die Entfernung dieser Männer beschleunigt werden. Doch wollte er sie nicht aufhalten, um keine Gewaltthätigkeiten auszuüben oder einen Verdacht von Furcht zu erregen. Beim Abschied stellte er ihnen kurz seine Verdienste um die Aeduer vor: in welcher Lage und wie herabgewürdigt er sie angetroffen habe, zurückgedrängt in die Städte, beraubt ihrer Feldmarken, verlustig ihres Heeres, zinsbar durch abgedrungene Geiseln und ganz entehrt – zu welchem Wohlstand hingegen, zu welcher Größe er sie dann erst gebracht, so daß sie nicht allein wieder in ihre alten Verhältnisse gekommen wären, sondern auch, wie man sehe, mehr Ansehen und Achtung als je erlangt hätten. Mit diesen Aufträgen entließ er sie.

55. Cäsar hatte nach Noviodunum,* einer Stadt der Aeduer, in einer vortheilhaften Lage am Ligeris, alle Geiseln aus Gallien, den Getreidevorrath, die Kriegskasse und größtentheils sein und des Heeres Feldgepäck bringen lassen, dazu auch eine große Anzahl Pferde, die für diesen Krieg in Italien und Hispanien angekauft waren. Nach des Eporedorix und Viridomarus Ankunft hier, und den Nachrichten vom Zustande in ihrem Staate: daß nämlich Litavicus von den Aeduern in Bibrakte, einer der angesehensten Städte ihres Landes, aufgenommen sei, daß das Staatsoberhaupt Convictolitavis mit einem großen Theile des Senats zu ihm gekommen sei, und daß man im

---

* Es scheint eine andere Stadt gleichen Namens, als die schon früher erwähnte, zu sein.

Namen des Staats Gesandte zu Vercingetorix geschickt habe, um Frieden und Freundschaft mit ihm abzuschließen, wollten diese einen so günstigen Augenblick nicht unbenutzt lassen. Sie ließen daher die Bedecktung zu Noviodunum mit allen römischen Kaufleuten und Reisenden, die da waren, niederhauen und theilten Geld und Pferde mit einander. Die Geiseln wurden nach Bibrakte zu dem Staatsoberhaupt geschickt, der Ort, weil man nicht glaubte ihn behaupten zu können, in Brand gesteckt, damit ihn nicht die Römer mit Vortheil gebrauchen möchten, das Getreide, so weit das in der Eile möglich, zu Wasser fortgeführt, der Rest aber in den Fluß geschüttet oder verbrannt. Sie selbst zogen aus den benachbarten Gegenden Truppen an sich, besetzten mit Posten und Wachen die Ufer des Ligeris und ließen, um Schrecken einzujagen, Reiterei nach allen Seiten streifen, um vielleicht den Römern die Lebensmittel, oder diese durch Mangel selbst von der Provinz abzuschneiden. Hierbei kam ihnen nicht wenig zu Statten, daß der Ligeris durch das Schneewasser so angeschwollen war, daß ein Uebergang völlig unthunlich schien.

56. Als Cäsar davon unterrichtet war, fand er für gut, seinen Marsch zu beschleunigen, um, wenn er etwa beim Legen der Brücken ein Treffen wagen müßte, eher zu schlagen, bevor der Feind sich verstärkt habe, denn um jetzt sich nach der Provinz zu wenden, was nunmehr Jeder für unumgänglich nothwendig ansah, davon hielten ihn theils das Schimpfliche und Unwürdige der Sache selbst, theils das dazwischen liegende Cevennengebirge und die Schwierigkeiten des Weges ab; besonders aber der Umstand, daß er für Labienus und die Legionen, die er mit ihm nach Agedicum hatte ziehen lassen, in der größten Besorgniß war. Er erreichte also in starken Märschen bei Tag und Nacht gegen Jedermanns Vermuthen den Ligeris, ließ durch seine Reiter eine Furt suchen, die wenigstens für diese dringenden Umstände geeignet genug war, da Schultern und Arme der Soldaten außer Wasser blieben, stellte dann seine Reiterei, um die Gewalt des Stroms zu brechen, in den Fluß und ging glücklich mit dem Heere hinüber, nachdem gleich bei dem ersten Anblick der Feind in Unordnung gerathen war. Das Heer wurde reichlich mit Getreide von den Feldern und dem vielen Vieh, das er hier vorfand, versehen und Cäsar trat den Marsch in das senonische Gebiet an.

57. Während dieser Auftritte mit Cäsar ließ Labienus die Ergänzungsmannschaft, die er vor Kurzem aus Italien erhalten hatte, zur Bedeckung des Gepäcks in Agedicum zurück und ging mit vier Legionen auf Lutetia los. Dieser Ort gehört den Parisiern und liegt auf einer Insel der Sequana. Auf die Nachricht von des Labienus Anzuge zog sich eine bedeutende Streitmacht aus den nächsten Staaten zusammen. Der Oberbefehl wurde dem Aulerker Camulogenus aufgetragen, den man, seiner außerordentlichen Kriegskenntnisse wegen, bei seinem hohen Alter zu dieser Würde berufen hatte. Als er wahrnahm, daß der Sumpf, der seinen Ausfluß in die Sequana hat, ununterbrochen fortgehe und den Durchzug durch die ganze Gegend sehr beschwerlich mache, setzte er sich hier fest und machte uns den Uebergang streitig.*

58. Labienus versuchte Anfangs, Sturmdächer herbeizurücken, den Sumpf mit Faschinen und Schutt aufzufüllen und sich einen Weg zu bahnen. Als er aber die zu großen Schwierigkeiten dabei erkannte, verließ er mit der dritten Nachtwache in der Stille das Lager und ging auf dem Wege, auf dem er gekommen war, nach Melodunum.** Der Ort ist senonisch und liegt, wie wir auch so eben bei Lutetia bemerkt haben, auf einer Insel der Sequana. Hier fielen ungefähr fünfzig Schiffe dem Labienus in die Hände, die er sogleich zusammenjochte, mit Soldaten besetzte und sich dann, bei dem Schrecken der

---

* Paris lag damals nur auf der Insel. Die Römer haben die Marne, welche in die Seine mündet, ihres langsamen Laufes wegen für einen Sumpf gehalten.

** Melun.

Feinde über einen so unerwarteten Ueberfall, ohn' Schwertstreich zum Herrn der Stadt, deren Bewohner größtentheils zum Krieg aufgeboten waren, machte. Nachdem hierauf die Brücke, die der Feind in den früheren Tagen abgebrochen hatte, hergestellt war, ging er mit dem Heere darüber und zog längs des Flusses nach Lutetia. Auf die Nachricht hiervon durch die Flüchtlinge aus Melodunum ließen die Feinde Lutetia in Brand stecken und die Brücken dieser Stadt zerstören. Sie zogen sich dann von dem Sumpfe weg und lagerten sich an dem Ufer der Sequaua, auf der andern Seite von Lutetia, dem Lager des Labienus gegenüber.

59. Es hieß bereits, Cäsar habe Gergovia verlassen. Schon verbreiteten sich Gerüchte von dem Abfall der Aeduer und dem gelungenen Aufstand der Gallier. Die Gallier behaupteten sogar in ihren Gesprächen, man habe dem Cäsar den Uebergang über den Ligeris abgeschnitten, und er habe sich aus Mangel an Lebensmitteln nach der Provinz gewendet. Auf die Nachricht von der Empörung im Aeduischen boten die Bellovaker, die an und für sich schon früher es nicht aufrichtig meinten, Truppen auf und machten öffentliche Zurüstungen zum Kriege. Bei diesen so veränderten Verhältnissen in Gallien sah nun Labienus wohl ein, er müsse nun einen ganz andern Plan befolgen, als er sich seither gemacht hatte. An Eroberungen und Schlachten mit den Feinden dachte er jetzt nicht mehr, sondern nur daran, wie er sein Heer ohne Anstoß nach Agedicum zurückbrächte; denn einerseits drangen die Bellovaker, die in dem größten Rufe der Tapferkeit bei den Galliern stehen, vor, andrerseits drohte Camulogenus mit einem gerüsteten, wohlgeordneten Heere. Ueberdies trennte seine Legion ein breiter Strom von der Besatzung und dem Gepäck. In dieser mißlichen Lage, in die er unvermuthet versetzt war, sah Labienus kein anderes Rettungsmittel, als Tapferkeit.

60. In einem Kriegsrath, den er gegen Abend hatte berufen lassen, schärfte er demnach ein, pünktlich und sorgfältig

seine Befehle zu vollstrecken, und vertheilte unter einzelne römische Ritter die Schiffe, die er von Melodunum weggeführt hatte, mit dem Befehl, am Ende der ersten Nachtwache in der Stille viertausend Schritt flußabwärts zu fahren und ihn da zu erwarten. Fünf Cohorten, die er für zu schwach in der Schlacht hielt, mußten zur Bedeckung des Lagers zurückbleiben, die fünf übrigen von derselben Legion aber nebst dem ganzen Troß der Armee um Mitternacht mit großem Geräusch flußaufwärts marschiren. Auch ließ er Kähne aussuchen und sie mit großem Lärm ihnen nachfahren. Eine kurze Zeit darauf brach er selbst mit drei Legionen in der Stille nach dem Ort auf, wo dem gegebenen Befehl gemäß die Schiffe landen mußten.

61. Nach seiner Ankunft wurden die feindlichen Wachen, die am ganzen Ufer aufgestellt waren, bei einem plötzlich entstandenen Ungewitter von uns überrascht. Das Fußvolk und die Reiterei setzten unter Leitung der römischen Ritter, denen dies Geschäft übertragen war, über. Gegen Tagesanbruch hörten die Feinde fast zu gleicher Zeit, man vernehme in dem römischen Lager einen ungewöhnlichen Lärm, ein großer Heerhaufen fahre flußaufwärts und man höre da das Plätschern von Rudern, auch würden etwas weiter unten Truppen übergesetzt. Durch diese Nachrichten geriethen die Feinde in den Glauben, die Legionen gingen an drei Orten über den Fluß, und machten in der Bestürzung wegen des Abfalls der Aeduer Anstalten zu einem allgemeinen Abzug.* Sie theilten daher auch ihre Truppen in drei Haufen. Einer blieb zur Deckung dem römischen Lager gegenüber stehen, eine schwache Abtheilung wurde gegen Metiosedum** geschickt

---

* In ähnlicher Weise täuschte Napoleon I. die Russen durch Scheinmanöver bei seinem Ubergang über die Beresina.

** Ukart und Nipperdey wollen auch hier Melodunum lesen. Ich ziehe mit andern Gelehrten die obige Lesart (das heutige Meudon am linken Seineufer) vor.

mit dem Befehl, eben so weit als die Schiffe vorwärts zu rücken. Der Rest marschirte auf Labienus los.

62. Mit Tagesanbruch stand unser ganzes Heer jenseits des Flusses und sah den Feind vor sich in Schlachtordnung. Labienus sprach seinen Truppen zu, ihrer alten Tapferkeit und der vielen so glücklichen Schlachten eingedenk zu sein, sich Cäsar, unter dessen Befehlen sie so oft gesiegt hätten, als gegenwärtig vorzustellen, und gab darauf das Zeichen zur Schlacht. Schon bei dem ersten Angriff warf man die Feinde auf dem rechten Flügel, wo die siebente Legion stand, zurück und trieb sie in die Flucht. Auf dem linken Flügel, dem Standort der zwölften Legion, wurden zwar die Vorderglieder der Feinde durch die Wurfspieße zu Boden gestreckt, dessen ungeachtet leisteten aber die Uebrigen den heftigsten Widerstand, und Niemand machte Miene zur Flucht. Ihr Oberfeldherr Camulogenus war hier in Person gegenwärtig und munterte seine Leute auf. Das Treffen war noch unentschieden, als die Tribunen von der siebenten Legion, auf die Nachricht von dem Zustande auf dem linken Flügel, sich mit ihren Truppen im Rücken der Feinde zeigten und angreifen ließen. Aber auch da wich noch Keiner vom Platz, sondern alle wurden eingeschlossen und zusammengehauen; Camulogenus hatte dasselbe Schicksal. Die Abtheilung, die zur Gegenwehr dem Lager des Labienus gegenüber stehen geblieben war, kam auf die Nachricht von der Schlacht zur Unterstützung herbei und besetzte einen Hügel. Allein sie konnte dem Ansturm unserer siegenden Völker nicht widerstehen; die Flüchtigen wurden auf sie geworfen, und wer nicht in den Wäldern oder auf dem Gebirge Rettung gefunden hatte, von der Reiterei niedergehauen. Nach dieser Arbeit ging Labienus wieder nach Agedicum, wo man das ganze Feldgeräth zurückgelassen hatte, und stieß von da mit seinem ganzen Heere zu Cäsar.

63. Mit Verbreitung der Nachricht von dem Abfalle der Aeduer griff der Krieg noch weiter um sich. Diese schickten

überall Gesandte umher und verwendeten sich mit ihrem ganzen Ansehen, mit allem ihren Einfluß und Geld, um die Staaten aufzuwiegeln. Die Geiseln, die Cäsar bei ihnen gelassen hatte, waren in ihren Händen, und mit deren Hinrichtung schreckten sie die Unschlüssigen. Den Vercingetorix ersuchten sie, zu ihnen zu kommen und seinen Plan für diesen Krieg ihnen mitzutheilen. Als das geschehen war, verlangten sie den Oberbefehl im Kriege. Bei dem Einspruch dagegen wurde ein allgemeiner Landtag Galliens zu Bibracte angesagt. Die Versammlung war sehr zahlreich. Man ließ die Mehrheit der Stimmen entscheiden und Alle wählten einstimmig den Vercingetorix zum Feldherrn. Auf diesem Landtage erschienen jedoch keine Remer, Lingonen und Trevirer, jene wegen ihrer fortdauernden Freundschaft mit Rom, die Trevirer aber wegen der Entfernung und ihrer Bedrückung durch die Germanen. Aus diesen Ursachen nahmen sie auch an dem ganzen Kriege keinen Antheil und schickten keiner Partei Hilfstruppen. Mit großem Schmerz ertrugen die Aeduer die Entziehung der Oberleitung. Sie beklagten den Wechsel des Schicksals und fühlten die fehlende milde Behandlung Cäsars. Doch da der Schritt zu Feindseligkeiten einmal gethan war, so getrauten sie sich nicht, sich von den Andern zu trennen; mit Unwillen nur folgten auch die hoffnungsvollen jungen Männer Eporedorix und Viridomarus des Vercingetorix Oberbefehl.

64. Dieser setzte für die übrigen Staaten Geiseln fest und bestimmte geradezu den Tag zu deren Stellung. Die ganze Reiterei, fünfzehntausend Mann an der Zahl, ließ er ohne Verzug zu sich aufbieten. Was er bis jetzt an Fußvolk habe, sei, so sagte er, für ihn genug, denn er würde nichts Entscheidendes wagen und keine Hauptschlacht liefern. Bei seiner Uebermacht an Reiterei könne er leicht den Römern Lebensmittel und Futter abschneiden; man solle selbst nur getrost die Früchte verderben und die Wohnungen einäschern, durch welchen Privatverlust man, wie sie sähen, die Herr-

schaft und Freiheit für immer erlangen würde. Nach diesen Veranstaltungen mußten die Aeduer und Segustaner, welche die nächsten Nachbarn der römischen Provinz sind, zehntausend Mann zu Fuß stellen, dazu ließ er achthundert Reiter stoßen, und gab einem Bruder des Eporedorix den Oberbefehl darüber mit dem Auftrage, die Allobroger zu bekriegen. Auf der andern Seite schickte er die Gabaler und aus den angrenzenden Gauen die Arverner in das helvische Land, so wie die Rutener mit den Cadurken aus, um das Gebiet der arekomischen Völker zu verheeren. Außerdem hetzte er insgeheim durch Boten und Gesandte noch die Allobroger auf, in der Hoffnung, daß ihre Gemüther von dem frühern Kriege sich noch nicht ganz beruhigt haben möchten; ihren Fürsten versprach er Geld, dem ganzen Staate aber die Herrschaft über das römische Gallien.

65. Gegen alle diese Fälle war die Provinz durch zweiundzwanzig Cohorten gedeckt, die aus der Provinz selbst aufgeboten und unter dem Legaten Lucius Cäsar auf allen Punkten dem Feinde entgegengestellt waren. Die Helvier griffen ohne Befehl ihre Nachbarn an, wurden aber zurückgeworfen und mit Verlust ihres Oberhaupts Cajus Valerius Donnotaurus, eines Sohnes des Caburus, und mehrerer Anderer in die Städte und Festungen getrieben. Die Allobroger stellten zahlreiche Posten am Ufer des Rhodanus auf und verwahrten mit vieler Sorge und Wachsamkeit ihr Land. Cäsar sah die Ueberlegenheit des Feindes an Reiterei, und daß er bei Sperrung aller Straßen keine Unterstützung aus der Provinz und Italien erwarten dürfte. Er schickte deshalb über den Rhein nach Germanien zu jenen Staaten, die er in den früheren Jahren unterjocht hatte,* und ließ von da Reiter mit leichten Truppen zu

* Das ist stark übertrieben. Diese Völker kamen nicht aus Gehorsam, sondern nur aus Raub- und Plünderungslust dem Cäsar jetzt auf seinen Wunsch zu Hilfe.

Fuß, die zwischen der Reiterei zu kämpfen pflegen, kommen. Sie waren bei ihrer Ankunft schlecht beritten, weshalb Cäsar die Pferde der Kriegstribunen und Anderer, ja auch von römischen Rittern und ausgedienten Freiwilligen nahm und unter die Germanen vertheilte.

66. Während dieser Anstalten zog sich das feindliche Fußvolk aus dem arvernischen Gebiete, und die Reiterei, die in ganz Gallien aufgeboten war, zusammen. Eine große Anzahl dieser Völker war schon vereinigt, als Cäsar durch das Grenzgebiet der Lingoner eine Bewegung nach dem Sequanischen hin machte, um desto ungehinderter die Provinz decken zu können. Vercingetorix nahm eine Stellung in drei Abtheilungen, ungefähr zehn Meilen vom römischen Heere, und erklärte vor den Befehlshabern der Reiterei, die er hatte zusammenrufen lassen, der Zeitpunkt ihres Sieges sei jetzt da, die Römer seien auf der Flucht nach der Provinz und räumten Gallien. Augenblicklich wäre es ihm zwar genug, ihre Unabhängigkeit zu behaupten, aber für Ruhe und Frieden in Zukunft habe man noch wenig gethan, denn die Römer würden mit verstärkter Macht zurückkommen und die Feindseligkeiten aufs Neue anfangen; man müsse sie daher in ihrer Unbeholfenheit auf dem Marsche angreifen. Wollte das Fußvolk sein Gepäck retten und sich bei dieser Arbeit aufhalten, so könnte es seinen Rückzug nicht fortsetzen, würde es aber, was nach seiner Ueberzeugung eher zu erwarten sei, mit Aufopferung des Feldgepäcks sich zu retten suchen, dann käme es um alle Kriegsbedürfnisse und um seinen Ruhm. Denn von der feindlichen Reiterei, davon müßten sie selbst überzeugt sein, werde kein Mann sich vor die Linie des Fußvolks wagen. Zur Stärkung ihres Muthes bei dem Unternehmen werde er mit dem ganzen Heer ausrücken und den Feind in Schrecken setzen. Die Reiter schrieen insgesammt, man müsse sich durch den heiligsten Eid verbinden, daß, »wer nicht zweimal die feindliche Linie durchbrochen hätte, von Kindern, Eltern und seinem Weibe verstoßen werden solle.«

67. Dies wurde genehmigt, Alle mußten so schwören. Am Tage darauf wurden aus der Reiterei drei Abtheilungen gebildet; zwei davon zeigten sich auf beiden Seiten, die dritte stellte sich unserm Vortrab entgegen. Auf diese Nachricht theilte auch Cäsar seine Reiterei in drei Haufen und ließ sie dem Feinde entgegen gehen. Das Gefecht begann so zu gleicher Zeit auf allen Seiten. Das Heer machte Halt, und die Legionen nahmen das Gepäck in die Mitte. Sah man an einem Punkte die Römer wanken und zu hart bedrängt werden, so ließ Cäsar dahin vorrücken und die Schlachtordnung sich wenden. Das hielt die Feinde im Verfolgen auf und stärkte durch die Hoffnung auf Unterstützung den Muth unserer Truppen. Endlich gewannen die Germanen auf dem rechten Flügel eine Anhöhe und warfen den Feind aus seiner Stellung. Die Flüchtigen wurden bis an den Fluß, wo Vercingetorix mit dem Fußvolk stand, verfolgt, und nicht wenige davon niedergemacht. Bei diesem Anblick ergriff das übrige Heer, aus Furcht, eingeschlossen zu werden, die Flucht. Das Morden wurde nun allgemein. Drei Aeduer von hohem Adel: Cotus, der Anführer der Reiterei, der aus dem letzten Landtag die Fehde mit Convictolitavis gehabt hatte, Cavarillus, der Befehlshaber des Fußvolks nach des Litavicus Empörung,* und Eporedorix,** der Feldherr der Aeduer im Kriege mit den Sequanern vor Cäsars Ankunft, wurden als Kriegsgefangene vor Cäsar gebracht.

68. Nach der Flucht der gesammten Reiterei zog sich Vercingetorix mit dem Fußvolk gerade so, wie er seine Stellung vor dem Lager hatte, in dasselbe zurück und brach sogleich nach Alesia in dem mandubischen Lande auf. Zugleich ließ er das

---

* Kap. 38.

** Ein Anderer dieses Namens als der seither Genannte.

Gepäck des Heeres eilends aus dem Lager führen und nachkommen. Cäsar schickte sein Geräth mit zwei Legionen, die er zu ihrer Bedeckung zurückließ, auf einen Hügel in der Nähe und setzte, so weit er noch an diesem Tage konnte, dem Feinde nach. Ungefähr dreitausend Mann vom Nachtrabe wurden niedergemacht, und am folgenden Tage ein Lager vor Alesia aufgeschlagen. Cäsar untersuchte die Lage der Stadt. Die Feinde aber waren voller Bestürzung, weil ihre Reiterei, auf die sie ihr größtes Zutrauen setzten, geschlagen war. Nach einer Ermahnung an die Soldaten zur Uebernahme dieser Arbeit, begann Cäsar die Einschließung Alesia's.

69. Die Stadt lag ziemlich hoch auf dem Gipfel eines Hügels, so daß man wohl sah, ohne förmliche Belagerung ließe sie sich nicht einnehmen. Am Fuße des Hügels liefen zwei Flüsse* auf den beiden Seiten vorbei. Vor der Stadt war eine Ebene von ungefähr drei Meilen in der Länge; die übrigen Seiten umgaben Hügel von gleicher Höhe in mäßigen Entfernungen. Vor der Mauer war die ganze östliche Seite des Hügels voll gallischer Truppen, und vor sich hatten sie einen Graben mit einer Wandmauer von sechs Fuß Höhe gezogen. Die Einschließungslinie, welche die Römer bildeten, hatte im Umfang elftausend Schritt. Der Standort des Lagers war gut; es hatte dreiundzwanzig Vorwerke, wo, um Ueberfällen vorzubeugen, auch bei Tag Posten standen; Nachts waren sie durch Wachen und starke Bedeckungen gesichert.

70. Als das Werk angefangen war, gerieth auf der Ebene, die nach unserer Erwähnung zwischen den Hügeln sich drei Meilen in die Länge ausdehnt, die Reiterei an einander. Beide Theile fochten mit äußerster Anstrengung. Unsere Leute kamen ins Gedränge; Cäsar schickte ihnen die Germanen zur Unterstützung und stellte sich mit den Legionen vor das Lager, damit nicht plötzlich das feindliche Fußvolk hineinbrechen

---

* Lutosa (*la Loze*) und Osera (*le Lozerin*).

könnte. Bei der Unterstützung durch die Legionen wuchs unsern Truppen der Muth, die Feinde wurden zurückgetrieben und verwirrten sich selbst durch ihre Menge. Bei den engen Thoren ihrer Verschanzung wurde Alles auf einen Haufen zusammengedrängt.* Desto hitziger setzten ihnen die Germanen bis an die Schanzen nach. Ihr Verlust war groß, Einige ließen ihre Pferde im Stich und suchten über den Graben zu kommen und die Wandmauer zu erklimmen. Cäsar rückte indessen mit den Legionen, die vor dem Lagerwalle standen, etwas vor; dadurch geriethen die Gallier innerhalb der Verschanzungen in nicht geringen Schrecken. Aus Besorgniß, man greife sie ohne Verzug an, riefen sie zu den Waffen, Einige stürmten voller Schrecken in die Stadt hinein, allein Vercingetorix ließ die Thore sperren, um sein Lager nicht völlig zu entblößen. Die Germanen zogen sich nach vielem Morden unter den Feinden mit einer ansehnlichen Zahl erbeuteter Pferde ins Lager zurück.

71. Vercingetorix faßte hierauf den Entschluß, seine gesammte Reiterei noch vor Beendigung der römischen Einschlußlinie des Nachts fortzuschicken. Bei ihrem Abzug trug er ihnen auf, nach Hause zu gehen und alle waffenfähige Mannschaft aufzubieten. Er stellte ihnen seine Verdienste um sie vor und beschwor sie, auf seine Rettung bedacht zu sein, und ihn nicht nach seinen hohen Verdiensten um die allgemeine Freiheit den Martern der Feinde preis zu geben; wären sie saumselig, erklärte er ihnen, so gingen mit ihm achtzigtausend Mann** ausgesuchtester Truppen zu Grunde. Nach etwaigem Ueberschlag habe man jetzt kümmerlich für dreißig Tage Lebensmittel, doch könne man durch Sparsamkeit noch etwas länger aushalten. Nach diesen Aufträgen ließ er die Reiterei, um die zweite Nachtwache in der Stille durch die noch bestehenden

* Nach der Lesart: *coacervantur.*

** Napoleon bezweifelt zu dieser Stelle wol mit Recht, daß Vercingetorix wirklich achtzigtausend Mann in Alesia gehabt habe.

Lücken in der Befestigungslinie fortziehen, und gab Befehl, alles Getreide einzuliefern. Todesstrafe war festgesetzt für den, welcher das nicht befolgen würde, von dem Vieh, das in großer Menge von den Mandubiern zusammen getrieben war, gab er Mann für Mann seinen Theil, alles Getreide ließ er sparsam und allmählich vermessen. Sämmtliche Truppen, die noch vor der Stadt standen, zog er in dieselbe hinein. Unter solchen Anstalten schickte er sich an, die Hilfstruppen von Gallien zu erwarten und den Krieg ferner planmäßig fortzusetzen.

72. Cäsar erhielt hiervon durch Ueberläufer und Kriegsgefangene Nachricht und verschanzte sich daher auf folgende Art. Er zog einen Graben zwanzig Fuß tief, mit senkrechten Wänden, so daß Rand und Boden eine Breite hatten. Vierhundert Schuh von diesem Graben entfernt legte er die übrigen Schanzen an, um nämlich nicht bei dem weiten Umfang seiner Linien, der unvermeidlich war,* und den Schwierigkeiten alle Werke zu besetzen, in den Schanzen unvermuthet bei Nacht überfallen zu werden, oder bei Tage unsere Arbeiter an den Werken den Wurfgeschossen bloß zu stellen. Nach diesem Zwischenraum machte er zwei Graben von fünfzehn Fuß in der Breite und gleicher Tiefe, deren inneren er in den flachen und niedrigen Gegenden mit Wasser aus dem Flusse anfüllen ließ. Hierauf führte er einen Damm und Wall von zwölf Fuß mit einer Brustwehr und Zinnen auf. An der Fuge der Brustwehren und des Walles wurden Schanzpfähle angebracht, um dem Feinde das Hinaufklettern zu erschweren. Die ganze Linie war mit Thürmen, die achtzig Fuß von einander entfernt waren, eingefaßt.

73. Man mußte also zu einer und derselben Zeit Holz herbeischaffen, Lebensmittel sammeln und an so weitläuftigen Werken arbeiten, wobei die Zahl unserer Truppen, die sich sehr weit von dem Lager entfernten, nur gering war. Die Gal-

---

* Nämlich um den ganzen Hügel, auf welchem Alesia oben lag, zu umschließen.

lier machten daher bisweilen Versuche gegen unsere Werke und unternahmen die heftigsten Ausfälle aus mehreren Thoren. Cäsar fand es deshalb dienlich, seine Linie abermals mit neuen Werken zu verstärken, um sie mit weniger Truppen behaupten zu können. Diesem Entschluß zufolge ließ er Stämme oder sehr dicke Baumäste fällen, ihre Kronen behauen und zuspitzen. Dann zog er fortlaufende Gräben, fünf Fuß tief. In diese wurden jene Pfähle eingeschlagen, und um sie gegen das Herausreißen zu schützen, im Grunde verkoppelt. Mit dem Ende des Schaftes ragten sie also hervor. Aus diese Weise waren fünf Reihen mit einander verbunden und verflochten, so daß man, ohne sich an den spitzen Zacken zu spießen, nicht durchbrechen konnte. Man nannte sie deshalb Spitzsäulen. Vor diesen Gräben wurden dann Gruben von drei Fuß Tiefe in schiefen Reihen, übers Kreuz wechselnd, hintereinander gegraben. Sie liefen allmählich gegen den Grund hin eng zusammen und waren mit runden Pfählen, die man oben zugespitzt und angebrannt hatte, von der Dicke eines Schenkels besetzt, so daß der Pfahl nur vier Zoll über die Erde empor ragte. Dann ließ man ihn auch zu seiner Befestigung und Dauerhaftigkeit unten einen Fuß tief in den Grund einstampfen, der übrige Theil der Grube war zur Verheimlichung der Gefahr mit Reisig und Gesträuch zugelegt. Man hatte acht solcher Reihen, eine immer drei Fuß von der andern entfernt, gemacht und gab ihnen wegen der Aehnlichkeit mit Lilien den Namen »Lilienbeete«.* Vor denselben wurden fußlange Stäbe mit eisernen Haken ganz in die Erde eingegraben und überall in mäßigen Entfernungen hineingepflanzt: eine Art Fußangeln.

74. Nach Vollendung dieser Anstalten legte Cäsar in dem ebensten Terrain, so weit es der Boden erlaubte, in gleicher

---

* Der Vergleich scheint etwas gesucht: beide sind unten eng, oben weit und in der Mitte steht ein Pfahl empor. Man könnte auch andere Vergleiche finden.

Richtung mit den vorigen, Werke derselben Art auf der entgegengesetzten Seite gegen den äußeren Feind an, von einer Ausdehnung von vierzehntausend Schritt, so daß selbst beim Anrücken* einer noch so großen Anzahl die Besatzungen seiner Schanzen doch nicht übermannt werden könnten; um endlich auch nicht gezwungen zu sein, unter gefährlichen Umständen aus dem Lager zu rücken, ließ er von seinen Leuten auf dreißig Tage Getreide und Viehfutter zusammenbringen.

75. Während dieser Vorgänge bei Alesia beschlossen die Gallier in einer Versammlung ihrer Fürsten, nicht die ganze waffenfähige Mannschaft, wie Vercingetorix haben wollte, aufzubieten, sondern jeder Völkerschaft eine gewisse Anzahl festzusetzen, damit man nicht in dem Gewirr einer so großen Völkermasse außer Stande sei, sie zu leiten, die eigenen Truppen zu unterscheiden und Rücksicht auf den Unterhalt zu nehmen. Den Aeduern und ihren Schutzverwandten, den Segusianern, Ambivaretern, Brannovikern, einem Aulerkerstamm, Brannoviern** wurden demnach fünfunddreißigtausend Mann festgesetzt; eben so viel auch den Arvernern mit den eleutherischen Cadurken, Gabalern und Vellaunern, die gewöhnlich den Oberbefehl der Arverner anerkannten; den Senonen, Sequanern, Biturgiern, Santonern, Rutenern und Carnuten, jedem Staat zwölftausend Mann; den Bellovakern zehntausend; eben so viel den Lemovikern, den Piktonen, Turonern, Parisiern, Helviern, Suessionen, Ambianern, Mediomatrikern, Petrocoriern, Nerviern, Morinern, Nitiobrigen, jedem fünftausend; eben so viel den Cenomanern vom Aulerkerstamm; den Atrebaten viertausend; den Vellocassern, Lexoviern und Eburonen vom Aulerkerstamm, jedem dreitausend; den Bojern und Raurakern dreißigtausend, den See-

* Ich lese mit Nipperdey *accessu* statt *discessu*.

** Es sei im Voraus bemerkt, daß die Namen der Völker und die Zahlen in den Handschriften sehr schwanken.

staaten insgesammt oder den amorikischen Völkern, wie sie in ihrer Sprache heißen, zu welchen gehören: die Curiosoliten, Rhedonen, Ambibariern, Caleten, Osismiern, Lemoriken, Veneter, Unellen, sechstausend. Von diesen stellten die Bellovaker ihren Antheil nicht, mit der Erklärung, sie würden den Krieg mit den Römern auf ihre Hand und nach eigenem Plan führen, ohne sich Jemandes Befehlen zu unterwerfen, doch auf die Bitte des Commius schickten sie wegen der Gastfreundschaft mit ihm zweitausend Mann.

76. Wir haben schon oben erzählt, wie dieser Commius dem Cäsar früher treue und gute Dienste in Britannien geleistet hatte. Dafür hatte Cäsar dessen Staat* für frei von Abgaben erklärt, ihm seine alte Verfassung wieder hergestellt und noch dazu die Moriner unterworfen; allein die Uebereinstimmung in ganz Gallien, seine Unabhängigkeit herzustellen und den alten Waffenruhm wieder zu erhalten, war so groß, daß selbst die Empfindungen der Dankbarkeit und Freundschaft jetzt nichts mehr über sie vermochten, sondern Alle Leben und Vermögen wagten, um achttausend Mann zu Pferde und zweimalhunderttausend Mann Fußvolk zusammen zu bringen. Ihre Musterung und Zählung geschah im äduischen Gebiete, so wie auch die Ernennung der Anführer. Den Oberbefehl erhielten der Atrebate Commius, die Aeduer Viridomarus und Eporedorix und der Arverner Vercassivellaunus, ein Schwesterkind des Vercingetorix. Ein Ausschuß der Staaten wurde ihnen beigegeben, unter dessen Leitung der Krieg geführt werden sollte. Das ganze Heer brach munter und voll Zuversicht gegen Alesia auf, Niemand ließ sich einfallen, daß man auch nur den Anblick einer solchen Macht aushalten könne, besonders bei einem doppelten Angriff zugleich, wenn aus der Stadt ein Ausfall gethan würde und von Außen sich so viel Truppen zu Pferde und zu Fuß zeigen würden.

---

* Die Atrebaten.

77. Indessen war der Vorrath in Alesia aufgezehrt, und von den Vorgängen im äduischen Gebiete wußte man nichts. Nach Ablauf der Zeit, wo man den Entsatz erwartet hatte, hielten also die Belagerten einen Kriegsrath und besprachen sich über das Ende ihres Schicksals. Die Meinungen waren hier verschieden, Einige stimmten für die Uebergabe, Andere meinten, daß man noch Kräfte genug habe, um sich durchzuschlagen. Bei dieser Gelegenheit dürfen wir die Rede des Critognatus wegen der ihr eigenen unerhörten Unmenschlichkeit nicht übergehen. Er stammte vom hohen Adel der Arverner und galt für einen Mann von großem Einfluß. »Ich schweige, so sprach dieser, von dem Vorschlage Jener, bei denen die schändlichste Sklaverei den Namen Uebergabe führt; das sind in meinen Augen keine Staatsbürger, noch verdienen sie hier Sitz und Stimme. An die, welche sich durchschlagen wollen, sei mein Antrag gerichtet: nur bei ihnen scheint sich noch, wie ihr insgesammt eingestehen müßt, ein Funken unserer alten Tapferkeit zu finden. Allein dem Mangel nicht eine Zeitlang trotzen zu können, das ist Geistesschwäche und kein Heldenmuth. Man sieht leichter solche, die sich freiwillig dem Tode darbieten, als die, welche bei Leiden geduldig ausharren. Ich meinerseits würde diesen Vorschlag genehmigen, denn das kann ich wegen meines Ansehens, wenn es nur um unser Leben zu thun wäre. Allein bei den jetzigen Entschlüssen müssen wir auf ganz Gallien Rücksicht nehmen, das wir zu unserer Rettung aufgerufen haben. Welchen Muth erwartet ihr von unseren Verwandten und Blutsfreunden, wenn sie beinahe auf den Leichen selbst von achtzigtausend an einem Ort Ermordeter sich schlagen müßten? Entzieht doch denen nicht euren Arm, die für eure Rettung sich selbst in Gefahren stürzen. Macht doch nicht ganz Gallien durch eure Thorheit, Unbesonnenheit und Geistesschlaffheit muthlos und stürzt es in ewige Sklaverei. Zweifelt ihr vielleicht an ihrer Treue und Standhaftigkeit, weil sie an dem bestimmten Tage noch nicht

da sind? Wie, glaubt ihr, daß die Römer sich Tag für Tag mit jenen äußeren Befestigungswerken nur zum Zeitvertreib beschäftigen? Könnt ihr auch bei der gänzlichen Einschließung jetzt euch durch keine Nachrichten von ihnen trösten, so erkennt doch an den Römern selbst den Beweis ihrer Annäherung, die aus Furcht vor Jenen Tag und Nacht an ihren Verschanzungen arbeiten! Allein was ist denn mein Rath? Das zu thun, was unsere Väter bei dem ungleichen Kampf mit den Cimbern und Teutonen gethan haben. In die Städte geworfen, bedrängt von gleicher Noth haben diese sich mit dem Fleische jener, die man Alters halber zum Krieg unbrauchbar fand, erhalten und sich nicht ergeben. Hätten wir nicht auch dieses Beispiel schon, so setzte ich doch darin den größten Ruhm, dies für die Freiheit zu thun und so der Nachwelt ein Denkmal zu hinterlassen. Denn wie verschieden ist unsere Lage in beiden Kriegen? Die Cimbern verheerten Gallien, brachten uns viel Leid, allein sie verließen doch endlich wieder unser Gebiet und zogen in andere Länder; unsere Rechte, Gesetze, Fluren, Freiheit blieben uns. Aber was suchen, was wollen die Römer anders, als sich aus Neid in dem Gebiete und den Staaten einer Nation, deren Ruhm und Stärke in den Kriegen sie kennen gelernt haben, festzusetzen und ihr ewige Fesseln anzulegen? Das ist immer derselbe Zweck ihrer Kriege. Sind euch die Vorgänge bei entlegenen Völkern unbekannt, so betrachtet nur den Theil von Gallien in unserer Nachbarschaft. Er ist zu einer Provinz gemacht, Rechte und Gesetze sind umgeschmolzen worden, er steht unter den Lictorenbeilen und fühlt den Druck einer ewigen Sklaverei!«

78. Nach der Abstimmung wurde endlich beschlossen, daß Alle, die ihrer Schwäche oder Alters halber zum Kriege untauglich wären, die Stadt räumen sollten. Man wolle lieber Alles zuvor versuchen, ehe man zu des Critognatus Vorschlag seine Zuflucht nehme; doch im Falle der Noth und bei Verzögerung des Entsatzes lieber denselben ergreifen, als sich ergeben oder

Frieden machen. So wurden die Mandubier selbst, die das Heer in ihre Stadt aufgenommen hatten,* mit Weibern und Kindern fortgejagt. Bei ihrer Ankunft vor den römischen Schanzen weinten und baten sie, sie doch als Sklaven anzunehmen und ihnen Nahrung zu geben. Allein Cäsar stellte Wachen an den Wall und verbot, sie einzulassen.

79. Unterdessen hatten Commius und die übrigen Anführer, denen der Oberbefehl übergeben war, mit ihrer ganzen Macht vor Alesia angelangt, einen Hügel vor den Verschanzungen besetzt und lagerten sich nur fünfhundert Schritt vor unsern Werken. Am Tage darauf ließen sie die Reiterei ausrücken und füllten die ganze Ebene, die, wie erwähnt worden, sich dreitausend Schritt in die Länge erstreckt, damit an. Das Fußvolk stellten sie auf den Anhöhen ein wenig davon auf. Da die Ebene von Alesia aus übersehen werden konnte, drängte sich bei dem Anblick von dem Entsatz in der Stadt Alles herbei, wünschte einander Glück, und eine allgemeine Freude verbreitete sich. Die Besatzung mußte ausrücken und vor der Stadt sich aufstellen. Der erste Graben wurde mit Flechtwerk belegt und mit Schutt ausgefüllt; kurz alle Zurüstungen zum Ausfall und zu jeder anderen Entscheidung wurden gemacht.

80. Cäsar vertheilte sein Heer an beiden Linien, damit, sobald es die Umstände erforderten, Jedermann seinen Posten habe und kenne; die Reiterei ließ er ausrücken und den Feind angreifen. Man hatte von allen Punkten des Lagers, welches den Gipfel der ganzen Anhöhe einnahm, die Aussicht auf die Ebene, und alle Soldaten sahen mit gespannter Neugierde dem Schlachtausgange entgegen. Die Gallier hatten einige Bogenschützen und leichte Truppen zwischen ihre Reiterei geworfen, um sie bei dem Rückzuge zu unterstützen und uns beim Verfolgen aufzuhalten. Von diesen wurden mehrere von uns unversehens verwundet, und verließen dann das Schlachtfeld.

---

* Kap. 68.

In der Zuversicht, der Sieg werde sich auf ihre Seite neigen und beim Anschein, daß unsere Truppen von ihrer Uebermacht bedrängt würden, ermuthigten die Gallier, sowol die Eingeschlossenen in der Stadt, wie auch die zum Entsatz Gekommenen, durch Zuschreien und brüllendes Jauchzen auf allen Seiten die Ihrigen. Das ganze Heer war Augenzeuge der Schlacht; keine rühmliche oder schimpfliche That konnte unbemerkt bleiben. Beide Theile spornte deswegen Ehrbegierde und Furcht vor Schande zur Tapferkeit an. Das Treffen blieb von Mittag bis gegen Sonnenuntergang unentschieden, da aber machten die Germanen in dichtgeschlossenen Haufen auf dem rechten Flügel einen Angriff und warfen die Feinde zurück; nach der Flucht der Reiter wurden die Bogenschützen eingeschlossen und niedergehauen. Auch auf den andern Punkten setzten unsere Truppen dem weichenden Feind bis an das Lager nach und ließen ihm keine Zeit, sich wieder zu sammeln. Die Truppen, die aus Alesia vorgerückt waren, zogen sich betrübt und fast mit Aufgabe aller Hoffnung auf Sieg in die Stadt zurück.

81. Einen Tag ruhten hierauf die Gallier und verfertigten indessen Faschinen, Leitern und Haken in großer Menge. Sodann rückten sie um Mitternacht in der Stille aus dem Lager und kamen vor unsere Verschanzungen in der Ebene. Hier erhoben sie plötzlich ein Geschrei, um ihr Vorrücken den Belagerten in der Stadt bekannt zu machen, warfen die Faschinen in den Graben hin, trieben die Unsrigen durch Schleudern, Pfeile und Steine von dem Walle weg und machten alle übrigen Anstalten zum Sturm. Zu gleicher Zeit ließ Vercingetorix nach dem Vernehmen des Geschrei's Alarm blasen und rückte aus der Stadt. Unsere Leute besetzten, so wie ihnen vorher schon ihr Standpunkt angewiesen war, die Schanzen und jagten den Galliern mit Schleudern, Riemensteinen, Sturmpfählen, die man schon vorher überall auf den Werken aufgepflanzt hatte, und Kugeln aus Blei, Schrecken ein. Der Verlust auf beiden Seiten war beträchtlich, weil man in der

Finsterniß nicht um sich sehen konnte; auch warf man mehrere Geschosse aus den größeren Wurfmaschinen. Die Legaten Marcus Antonius und Cajus Trebonius aber unterstützten unsere Truppen, wo sie dieselben nur immer im Gedränge sahen, aus den entfernteren Schanzen, deren Vertheidigung ihre Aufgabe war.

82. In der Entfernung von den Verschanzungen thaten die Wurfwaffen und das Geschoß der Gallier bei ihrer Menge die beste Wirkung; allein bei ihrer Annäherung traten sie theils in die Fußangeln, stürzten in die Gruben und spießten sich auf, theils wurden sie auch mit Belagerungswurfspeeren* von dem Wall und den Thürmen getroffen und getödtet. Ihr Verlust war auf allen Seiten groß und dennoch keine Schanze durchbrochen. Aus Furcht also, durch einen Ausfall aus dem Lager auf der Anhöhe rechts überflügelt zu werden, zogen sie sich mit Tagesanbruch zu den Ihrigen zurück. Die Besatzung der Stadt kam mit den Geräthschaften, die Vercingetorix zum Ausfall vorbereitet hatte, heraus und schüttete die ersten Gräben zu; allein diese hielten sich bei dieser Arbeit zu lange auf und erfuhren von den Ihrigen, ehe sie noch die römischen Befestigungswerke selbst erreicht hatten, den Rückzug des Entsatzheeres. Sie gingen deshalb unverrichteter Sache in die Stadt zurück.

83. Als so die Gallier zum zweiten Male mit großem Verluste zurückgeschlagen waren, hielten sie über ihre weitern Unternehmungen einen Kriegsrath ab und beriefen Männer dazu, die der Gegend genau kundig waren. Von diesen zogen sie Nachrichten über die Befestigung unseres Lagers auf den Anhöhen und über die Schanzen ein. Gegen Norden hatten die Unsern einen Hügel seines weiten Umfanges wegen nicht in die Befestigungswerke mit einschließen können und lagerten daher aus Noth auf dessen sanftem Abhange, an einem

---

* Vgl. 5, 40.

ziemlich unvortheilhaften Punkte. Die Legaten Cajus Antistius Reginus und Cajus Caninius Rebilus hatten ihn mit zwei Legionen besetzt. Nachdem die Gegend durch Späher in Augenschein genommen war, hoben die feindlichen Feldherren sechzigtausend Mann aus dem ganzen Heere von denjenigen Staaten aus, die ihrer Tapferkeit wegen in vorzüglichem Rufe standen und nahmen geheime Abrede über den Plan und dessen Ausführung: die Mittagsstunde ungefähr wurde zum Angriff festgesetzt. Des Vercingetorix Vetter, der Arverner Vercassivellaunus, einer der vier Oberfeldherren, bekam den Befehl über diese Völker. Dieser brach in der ersten Nachtwache auf und erreichte fast mit Tagesanbruch den Ort seiner Bestimmung. Hier verbarg er sich hinter dem Hügel und ließ seine Truppen von den nächtlichen Anstrengungen ausruhen; gegen Mittag rückte er gegen den angeführten Punkt unseres Lagers an, und gleichzeitig rückte auch die Reiterei gegen die Verschanzungen auf der Ebene vor, und das übrige Fußvolk fing an, sich vor dem Lager zu zeigen.

84. Als Vercingetorix aus der Burg* von Alesia die Schaaren seiner Leute sah, verließ er dieselbe, indem er aus dem Lager die langen Pfähle, Schirmdächer, Mauersicheln und alle übrigen Werkzeuge, die er für einen Ausfall hatte zubereiten lassen, mitnahm. Das Treffen fing zu gleicher Zeit auf allen Seiten hitzig an; nichts blieb unversucht. Auf den Punkten, die man für am wenigsten fest hielt, drängte man sich zusammen. Die Römer mußten ihre Macht wegen des Umfanges ihrer Werke ausdehnen und leisteten an mehreren Punkten nicht ohne Anstrengung Widerstand. Am meisten wirkte zur Vermehrung des Schreckens der Unsern das Geschrei im Rücken der Kämpfenden, weil Jeder seine Gefahr von dem Muthe der Andern abhängig fühlte und Gefahren in der Entfernung gewöhnlich weit erschütternder auf den Menschen wirken.

---

* Die Citadelle.

85. Cäsar selbst, der einen passenden Ort gefunden hatte, um Alles zu übersehen, schickte von hier aus den Bedrängten Unterstützung. Beiden Theilen lag es klar vor Augen, daß dies der Zeitpunkt sei, wo man Alles aufbieten müsse: die Gallier setzten ihre letzte Hoffnung darein, die Schanzen zu durchbrechen, die Römer erwarteten von deren Behauptung das Ende aller Anstrengungen. Am schlechtesten stand es bei den oberen Verschanzungen, die nach unserer Erzählung Vercassivellaunus angegriffen hatte. Eine kleine Erhöhung des Abhanges war hier von großer Wichtigkeit; hier warfen die Feinde theils mit den Wurfwaffen, theils rückten sie unter einem geschlossenen Schilderdach davor. Frische Truppen lösten immer die ermüdeten ab. Alles warf Schutt an die Schanzen, bahnte so einen Weg in dieselben und bedeckte dadurch zugleich Alles, was die Römer in die Erde gegraben hatten; bereits reichten weder Waffen noch Kräfte der Unsern mehr zu.

86. Als Cäsar dies wahrgenommen hatte, schickte er den Labienus mit sechs Cohorten nach dem bedrängten Punkt, mit dem Befehl, wenn er sich nicht länger behaupten könne, mit den Cohorten aus der Schanze auszufallen, doch dies nur im Nothfalle. Zu den andern Truppen begab sich Cäsar selbst und ermahnte sie, den Anstrengungen nur jetzt nicht zu unterliegen, denn von dem gegenwärtigen Tage und Augenblicke hingen die Früchte aller seitherigen Schlachten ab. Die Gallier aus der Stadt verzweifelten inzwischen an einem glücklichen Erfolge bei den Schanzen auf der Ebene wegen der Höhe der Werke und machten Versuche bei den abschüssigen Punkten. Dahin brachten sie alle die Geräthschaften, die man vorbereitet hatte, die Truppen in den Thürmen wurden durch einen Hagel von Wurfwaffen vertrieben, die Gräben mit Schutt und Faschinen ausgefüllt und so ein Uebergang gebahnt, und auch Wall und Brustwehren mit Haken niedergerissen.

87. Cäsar schickte anfänglich den jungen Brutus mit sechs Cohorten, sodann auch den Legaten Cajus Fabius mit sieben andern dahin, zuletzt, als das Gefecht zu hitzig wurde, führte er selbst frische Mannschaft zur Unterstützung herbei. Nachdem das Treffen hergestellt und die Feinde zurückgeschlagen waren, begab er sich dahin, wohin er den Labienus geschickt hatte. Aus der nächsten Schanze zog er vier Cohorten an sich und gab der Reiterei Befehl, ihm theils zu folgen, theils die nach dem Felde gehenden Befestigungswerke zu umreiten, um dem Feind in den Rücken zu fallen. Als weder Wälle noch Gräben die Feinde mehr aufhalten konnten, brachte Labienus neununddreißig Cohorten aus den nächsten Posten, wie sie ihm gerade in die Hand kamen, zusammen und meldete dem Cäsar durch Boten, was für Maßregeln er geeignet fände. Cäsar eilte herbei, um selbst ein Augenzeuge des Angriffs zu sein.

88. Als man an der Farbe seines Kleides – seiner gewöhnlichen Unterscheidungstracht in den Schlachten* – Cäsars Ankunft wahrnahm und die Reitergeschwader und Cohorten, die er sich hatte folgen lassen, erblickte, da man ja von den Höhen Alles im Thal oder am Abhang deutlich sehen konnte, begannen die Feinde das Gefecht. Auf beiden Seiten erhob sich ein Geschrei, welches wieder vom Walle und allen Werken her beantwortet wurde. Ohne die Wurfspieße zu gebrauchen, drangen unsere Leute mit dem Schwerte vor. Plötzlich kam von hinten her die Reiterei zum Vorschein und andere Cohorten rückten an. Der Feind ergriff die Flucht. Die Reiterei warf sich den Flüchtigen in den Weg und richtete ein großes Blutbad unter ihnen an. Der Feldherr und Fürst der Lemoviker, Sedulius, blieb auf dem Platze; Vercassivellaunus, der Arverner, fiel uns auf der Flucht lebendig in die Hände; vierundsiebenzig Feldzeichen wurden zu Cäsar gebracht; von dem zahlreichen Heere kamen Wenige unbeschädigt in das Lager. Als sie in der Stadt die Niederlage und Flucht ihrer Völker sahen, zogen sie hoffnungslos ihre Truppen von unsern Schanzen zurück. Auf

* Ein purpurner Kriegsmantel, d. h. Scharlach mit Purpur verbrämt.

die Nachricht von der Niederlage entstand im ganzen gallischen Lager wilde Flucht. Wären unsere Truppen durch die wiederholten Aussendungen zur Unterstützung und die Anstrengungen des Tages nicht allzu abgemattet gewesen, so hätte man die ganze Macht des Feindes zu Grunde richten können. Doch holte um Mitternacht die Reiterei den Nachtrab ein und nahm Viele theils gefangen, theils hieb sie dieselben nieder. Der Rest der Flüchtigen verlief sich in ihre Staaten.

89. Tags darauf berief Vercingetorix einen Kriegsrath und erklärte: nicht seines Vortheils, sondern der allgemeinen Freiheit wegen habe er diesen Krieg angefangen, und weil man sich nun dem Schicksal unterwerfen müßte, so überlasse er beides ihrer Wahl: entweder durch seinen Tod die Römer zu befriedigen, oder ihn lebendig auszuliefern. Man schickte in dieser Absicht Gesandte an Cäsar. Dieser verlangte ihre Waffen und die Häuptlinge. Cäsar besetzte sodann eine Schanze des Lagers, und dort wurden die Anführer ihm vorgeführt, die Waffen niedergelegt und Vercingetorix ihm ausgeliefert.* Die Aeduer und Arverner behielt Cäsar zurück, um durch diese vielleicht wieder ihre Staaten zu gewinnen; von den übrigen Kriegsgefangenen gab er jedem Soldaten der ganzen Armee einen Mann als Beute.**

90. Hierauf brach Cäsar in das äduische Gebiet auf und nahm diesen Staat wieder in Besitz. Eine Gesandtschaft der Arverner kam dahin und versprach Gehorsam. Er setzte ihnen eine starke Anzahl Geiseln fest und ließ die Legionen ihre Winterlager beziehen. Zwanzigtausend Kriegsgefangene etwa gab er den Aeduern und Arvernern zurück. Titus Labienus erhielt Befehl, mit zwei Legionen und der Reiterei ins Land der Sequaner aufzubrechen, und Marcus Sempronius Rutilius wurde

---

* Die Cassius erzählt, daß Vercingetorix sieben Jahre später zu Rom im Triumphe aufgeführt und dann hingerichtet wurde.

** Als Sklaven natürlich.

ihm beigegeben. Cajus Fabius und Lucius Minucius Basilus bekamen mit zwei Legionen ihren Standort im Lande der Remer, um sie vor ihren Nachbarn, den Bellovakern, zu schützen. Mit je einer Legion wurde Cajus Autistius Reginus in das ambivaretische, Titus Textius in das biturgische und Cajus Caninius Rebilus in das rutenische Gebiet gelegt; dem Quintus Tullius Cicero und Marcus Sulpicius wurden Cabillonum und Matisco im Lande der Aeduer zur Sorge für das Getreidewesen angewiesen. Cäsar selbst beschloß, den Winter in Bibrakte zu bleiben. Auf seinen Bericht über diesen Feldzug wurde zu Rom ein zwanzigtägiges Dankfest gefeiert.

ACHTES BUCH

Brief des Aulus Hirtius an Balbus.*

»Durch deine wiederholten Aufforderungen, mein Balbus, bestimmt, habe ich mich endlich der schwierigen Aufgabe unterzogen, weil meine tägliche Weigerung länger nicht mehr ihre Entschuldigung in der Schwierigkeit der Sache finden, sondern eine Weigerung aus Trägheit scheinen würde. Ich habe die Denkwürdigkeiten unseres Cäsar von seinen Thaten in Gallien mit einander in Verbindung gebracht, weil sonst seine vorhergehenden und folgenden Schriften nicht zusammenhängen.** Auch sein letztes unvollendetes Werk von den Thaten zu Alexandria ist von mir ergänzt worden, zwar nicht bis an den Ausgang unserer bürgerlichen Unruhen, deren Ende sich noch nicht absehen läßt, wol aber bis zu Cäsars Tod.*** Mögen doch meine Leser wissen, wie ungern ich diese Arbeit übernommen habe, damit ich um so freier von dem Verdacht der thörichten Anmaßung bliebe, als ob ich mich in die Werke Cäsars habe eindrängen wollen. Denn darin stimmt man ja allgemein überein, daß auch die mühevollsten Arbeiten Anderer dennoch von der Schönheit dieser Denkwürdigkeiten übertroffen werden, die nur in der Absicht erschienen sind, um Geschichtschreiber mit den so wichtigen Thaten bekannt zu machen und so allgemeinen Beifall finden, daß den Geschichtschreibern eher der Stoff dadurch entzogen, als darge-

* Vgl. über dieses Buch die Einleitung. Balbus, geboren in Cadix (Gades), war Cäsars Vertrauter und Privatsekretär. Wir besitzen noch eine Rede Cicero's für ihn. Hirtius, ein römischer Adliger, hatte seine militärische Carrière unter Cäsar in Gallien gemacht und war einer seiner intimsten Freunde. Er fiel als Consul mit seinem Collegen Pansa in der Schlacht bei Mutina. Cicero nennt ihn gelegentlich einen Gourmand und flotten Lebemann.

** Nämlich die sieben Bücher »Gallischer Krieg« und die drei Bücher »Bürgerkrieg«.

*** Was wir noch besitzen, reicht aber nicht so weit.

reicht worden ist. Wir bewundern sie mehr, als Andere, denn diese kennen seine Schriften nur von Seite ihrer Güte und Richtigkeit, wir aber wissen auch, mit welcher Leichtigkeit und Schnelligkeit sie verfertigt sind. Cäsar besaß Anlage und Sinn für die Schönheit des Ausdrucks im ausgezeichnetsten Grade, so wie die richtigsten Kenntnisse zur Darstellung seiner Thaten. Ich habe nicht einmal die Kriege in Alexandria und in Afrika mitgemacht. Ihre Geschichte ist uns zwar zum Theil aus Cäsars Munde bekannt, allein Auftritte, die uns durch ihre Seltenheit oder Bewunderungswürdigkeit ergreifen, hört man mit einem andern Ohr, als wenn wir sie durch unsere Erzählung bezeugen sollen. Doch vielleicht gerade dadurch, daß ich alle Gründe zur Entschuldigung aufsuche, um mich nicht mit Cäsar zu vergleichen, erwecke ich den Vorwurf der Anmaßung gegen mich, als könne mich wirklich Jemand durch seinen Ausspruch dem Cäsar an die Seite setzen. Lebe wohl!«

Vollendung der Unterwerfung Galliens

1. Cäsar hatte also in ununterbrochenem Kriege den letzten Sommer hindurch ganz Gallien besiegt und wollte seine Truppen im ruhigen Winterlager von so großen Anstrengungen sich erholen lassen, als er die Nachricht erhielt, daß mehrere Staaten zu gleicher Zeit neuerdings Kriegspläne machten und Verbindungen unter sich anknüpften. Als wahrscheinlichste Ursachen führte man an, ganz Gallien sehe wohl ein, daß man auch mit der stärksten Macht auf einem Punkte den Römern nicht die Spitze bieten könne; fingen aber mehrere Staaten zu gleicher Zeit an verschiedenen Orten Feindseligkeiten an, so hätten die Römer weder Hilfsquellen, noch Zeit, noch Truppen genug, um überall Krieg zu führen. Ein Staat müsse seine Wohlfahrt aufopfern, wenn durch diesen Zeitgewinn die übrigen das Joch abwerfen könnten.

2. Diesen Wahn der Gallier wollte Cäsar nicht Wurzel fassen lassen und gab daher dem Quästor Marcus Antonius den Befehl in seinem Winterlager; er selbst aber verfügte sich am letzten December unter einer Reiterbedeckung von der Stadt Bibrakte zu der dreizehnten Legion, die er in das biturgische Gebiet, nahe den Grenzen der Aeduer, verlegt hatte und ließ aus dem nächsten Winterlager noch die elfte Legion herbeikommen. Mit diesen Truppen, außer zwei Cohorten, die zur Sicherheit des Gepäcks zurückbleiben mußten, rückte er in die gesegnete Mark der Biturgier ein, die sich ja bei der Ausdehnung ihres Gebietes und der Menge ihrer Krieger durch *eine* Legion im Winterlager von Kriegsrüstungen und Verbindungen mit Andern nicht abhalten ließen.

3. Cäsars plötzliches Vorrücken hatte die Folge, daß (was bei einem Volk, das darauf unvorbereitet und zerstreut war, nothwendig eintreten mußte) das Landvolk in seiner Sicherheit eher von der Reiterei überrascht wurde, als es sich in die Städte retten konnte. Denn auf Cäsars Befehl mußte auch das gewöhnliche Merkmal von Ueberfällen, das man an der Brandstiftung der Gebäude zu haben pflegt, unterbleiben, um nicht bei tieferem Vordringen in das Land an Futter und Lebensmitteln Mangel zu leiden oder die Feinde durch Sengen und Brennen in Schrecken zu setzen. Viele Tausende wurden also zu Gefangenen gemacht. Jene Biturgier, die bei dem ersten Einrücken der Römer entwischen konnten, flüchteten sich voller Schrecken in die angrenzenden Staaten, entweder aus Zuversicht auf ihre Privatgastfreundschaften oder wegen deren Theilnahme an den feindseligen Anschlägen. Umsonst, denn Cäsar kam ihnen überall durch Eilmärsche zuvor und ließ keinem Volke Zeit, eher an fremde als an seine eigene Rettung zu denken. Durch diese Geschwindigkeit erhielt Cäsar die treuen Staaten in ihrer Anhänglichkeit und bewog die wankenden zu friedlicher Gesinnung. Da die Biturgier in dieser Lage ersahen, daß bei Cäsars Milde ihnen die Rückkehr

zu dessen Freundschaft nicht verschlossen sei, wie er auch ihre Nachbarn nach Stellung von Geiseln ohne weitere Bestrafung wieder in Schutz genommen hatte, so folgten sie deren Beispiel.

4. Cäsars Truppen hatten in den Wintertagen auf den beschwerlichsten Märschen bei unausstehlichem Frost mit größter Bereitwilligkeit ausgeharrt. Für diese so großen Anstrengungen und ihre Ausdauer versprach er als Beute jedem gemeinen Soldaten ein Geschenk von zweihundert,* den Hauptleuten aber zweitausend Sestertien und schickte die Legionen in die Winterlager zurück; er selbst aber traf am vierzigsten Tag wieder in Bibrakte ein. Während er hier Recht sprach, kamen Abgeordnete der Biturgier mit der Bitte um Beistand gegen die Carnuten, über deren Feindseligkeiten sie sich beschwerten. Auf diese Nachricht ließ Cäsar, nachdem er kaum achtzehn Tage aus dem Feld zurückgekommen war, die vierzehnte und sechste Legion in ihren Winterlagern am Arar, wohin er sie zur Erhaltung der Ordnung bei den Fruchtvorräthen nach dem obigen Berichte** verlegt hatte, ausbrechen und trat so mit zwei Legionen den Marsch gegen die Carnuten an.

5. Als sich das Gerücht von dieser Bewegung bei dem Feinde verbreitet hatte, verließen die Carnuten, gewitzigt durch fremden Schaden, Dörfer und Städte (ohnehin nur kleine Hütten, die man gegen den Winter nothdürftig in Eile gebaut hatte, weil sie nach der letzten Niederlage um mehrere Städte gekommen waren) und flohen nach allen Seiten. Cäsar, der seine Truppen nicht der so rauhen, um diese Jahreszeit besonders einfallenden Witterung aussetzen wollte, verlegte sie nach Genabum im carnutischen Gebiete und verschaffte ihnen, theils in den Wohnungen der Gallier, theils in Hütten, die man in der Geschwindigkeit aus Stroh zur Bedeckung der Zelte aufgebaut hatte, Obdach. Die Reiterei und die Hilfstruppen zu Fuß muß-

---

* Etwa 33 Mark.

** Buch 7, 90.

ten jedoch überall hinstreifen, wohin sich der Feind den eingegangenen Nachrichten zufolge gewendet hatte; und nicht ohne Erfolg, denn man kam gewöhnlich mit reicher Beute zurück. Ueberwältigt von dem Ungemach des Winters und den schrekkenden Gefahren, von Hause verjagt, ohne Muth, sich irgendwo lange zu halten, außer Stand, unter dem Schutze der Waldungen sich gegen die harte Jahreszeit zu decken, auseinander gesprengt durch Niederlagen und um einen großen Theil ihrer Macht geschwächt, zerstreuten sich die Carnuten in die Grenzstaaten.

6. Cäsar begnügte sich während der strengsten Jahreszeit, die etwa sich zusammenziehenden Schaaren der Feinde zu zerstreuen, um jeden Keim zum Kriege zu ersticken, und hielt es, so viel man irgend berechnen konnte, für ausgemacht, daß für den Sommer kein Hauptkrieg ausbrechen könnte. Er verlegte demnach den Cajus Trebonius mit den zwei Legionen, die er bei sich hatte, in das Winterlager nach Genabum und ließ auf die durch Gesandtschaften der Remer kommende Nachricht, daß die Bellovaker, denen weder Gallier noch Belgier an Waffenruhm gleich kamen, und die angrenzenden Staaten unter der Anführung des Bellovakers Correus und des Atrebaten Commius Truppen sammelten, um mit ganzer Macht in das suessionische Land, einen Schutzverband des remischen, einzufallen, die elfte Legion abermals aus dem Winterlager aufbrechen; denn er glaubte, nicht allein seine Ehre, sondern auch sein Vortheil erfordere es, so verdiente Bundesgenossen des römischen Staates* vor allen Unfällen zu schützen. Dem Cajus Fabius schickte er schriftlich Befehl zu, mit seinen zwei Legionen in das suessionische Gebiet vorzurükken. Dazu ließ er noch eine der zwei Legionen des Labienus stoßen. Solcher Gestalt war Cäsar immerfort, die Legionen aber wechselsweise, wie es gerade die Lage ihres Standorts und

* Wie Remer und Suessionen.

die Beschaffenheit des Krieges erforderte, mit der Last dieser kleinen Feldzüge beschäftigt.

7. Nach Vereinigung dieser Truppen trat Cäsar den Zug ins bellovakische Land an. Aus dem Lager, das er in diesem Lande geschlagen hatte, ließ er Reitergeschwader nach allen Richtungen streifen, um einige Gefangene aufzuheben und von ihnen Kunde über den feindlichen Plan zu erhalten. Die Reiter kamen ihrem Auftrage nach und brachten die Meldung zurück: in den Häusern habe man nur Einige getroffen, die nicht des Feldbaues wegen da geblieben (denn man sei überall sorgfältig ausgewandert), sondern als Kundschafter zurückgeschickt wären. Auf die Erkundigung bei diesen Gefangenen, wo die Macht der Bellovaker stände und was sie für einen Kriegsplan hätten, erfuhr Cäsar, daß die ganze waffenfähige Mannschaft in dem bellovakischen Lande vereinigt sei. Auch die Ambianer, Aulerker, Caleter, Velliocasser und Atrebaten hätten sich eine Anhöhe in Waldungen zwischen einem ungangbaren Sumpf zum Lager ausgesucht und alle Habseligkeiten tiefer in das Gehölz gebracht. Als Urheber des Krieges könne man mehrere Fürsten ansehen, aber Correus hätte bei dem Volke das größte Gewicht, weil er sich als den erbittertsten Feind des römischen Volks gezeigt habe; vor einigen Tagen wäre der Atrebate Commius aus dem Lager abgegangen, Hilfstruppen aus den germanischen Staaten, die in der Nachbarschaft lägen und ungemein zahlreich wären, abzuholen. Die Bellovaker hätten mit allgemeiner Zustimmung der Häuptlinge und auf das sehnlichste Verlangen des Volkes beschlossen: käme Cäsar nur mit drei Legionen, wie das Gerücht ginge, so wolle man ihm ein Treffen anbieten, um nicht hernach in einer schlimmern und härtern Lage sich mit der ganzen römischen Macht schlagen zu müssen; brächte aber Cäsar mehr Truppen mit, so wolle man an dem gewählten Orte stehen bleiben und im Hinterhalt den Römern die Fourage, mit der man sich bei der jetzigen Jahreszeit kümmerlich behelfen müßte, abschneiden, so wie auch in Zukunft das Futterholen unmöglich machen.

8. Als Mehrere in diesen Aussagen vor Cäsar übereinstimmten und dieser überlegte, daß der vorgelegte Plan sehr weise und ganz gegen die sonstige Tollkühnheit der Barbaren entworfen sei, so beschloß er, den Feind vor allen Dingen je eher je lieber durch die geringe Meinung von seiner Macht zum Schlagen zu bringen. Denn er hatte eine Auswahl tapferer Truppen, die so lange dienende siebente, achte und neunte Legion, dann die hoffnungsvolle und ausgesuchte Mannschaft der elften, die im Vergleich mit den übrigen wegen der Dienstjahre und Tapferkeit in der Achtung noch zurück stand und doch schon den achten Feldzug mitgemacht hatte. Cäsar hielt also einen Kriegsrath und stärkte durch Mittheilung aller eingezogenen Nachrichten den Muth der Krieger. Um den Feind vielleicht durch die Anzahl von drei Legionen zur Schlacht herauszufordern, richtete er seinen Marsch so ein, daß die siebente, achte und neunte Legion dem ganzen Gepäck vorausging; hierauf schloß sich hinter dem Zuge des Trosses, der, wie beim Vorrücken gegen Feinde gewöhnlich, nicht groß war, die elfte Legion an, damit der Feind nicht mehr Truppen erblickte, als er selbst verlangt hatte. So rückte Cäsar fast in einem Viereck,* ehe es der Feind vermuthete, ihm unter die Augen.

9. Bei dem unerwarteten Anblick, unsere Legionen zur Schlacht gerüstet, festen Schrittes gegen sich anrücken zu sehen, stellten sich die Gallier, deren trotzige Anschläge dem Cäsar bekannt waren, entweder wegen der Gefahr eines Angriffs, oder überrascht durch unser plötzliches Vorrücken, oder in Erwartung dessen, wozu wir uns entschließen würden, vor ihrem Lager, jedoch ohne ihre Anhöhe zu verlassen, in Schlachtordnung. Cäsar hätte zwar lieber geschlagen, doch bewunderte er

---

* Es brauchte hiernach nur eine Figur mit vier rechten Winkeln, also nicht gerade ein Quadrat, sondern auch ein rechtwinkliges Parallelogramm zu sein.

die Stärke des Feindes und stellte sich dessen Lager gegenüber. Zwischen beiden Lagern war nur ein Thal, das sich mehr in die Tiefe senkte, als der Breite nach öffnete. Cäsar warf nun um sein Lager einen Wall von zwölf Fuß auf und ließ an dessen Brustwehr, im Verhältniß der Größe, Schießscharten einsetzen, zog dann einen Doppelgraben von fünfzehn Fuß mit geraden Wänden und führte an vielen Orten Thürme drei Stockwerke hoch auf. Diese Thürme ließ er durch dazwischen gewölbte, bedeckte Gänge mit einander verbinden, deren Außenseite eine kleine Brustwehr von Reisig zum Schutz hatte, so daß dem Feind ein Doppelgraben und eine doppelte Linie von Vertheidigern entgegenstand, deren eine aus den gewölbten Gängen, je geschützter sie durch die Höhe war, desto muthiger und weiter die Wurfwaffen schleuderte, die andere, die auf dem Wall näher am Feinde ihren Standpunkt hatte, durch den oberen gewölbten Gang gegen das Einfallen von oben kommender Geschosse gedeckt wurde. An den Lagerthoren brachte man Flügelthüren und höhere Thürme an.

10. Diese Verschanzungen hatten einen doppelten Zweck: einerseits hoffte Cäsar durch die Größe seiner Werke und seine scheinbare Furcht den Barbaren Muth zu machen, andrerseits sah er, daß so bei den entfernten Zügen nach Fourage und Lebensmitteln das Lager selbst bei einer schwachen Bedeckung durch seine eigne Festigkeit geschützt sei. Unterdessen traten öfters Einzelne von beiden Theilen aus der Linie und tummelten sich an dem Sumpfe zwischen beiden Lagern umher. Doch setzten bisweilen auch unsere gallischen und germanischen Hilfsvölker über den Morast und jagten dem Feinde heftig nach, oder die Feinde kamen ihrerseits herüber und warfen uns weit zurück. Bei dem täglichen Futterholen wurden, was sich beim Fouragiren aus zerstreut und von einander liegenden Gehöften nicht vermeiden läßt, Einzelne, die sich in den unwegsamen Gegenden verlaufen hatten, ausgehoben. Es war nur ein unbedeutender Verlust an Pferden und Sklaven, doch blähte sich dadurch der thörichte

Stolz der Barbaren auf, um so mehr, als Commius, der nach unserer Erzählung* aus Germanien Hilfsvölker holen sollte, mit Reiterei angekommen war; diese war zwar nur fünfhundert Mann stark, aber dennoch wuchs bei deren Ankunft der Barbaren Zuversicht.

11. Als Cäsar sah, daß der Feind geraume Zeit schon in seinem durch den Sumpf und seine Lage sichern Lager keine Bewegung mache und man ihn dort ohne Nachtheil nicht angreifen, aber auch nicht ohne Verstärkung einschließen könne, so schickte er dem Trebonius** schriftlich den Befehl zu, die dreizehnte Legion, die unter dem Befehl des Legaten Titus Sextius ihr Winterlager im Biturgischen hatte, so geschwind als möglich an sich zu ziehen und so mit drei Legionen in Eilmärschen zu ihm zu stoßen. Den Futtersammlern gab er indessen die Reiterei der Remer, Lingonen und übrigen Staaten, die in starker Anzahl aufgeboten war, wechselsweise zur Bedeckung mit, um sich den plötzlichen Anfällen der Feinde entgegen zu stellen.

12. Da dies Tag für Tag geschah und durch Gewohnheit, wie es in der Länge der Zeit zu geschehen pflegt, die Vorsicht nachließ, legten die Bellovaker nach Beobachtung der gewöhnlichen Standpunkte unserer Reiter ein auserlesenes Fußvolk in einem Gebüsch in Hinterhalt. Tags darauf schickten sie Reiterei dahin, um uns zuerst in die Falle zu locken, sodann abzuschneiden und anzugreifen. Das Unglück hatte gewollt, daß an diesem Tage der Dienst an die Remer kam. Denn sobald die feindlichen Reiter sich unvermuthet zeigten, setzten sie bei ihrer Uebermacht voller Verachtung gegen den schwachen Haufen nach und wurden von dem Fußvolk auf allen Seiten abgeschnitten. Dadurch in Unordnung gebracht, zogen sie sich schneller, als wol sonst bei Reitergefechten zu

---

* Kap. 7.

** In Genabum, Kap. 6.

geschehen pflegt, zurück, verloren aber dabei ihren Fürsten, den Führer ihrer Reiterei, Vertiscus, der aus Anhänglichkeit an die gallische Sitte weder seine Jahre vorschützend den Oberbefehl hatte abgeben, noch auch ohne seine Theilnahme hatte kämpfen lassen wollen, obschon er bei seinem hohen Alter kaum noch zu Pferde sitzen konnte. Dieses Waffenglück, der Verlust des Häuptlings und Anführers der Remer machte die Feinde stolz und muthig, und unsere Leute wurden durch Schaden belehrt: erst nach sorgfältiger Untersuchung der Gegend ihre Stellungen zu nehmen und fliehenden Feinden mit Mäßigung nachzusetzen.

13. Der kleine Krieg zwischen den beiden Lagern an den Furten und Wegen über den Sumpf ging indessen Tag für Tag fort. Bei diesem Kriege setzten die Germanen, die Cäsar in der Absicht über den Rhein hatte kommen lassen, um sie bei den Treffen zwischen der Reiterei kämpfen zu lassen,* voller Entschlossenheit über den Sumpf, hieben Einige, die sich zur Wehre setzten, nieder und verfolgten unaufhaltsam den übrigen Haufen. Nicht allein Jene, auf die sie losstürzten oder ihre Waffen aus der Ferne schleuderten, sondern auch die, welche in größerer Entfernung zur Deckung aufgestellt waren, ergriffen voller Schrecken schimpflich die Flucht. Anhöhen auf Anhöhen wurden verlassen und erst an dem Lager faßte man wieder festen Fuß. Einige liefen im Drange des Schreckens noch weiter. Durch die Gefahr dieses versprengten Haufens verbreitete sich eine solche allgemeine Bestürzung unter den gallischen Truppen, daß es sich kaum entscheiden läßt, ob bei dem geringsten Vortheil ihr Uebermuth oder bei unbedeutenden Unfällen ihre Zaghaftigkeit größer war.

14. Nachdem die Gallier eine geraume Zeit in ihrem Lager zugebracht hatten, lief die Nachricht ein, Cajus Trebonius sei mit seinen Legionen im Anzuge. Aus Besorgniß also,

---

* Wie dies in Buch 1, 48 und 7, 18 geschildert ist.

wie in Alesia eingeschlossen zu werden, wollten die Anführer der Bellovaker die Alten, Schwachen und Unbewaffneten mit dem ganzen übrigen Troß von dem Heere fortschicken. Während der Anstalten, noch diesen ungeordneten und verworrenen Haufen in Ordnung zu stellen (denn bei den Galliern haben selbst Abtheilungen leichter Truppen eine Menge Karren in ihrem Gefolge) überraschte sie der Tag. Sie stellten sich daher vor dem Lager in Schlachtordnung, um nicht eher von den Römern verfolgt zu werden, als bis der Troß einen Vorsprung gewonnen hätte. Cäsar fand es so wenig rathsam, den Feind, wenn er Stand hielte, anzugreifen, oder bei dem Abzuge mit der Ersteigung des großen Hügels zu beunruhigen, als seine Legion nicht so weit vorzuschieben, daß die Barbaren nicht ohne Gefahr bei der Nähe unserer Truppen abziehen könnten. Bei der Betrachtung aber des unwegsamen Morastes zwischen den Lagern, durch dessen beschwerlichen Uebergang man im schnellen Verfolgen aufgehalten werden mochte, und in der Erwägung, daß den Bergrücken jenseits des Sumpfes fast bis an das feindliche Lager nur ein mäßiges Thal von demselben trennte, schlug Cäsar über den Sumpf Brücken und rückte nach dem Uebergang mit den Legionen ohne Verzug auf die Gipfelfläche jenes Hügels vor, die rechts und links von steil abfallenden Wänden gesichert war. Hier stellte er die Legionen in Schlachtordnung und marschirte dann an die äußerste Grenze der Höhe bis zu dem Punkte, wo man mit Wurfmaschinen die feindlichen Haufen erreichen konnte.

15. Im Vertrauen auf die Vortheile ihrer Stellung zeigten die Barbaren Lust zur Schlacht, wenn die Römer einen Versuch, den Hügel zu ersteigen, machen sollten, doch getrauten sie sich nicht, ihr Heer abtheilungsweise nach und nach abmarschiren zu lassen. Sie blieben also in Schlachtordnung stehen, um nicht bei getheilter Macht über den Haufen geworfen zu werden. Als Cäsar ihre Beharrlichkeit sah, ließ er zwanzig Cohorten unter den Waffen stehen und an dem Orte hier ein

Lager abstecken und verschanzen. Nach Vollendung dieser Arbeit mußten die Legionen vor dem Walle in Schlachtordnung bleiben; die Reiter vertheilte er, ohne sie abzäumen zu lassen, auf Wachposten. Als die Bellovaker also die Römer zum Verfolgen bereit sahen, und weder in ihrer Stellung übernachten, noch ohne Unterhalt länger beisammen bleiben konnten, so machten sie folgenden Plan für ihren Abzug. Wie sie gelagert saßen (denn nach der obigen Erklärung in den »Denkwürdigkeiten«* pflegen die Gallier nach ihrer Stellung in Schlachtordnung vor dem Angriff zu sitzen), reichte man sich von Hand zu Hand Büschel Stroh und Reisig, die man in ihrem Lager zum Ueberfluß hatte und stellte sie vor der Schlachtlinie auf. Gegen Abend wurden sie auf ein gegebenes Zeichen zu gleicher Zeit angezündet; durch den ununterbrochenen Brand auf der ganzen Linie verlor sich so plötzlich die gallische Armee aus den Augen der Römer und nun nahmen die Barbaren eiligst die Flucht.

16. Cäsar konnte zwar ihren Abzug wegen des Feuers nicht sehen, doch muthmaßte er, daß die Feinde dadurch ihre Flucht zu verbergen suchten. Er ließ demnach die Legionen vorrücken und Reitergeschwader zum Verfolgen aufbrechen. Aus Besorgniß aber, daß der Feind ihn vielleicht festen Fußes erwarte und uns in eine nachtheilige Stellung zu locken suche, marschirte er langsam vor. Die Reiter wagten es nicht, in den Rauch und die dichten Flammen hinein zu sprengen, und konnten, wenn einer zu hitzig hinein jagte, kaum noch den Kopf ihrer Pferde erkennen. Man ließ also aus Furcht vor einer Kriegslist die Bellovaker ungehindert von dannen ziehen. Der Feind entfloh also mit eben so viel Feigheit als List ohne Schaden und schlug nach einer Entfernung von nicht mehr als zehntausend Schritten an einem ungemein vortheil-

* Das steht nirgends bei Cäsar; Hirtius selbst konnte aber solchen Unsinn nicht schreiben: es wird deshalb der ganze Passus ein fremder Zusatz sein.

haften Ort sein Lager auf. Von hieraus that er den Römern bei ihrem Futtersammeln durch Reiterei oder Fußvolk, die im Hinterhalte lagen, oft großen Abbruch.

17. Nach häufigen Unfällen dieser Art erfuhr Cäsar von einem Kriegsgefangenen, daß Correus, der Führer der Bellovaker, sechstausend Fußgänger aus dem Kern der Truppen und tausend Mann zu Pferd aus der ganzen Reiterei gezogen und sie in einem Hinterhalt versteckt habe, wohin die Römer wegen des Ueberflusses an Getreide und Futter seiner Vermuthuttg nach kommen würden. Auf diese Entdeckung ließ Cäsar mehr Legionen, als gewöhnlich ausrücken, die Reiterei aber nicht stärker, als seither die Bedeckung bei dem Futtersammeln zu sein pflegte, vorausgehen. Unter diese steckte er leichte Truppen von den Hilfsvölkern und schloß sich selbst mit den Legionen, so dicht er konnte, an.

18. Der Feind im Hinterhalte hatte sich zur Ausführung seines Planes eine Ebene gewählt, die sich in keiner Richtung über eine Meile weit erstreckte und wie mit einem Gehege auf allen Seiten mit dicht verwachsenem Gehölz oder einem tiefen Flusse eingeschlossen war, und diese hatte er mit seinen Völkern im Hinterhalt umstellt. Unsere Truppen, bekannt mit dem feindlichen Plane, gefaßt und zum Angriff bereit, da sie es bei dem Nachrücken der Legionen mit jedem Feinde aufgenommen hätten, kamen in einzelnen Zügen an. Bei ihrem Nahen zeigte sich anfänglich Correus, in der Einbildung, sein Vorhaben nun ausführen zu können, mit wenigem Volk und griff die nächsten Schwadronen an. Unsere Truppen hielten entschlossen den Anprall aus dem Hinterhalte aus und drängten sich nicht auf einander, was, wenn es aus Furcht bei Reitergefechten geschieht, durch die Menge selbst schon nachtheilig wirkt.

19. Da unsere Schwadronen nach ihrer Stellung wechselsweise in vertheilten Haufen fochten und von keiner Seite die Ihrigen überflügeln ließen, so brachen auch die Andern, wäh-

rend Correus focht, aus den Wäldern hervor. Mit großer Anstrengung kämpfte man an verschiedenen Punkten. Der Sieg war lange unentschieden. Das Fußvolk marschirte daher in Schlachtordnung allmählich aus dem Gehölz auf und trieb unsere Reiterei zurück. Doch die leichten Truppen zu Fuß, die man nach meiner Erzählung vor den Legionen vorausgeschickt hatte, kamen eilends zu Hilfe und fochten zwischen den Schwadronen mit entschlossenem Muthe. Die Schlacht blieb noch eine Zeit lang zweifelhaft. Der Ausschlag war endlich, wie es der Gang des Treffens mit sich bringen mußte, auf der Seite Jener, die den ersten Ueberfall aus dem Hinterhalte ausgehalten hatten, weil sie bei der Ueberraschung aus dem Hinterhalte durch ihre Besonnenheit sich vor allem Schaden bewahrt hatten. Unterdessen näherten sich die Legionen. Die Unsern und die Feinde erhielten zu gleicher Zeit Botschaften über Botschaften, der Feldherr rücke in Schlachtordnung heran. Bei dieser Nachricht strengten unsere Truppen, in der Zuversicht auf den Beistand der anrückenden Cohorten, alle Kräfte an, um nicht bei später erfolgendem Siege dessen Ruhm mit den Legionen theilen zu müssen. Die Feinde verloren den Muth und zerstreuten sich auf der Flucht: vergebens, denn sie kämpften jetzt mit den Schwierigkeiten, in die sie die Römer einschließen wollten. Endlich eilten sie geschlagen und über den Haufen geworfen, während der größte Theil auf dem Schlachtfelde blieb, voller Bestürzung auf dem ersten besten Wege nach dem Gehölze oder Flusse zu. Allein sie wurden bei der hitzigen Verfolgung der Unsrigen auf der Flucht niedergemacht. Correus ließ sich durch keinen Verlust schrecken, das Schlachtfeld zu verlassen und in das Gehölz zu fliehen, oder bei unsern Zurufen zur Ergebung sich abhalten, nicht auf das Tapferste um sich zu hauen, Viele zu verwunden und die aufgebrachten Sieger endlich zu zwingen, die Wurfspieße gegen ihn zu gebrauchen.

20. Nach diesem Ausgang verfolgte Cäsar seinen frischen Sieg in der Hoffnung, nach einer so blutigen Niederlage wür-

den die Feinde auf die Nachricht davon ihr Lager, das nur ungefähr acht Meilen vom Schlachtfelde entfernt sein sollte, verlassen. Obschon er die Beschwerden des Ueberganges über den Fluß sah, ging er dennoch mit seinem Heere darüber und rückte vor. Bei der unerwarteten Ankunft einiger Flüchtigen und Verwundeten, die sich im Schutze der Wälder gerettet hatten und ihnen Kunde der Niederlage brachten, ließen die Bellovaker und übrigen Staaten, weil es nirgends glücken wollte, Correus geblieben und die Reiterei mit der Elite des Fußvolks zu Grunde gerichtet war, sogleich, in der Meinung, die Römer seien im Anzuge, durch die Tuba das Zeichen zu einer Versammlung geben und schrieen, man solle Gesandte und Geiseln dem Cäsar entgegen schicken.

21. Der Vorschlag fand allgemeinen Beifall. Der Atrebate Commius flüchtete sich daher zu den Germanen, von denen er Hilfstruppen geholt hatte; die Andern aber schickten auf der Stelle Gesandte an Cäsar und baten ihn, »mit der Züchtigung seiner Feinde zufrieden zu sein, die er nach seiner Milde und Menschenliebe, wenn er sie auch ohne Schlacht bei ihren vollen Kräften hätte züchtigen können, gewiß nicht gegen sie würde vollzogen haben. Die Macht der Bellovaker sei durch das Reitergefecht geschwächt worden, viele Tausende von der Elite des Fußvolks geblieben und kaum noch Boten ihrer Niederlage entronnen. So groß auch der Verlust sei, so habe doch diese Schlacht den Vortheil für die Bellovaker gebracht, daß Correus, der Urheber des Krieges und Aufhetzer des Volkes, todt sei; denn bei seinen Lebzeiten habe in ihrem Staate immer der kurzsichtige Pöbel mehr vermocht, als die Regierung.«

22. Auf diesen Vortrag der Abgesandten gab Cäsar folgenden Bescheid: »Die Bellovaker und die übrigen Staaten Galliens hätten auch in dem verflossenen Jahre um dieselbe Zeit Feindseligkeiten angefangen. Sie allein wären am hartnäkkigsten bei ihren Gesinnungen geblieben, und nicht einmal

durch die Unterwerfung der Uebrigen zu milderen Gesinnungen bewogen worden, er wisse und sähe wol, daß man am leichtesten die Schuld auf Todte schiebe, doch Niemand könne gegen den Willen der Häuptlinge, bei dem Widerstande des Senats und aller Gutgesinnten, mit einem unzuverlässigen Pöbelhaufen einen Krieg erregen und durchführen. Doch wolle er sich jetzt mit der Strafe begnügen, die sie sich selbst zugezogen hätten.«

23. In der Nacht darauf kamen die Abgesandten mit der Antwort zurück, und man brachte die Geiseln zusammen. Auch aus den übrigen Staaten, die erst auf das Schicksal der Bellovaker gewartet hatten, kamen Gesandte über Gesandte zu Cäsar: sie stellten Geiseln und vollzogen seine Befehle. Nur Commius that es nicht, weil er aus Furcht für sein Leben Niemandem traute. Denn Titus Labienus hatte in dem verflossenen Jahre bei der Rechtspflege in dem diesseitigen Gallien erfahren, Commius hetze die Staaten auf, unternehme Verschwörungen gegen Cäsar und glaubte daher, sich durch Unterdrückung seiner Treulosigkeit keines Meineids schuldig zu machen; auf eine Vorladung, vermuthete er, würde Commius nicht ins Lager kommen; um also nicht durch Versuche seine Aufmerksamkeit rege zu machen, schickte er den Cajus Volusenus Quadratus ab, der ihn bei einer scheinbaren Unterredung ermorden sollte. Er suchte einige tüchtige Hauptleute hierzu aus und gab sie ihm mit. Man kam zur Unterredung zusammen; Volusenus faßte, wie verabredet war, des Commius Hand und ein Centurio wollte in angenommener Entrüstung wegen dieses befremdenden Benehmens den Commius niederhauen, doch konnte er bei der schnellen Dazwischenkunft von dessen Vertrauten den Todesstreich nicht vollenden; er versetzte ihm aber bei dem ersten Hieb eine schwere Kopfwunde. Beide Theile standen schon mit gezogenen Schwertern einander gegenüber. Allein jeder hatte mehr Lust zum Fortlaufen, als zum Kämpfen: die Unseren, weil sie den Hieb

für tödtlich hielten, die Sallier, weil sie beim Anblick der Hinterlist noch mehr fürchteten, als sie sahen. Commius soll nach diesem Auftritt beschlossen haben, nie einem Römer wieder unter die Augen zu treten.

24. Nach Besiegung der kriegerischsten Völkerschaften sah Cäsar, daß weiter kein Staat Zurüstungen mache, um sich ihm entgegen zu stellen, sondern nur Einige die Städte verließen oder vom Lande sich verliefen, um sich der gegenwärtigen Botmäßigkeit zu entziehen. Er beschloß daher, das Heer zu vertheilen; den Quästor Marcus Antonius ließ er mit der elften Legion zu sich stoßen, den Legaten Cajus Fabius schickte er mit fünfundzwanzig Cohorten nach den entlegensten Theilen Galliens,* weil da der Sage nach noch einige Staaten unter Waffen standen, und die zwei Legionen unter dem Legaten Cajus Caninius Rebilus seines Erachtens nicht stark genug waren; den Titus Labienus berief er zu sich und ließ die zwölfte Legion, die mit ihm im Winterlager lag, nach Oberitalien aufbrechen, um die römischen Colonialstädte zu schützen, damit sie nicht durch einen unvermutheten Einfall der Alpenvölker (wie die Tergestiner in dem verflossenen Jahre) überrascht werden möchten. Cäsar selbst zog in das Gebiet des Ambiorix, um dasselbe zu verwüsten und zu verheeren. Denn da er sich keine Hoffnung machen konnte, den verscheuchten Flüchtling in seine Gewalt zu bekommen, so glaubte er, sein Ansehen erfordere, dessen Land wenigstens an Menschen, Wohnungen, Vieh so zu veröden, daß Ambiorix, wenn auch einige Einwohner glücklicher Weise unsern Händen entgingen, wegen der großen Drangsale zu verhaßt würde, um Aufnahme zu finden.

25. Cäsar breitete sich mit den Legionen und Hilfstruppen in dem ganzen Staat des Ambiorix aus und verheerte Alles mit Feuer, Schwert und durch Plünderungen. Eine Menge Ein-

* Aquitanien.

wohner kamen um oder wurden gefangen. Hierauf ließ er den Titus Labienus mit zwei Legionen gegen die Trevirer aufbrechen, die durch fortwährende Kriege bei der Nähe Germaniens fast eben so roh und wild, wie Germanen, immerfort durch ein Heer im Gehorsam erhalten werden mußten.

26. Unterdessen hatte der Legat Cajus Caninius durch Briefe und Boten des Duratius, der, obgleich ein Theil seines Staates sich empört hatte, stets in seiner Anhänglichkeit gegen Rom verblieben war, die Nachricht erhalten, die Feinde hätten eine starke Armee im Pictonischen zusammengezogen, und brach deshalb gegen die Stadt Lemonum auf. Bei seiner Annäherung an diese Stadt hörte er als ganz zuverlässig von den Kriegsgefangenen, Duratius werde in Lemonum von dem Führer der Anden, Dumnacus, mit vielen Tausenden belagert. Er wählte sich also einen festen Posten zu seinem Lager, da die Legionen zu schwach waren, um ein Treffen mit dem Feinde zu wagen. Auf die Nachricht von des Caninius Anzuge warf sich Dumnacus mit seiner ganzen Macht auf die Legionen und griff die Römer in ihrem Lager an. Nach dessen mehrtägiger Bestürmung ging er wieder zur Belagerung von Lemonum zurück, weil er nach großen Verlusten noch an keinem Punkte die Schanzen hatte durchbrechen können.

27. Um diese Zeit unterwarf sich der Legat Cajus Fabius mehrere Staaten aufs Neue und versicherte sich ihrer durch Geiseln, erhielt aber auch zugleich durch die Briefe des Cajus Caninius Rebilus die Nachricht von den Vorfällen im Lande der Pictonen. Auf diese Nachricht hin brach er auf, um den Duratius zu entsetzen. Dumnacus erfuhr dessen Vorrücken und hielt sich für verloren, wenn er zu gleicher Zeit von Außen einen Angriff der Römer aushalten und wegen der Besatzung in der Stadt auf seiner Hut und in Sorgen sein müßte. Er zog also unvermuthet von der Stadt ab und hielt sich, so lange er noch diesseits des Ligeris war, über den er seiner Breite wegen nur auf einer Brücke kommen konnte, nicht für sicher genug. Fabius hatte zwar die Feinde noch nicht erreicht, noch sich mit Caninius vereinigt, doch vermuthete er, nach der Beschreibung der Gegend, die ihm Kenner derselben gemacht hatten, daß der bestürzte Feind seinen Marsch vorzüglich dahin nehmen würde, wohin er zog, und suchte also mit seinen Truppen die Brücke zu gewinnen. Die Reiterei mußte vor den Legionen voraustraben, doch nur so weit, daß sie ohne Ermattung der Pferde immer dasselbe Nachtlager mit den Legionen wieder beziehen konnte. Unsere Reiterei holte, wie sie Befehl hatte, die Truppen des Dumuacus ein und griff sie an. Bei diesem Angriff gegen Völker, die auf dem Rückzug und voller Schrecken unter Gepäck und auf dem Marsche waren, wurden Viele niedergehauen und große Beute gemacht. So kehrten sie nach dem glücklichen Treffen in das Lager zurück.

28. Nachts darauf ließ Fabius die Reiterei sich zur Schlacht rüsten und vorauseilen, um den Feind auf dem Marsche aufzuhalten, bis er selbst ankäme. Der Führer der Reiterei, Quintus Atius Varus, ein Mann von außerordentlicher Tapferkeit und Einsicht, sprach seinen Leuten zu, diesem Befehle nachzukommen und stellte, sobald er den Feind auf dem Marsche erreicht hatte, seine Schwadronen theils auf vortheilhaften Punkten auf, theils ließ er sie ein Gefecht beginnen. Die feindliche Reiterei leistete kräftigen Widerstand, weil das Fußvolk ihnen folgte, da das ganze Heer stillstand und die Reiter unterstützte. Es kam zu einem heftigen Gefecht, denn unsere Truppen verachteten den Feind, den sie Tags vorher geschlagen hatten und wußten, daß die Legionen ihnen auf dem Fuße nachfolgten; voller Scham also, zu weichen, und voller Begierde, für sich allein die Schlacht zu gewinnen, stürzten sie mit größter Tapferkeit auf das Fußvolk. Die Feinde aber glaubten, es kämen auch diesmal, wie an den vorigen Tagen, keine anderen Truppen nach und meinten, so eine Gelegenheit gewonnen zu haben, unsere ganze Reiterei zu vernichten.

29. Man hatte schon einige Zeit mit aller Anstrengung gefochten, als Dumnacus sein Fußvolk so stellte, daß es wechselsweise die Reiter unterstützte. Da kamen unsere Legionen in geschlossenen Reihen unvermuthet zum Vorschein. Bei ihrem Anblick erstarrten die Schwadronen der Barbaren, das Fußvolk gerieth in Schrecken, der Zug des Gepäckes in Unordnung, und das ganze Heer ergriff unter großem Geschrei und wildem Gedränge die Flucht. Allein unsere Reiterei, die kurz zuvor bei dem Widerstande des Feindes so tapfer gekämpft hatte, erhob, durch die Siegesfreude ermuntert, auf allen Seiten ein starkes Geschrei, nahm die Flüchtigen in die Mitte und mordete, so lange nur die Pferde jagen und ihre Arme schlagen konnten. Ueber zwölftausend Mann wurden so, theils mit den Waffen in der Hand, theils, nachdem sie diese aus Schrecken weggeworfen, niedergehauen und ihr Gepäck insgesammt erbeutet.

30. Auf die zuverlässige Nachricht, daß der Senone Drappes, der schon bei der allgemeinen Empörung Galliens* gleich Anfangs mit einer Horde Gesindels, das er überall aufgelesen, Sklaven, die er zur Freiheit eingeladen, Verbannte, die er aus allen Staaten an sich gezogen und Räuber, die er aufgenommen, den Römern Gepäck und Zufuhr abgeschnitten hatte, auch jetzt mit nicht mehr als zweitausend Flüchtlingen eine Bewegung gegen die Provinz unternehme und daß der Cadurke Lucterius, der nach dem Berichte im letzten Buche der »Denkwürdigkeiten«** beim Ausbruch des gallischen Aufstandes in die römische Provinz einfallen wollte, mit ihm im Bunde sei, setzte ihnen der Legat Caninius mit zwei Legionen nach, den großen Schimpf zu verhüten, daß unsere Provinz durch Streifereien solchen Gesindels geplündert und in Schrecken gesetzt werde.

---

* Vgl. 7, 1. Uebrigens ist er dort nicht erwähnt.

** Buch 7, 7.

31. Mit dem übrigen Heere rückte Cajus Fabius in das carnutische Gebiet und in die andern Staaten ein, deren Macht in dem Treffen mit Dumnacus, wie er wol wußte, geschwächt worden; denn er zweifelte nicht, sie jetzt nach der jüngsten Niederlage geschmeidiger zu finden; wenn man ihnen aber Raum und Zeit ließe, so könnten sie von Dumnacus wieder aufgewiegelt werden. Fabius unterwarf sich diese Völker eben so außerordentlich glücklich, als geschwind, denn die Carnuten, die nach ihren häufigen Drangsalen nie von Frieden gesprochen hatten, stellten Geiseln und ergaben sich. Auch die übrigen Seestaaten im entlegensten Gallien, die man die armorikischen nennt, vollzogen bei der Ankunft des Fabius und seiner Legionen, nach dem Beispiel der Carnuten, sogleich deren Befehle. Dumnacus mußte sich also, von Haus und Land verjagt, in Schlupfwinkeln herumirrend und sich selbst überlassen, an die Grenzen Galliens flüchten.

32. Drappes und Lucterius aber glaubten mit ihm auf die Nachricht von des Caninius Ankunft mit den Legionen, daß ihr Untergang, bei einem Einfall in die Provinz wegen des nachrükkenden römischen Heeres unvermeidlich sei, und da sie sich jetzt nicht ungehindert mehr ausbreiten und plündern konnten, so machten sie im Cadurkischen Halt. Lucterius, der einst in besseren Tagen viel in seinem Staate vermocht und durch seine anhaltende Neuerungssucht großes Ansehen erworben hatte, besetzte mit seinen und des Drappes Truppen die Stadt Uxellodunum, die unter seinem Schutz gestanden und von Natur sehr befestigt war. Die Einwohner verband er mit sich.

33. Cajus Caninius rückte ohne Zeitverlust dahin, fand aber den Ort durch die steilsten Felsenwände auf allen Seiten geschützt, so daß er für Völker mit Waffen in der Hand auch ohne Widerstand schwer zu erklimmen war. Doch nahm er zugleich wahr, daß der Ort so voller Gepäck stecke, daß, wenn die Einwohner sich auch heimlich damit flüchten wollten, sie nicht einmal den Legionen, viel weniger der Reiterei entrinnen könnten. Er bildete daher aus seinen Cohorten drei Abtheilungen und schlug auf den Anhöhen ein dreifaches Lager, von dem er nach und nach, so viel als mit seinen Truppen thunlich, einen Belagerungswall um den Ort ziehen ließ.

34. Als das die Einwohner sahen, geriethen sie, bei der Erinnerung an das unbeschreibliche Elend in Alesia, in Sorge, und fürchteten ein gleiches Schicksal bei dieser Belagerung. Lucterius besonders, der die Noth dort gefühlt hatte,* drang vor Allem darauf, auf Getreide bedacht zu sein. Man beschloß daher einstimmig, einen Theil der Truppen in der Stadt zu lassen, mit den übrigen aber in leichter Rüstung auszurücken, um Getreide in die Stadt zu bringen. Nach Genehmigung dieses Vorschlags brachen in der folgenden Nacht Drappes und Lucterius mit allen Truppen, außer zweitausend Mann, die als Besatzung zurückblieben, auf und brachten nach kurzem Aufenthalt im Lande der Carnuten, die theils selbst gern sie mit Getreide unterstützten, theils dessen Wegnahme sich nicht widersetzen konnten, eine Menge Getreide zusammen. Man machte auch bei nächtlichen Zügen einige Angriffe auf unsere Schanzen. Cajus Caninius eilte demnach nicht, die Stadt vollkommen mit Befestigungswerken einzuschließen, um nicht außer Stand zu sein, die ganze Linie zu behaupten, oder die meisten Posten nur schwach besetzen zu müssen.

35. Drappes und Lucterius lagerten mit einem starken Getreidevorrath, den sie aufgebracht hatten, zehn Meilen von dem Ort, um denselben nach und nach in die Stadt zu führen. Die Dienstverrichtungen hatten sie so getheilt, daß Drappes mit einer Abtheilung zur Deckung des Lagers stehen blieb, Lucterius aber den Zug der beladenen Lastthiere nach der Stadt brachte. Nach Ausstellung von Wachen machte man ungefähr um zehn Uhr Nachts den Anfang, das Getreide durch Gebüsche und Schleichwege in den Ort zu schaffen. Unsere Posten im

---

* Vgl. 7, 78.

Lager hörten den Lärm, und die abgeschickten Kundschafter hinterbrachten den Vorgang. Caninius fiel daher mit eilends gerüsteten Cohorten aus den nächsten Schanzen, als eben der Tag anbrach, über die Führer des Getreides her, und diese verliefen sich aus Schrecken über diesen unerwarteten Unfall zu ihrer Bedeckung. Beim Anblick bewaffneter Truppen wurden unsere Soldaten noch mehr erbittert und ließen keinem Gefangenen das Leben. Lucterius entrann mit Einigen, begab sich aber nicht in das Lager zurück.

36. Nach diesem glücklichen Vorfalle erfuhr Caninius von den Kriegsgefangenen, Drappes stände mit einer Abtheilung nur zwölf Meilen von ihm in einem Lager. Mehrere Aussagen stimmten darin überein. Er sah also voraus, daß nach der Flucht des einen Führers der bestürzte Rest leicht über den Haufen geworfen werden könne, und hielt es für ein großes Glück, daß kein Flüchtling aus dem Blutbad entronnen sei, um dem Drappes Nachricht von der Niederlage zu bringen. Weil er also bei dieser Unternehmung nichts Bedenkliches sah, ließ er die ganze Reiterei mit dem germanischen Fußvolk, Leute von außerordentlicher Geschwindigkeit, gegen dasselbe vorrücken und nahm eine Legion ohne Gepäck mit sich, nachdem er die andern in drei Lager vertheilt hatte. Bei seiner Annäherung gegen den Feind erfuhr er von den Spähern, die vorausgeschickt waren, daß die Feinde nach Barbarenart unter Vermeidung der Höhen sich in einer Tiefe an einem Fluß gelagert hätten, die Germanen und Reiter aber seien gegen aller Vermuthen plötzlich auf sie losgestürzt und hätten schon das Treffen angefangen. Auf diese Nachricht marschirte er mit seiner Legion gerüstet in Schlachtordnung auf. Die Anhöhen wurden auf das gegebene Zeichen unvermuthet von allen Seiten erstiegen. Als das geschehen, strengten die Germanen und Reiter beim Anblick der Legionsfeldzeichen ihre Kräfte aufs Aeußerste an. Die Cohorten machten ohne Verzug auf allen Punkten einen

Angriff und hieben Alles nieder, oder nahmen es gefangen. Die Beute war ansehnlich; unter den Kriegsgefangenen in diesem Treffen befand sich Drappes selbst.

37. Caninius kehrte nach dieser so glücklichen Schlacht fast ohne Verlust von seinen Truppen zur Belagerung zurück, und da nun der äußere Feind, der ihn gehindert, die einzelnen Wachposten zu vertheilen und die Stadt ganz einzuschließen, zu Grunde gerichtet war, so befahl er, die Werke auf allen Seiten um die Stadt zu Stande zu bringen. Tags darauf stieß Cajus Fabius mit seinen Truppen zu ihm und übernahm einen Theil der Belagerungsarbeiten.

38. Cäsar hatte indessen den Quästor Marcus Antonius mit fünfzehn Cohorten im Bellovakischen zurückgelassen, um den Belgiern alle Gelegenheit zu neuen Unruhen zu benehmen; er selbst aber rückte in die übrigen Staaten und setzte ihnen zwar eine Menge Geiseln fest, doch verscheuchte er durch tröstliches Zusprechen die allgemeine Furcht. Bei seiner Ankunft bei den Carnuten, durch die nach Cäsars Erzählung in dem letzten Buche der »Denkwürdigkeiten«* der Krieg in ihrem Staat den Anfang genommen hatte, und wo er Alle bei dem Bewußtsein ihres Vergehens besonders in Angst sah, verlangte er den Urheber des ruchlosen Anschlags, den Anzettler des Kriegs zur Bestrafung, um ihren Staat desto geschwinder von seiner Furcht zu befreien. Dieser vertraute sich zwar seinen eigenen Landsleuten nicht an, da ihm aber alles sorgfältig nachspürte, brachte man ihn bald ins Lager. Cäsar war gegen seine Neigung durch einen starken Auflauf seiner Soldaten, die ihm alle Gefahren und den Verlust im Kriege mit Gutruatus** vorstellten, gezwungen, ihn zu bestrafen, so daß er ihn zu Tode geißeln und dann enthaupten ließ.***

---

* Vgl. Buch 7, 2. 3.

** Sollte nicht nach 7, 3 hier Cotuatus zu lesen sein?

*** Vgl. meine Erläuterung zu 6, 44.

39. Hier erhielt Cäsar Briefe von Caninius über die Vorgänge mit Drappes und Lucterius, wie auch über den fortdauernden Einschluß der Stadt. Er achtete zwar den Feind wegen seiner Schwäche nicht, doch fand er es räthlich, dessen Hartnäckigkeit scharf zu züchtigen, damit nicht die Gallier glaubten, daß sie nicht aus Mangel an Kräften, sondern an Standhaftigkeit den Römern unterlegen seien, und damit nicht auch noch andere Staaten, in der Zuversicht auf die vortheilhafte Lage ihrer Städte, das römische Joch nach diesem Beispiel abschüttelten. Denn Cäsar wußte, daß allen Galliern bekannt war, daß dies der letzte Sommer seiner Statthalterschaft sei, und hielten sie nur diesen aus, so hätten sie weiter nichts zu befürchten. Er ließ also den Legaten Quintus Calenus nebst zwei Legionen zurück mit dem Befehl, ihm in gewöhnlichen Märschen nachzurücken, und ging mit der ganzen Reiterei in möglichster Geschwindigkeit zu Caninius voraus.

40. Cäsar kam gegen alle Erwartung nach Uxellodunum und fand die Werke zur Einschließung der Stadt fertig. Er sah zwar, daß er die Belagerung schlechterdings nicht aufheben könne, hörte aber andrerseits auch von den Ueberläufern, daß die Stadt mit Lebensmitteln zum Ueberfluß versehen sei; deshalb machte er Versuche, dem Feinde das Wasser abzuschneiden. Der Berg, auf welchem Uxellodunum lag, hatte auf allen Seiten steile Wände; fast ganz um ihn herum lief ein Thal, durch das ein Fluß strömte.* Der Boden gestattete nicht, ihn abzuleiten, denn er floß so tief am Fuße des Berges hin, daß er sich durch keine tiefer gezogene Gräben anders wohin führen ließ. Der Weg aus der Stadt nach diesem Fluß hinunter war beschwerlich und steil, so daß deren Einwohner bei unserm Widerstand ohne Wunden und Lebensgefahr weder an den Fluß kommen, noch wieder bergauf klettern konnten. Als Cäsar diese Beschwerden für die Stadt wahr-

* Der jetzige Lot, der in die Garonne mündet.

nahm, stellte er Bogenschützen und Schleuderer, an einigen Orten auch Schleudermaschinen gegen die bequemsten Pfade nach dem Wasser, und verwehrte den Einwohnern den Gang nach dem Fluß. Die ganze Stadt holte hierauf an einem einzigen Ort ihr Wasser.

41. Hart an der Stadtmauer nämlich, ungefähr dreihundert Fuß von dem umlaufenden Flußbett, sprudelte eine starke Quelle hervor. Alle wünschten nun zwar, auch dieses Wasser der Stadt abschneiden zu können, aber Cäsar allein sah eine Möglichkeit der Ausführung. Er ließ also mit vieler Mühe und unter stetem Gefecht der Quelle gerade gegenüber nicht ohne Gefahr bedeckte Gänge anlegen und Dämme aufwerfen; denn die Belagerten aus der Stadt stürmten von oben herab und kämpften von Ferne in aller Sicherheit. Viele von uns wurden bei ihrem hartnäckigen Nachdringen verwundet, doch ließen unsere Soldaten sich nicht abhalten, die Gänge vorzurücken und durch Anstrengung und Werke über die Schwierigkeiten des Bodens zu siegen. Zu gleicher Zeit führte man von den Gängen heimlich Minen nach der Quelle zu. Das ließ sich ohne alle Gefahr und jeden Verdacht thun. Ein Erddamm von neun Fuß Höhe wurde errichtet und darauf ein Thurm von zehn Stockwerken aufgepflanzt. Er hatte zwar nicht die Höhe der Stadtmauer, denn das war schlechterdings unausführbar, doch ragte er über die Brunnenquelle hervor. Da man nun von diesem Thurm die Wege nach der Quelle mit Geschossen aus den Wurfmaschinen bestrich, und die Einwohner nur mit Lebensgefahr Wasser holen konnten, so verschmachteten vor Durst nicht allein Vieh und Pferde, sondern auch viele Menschen.

42. Voller Bestürzung über diesen Unfall füllten die Einwohner Fässer mit Talg, Pech und Holzspänen und ließen sie brennend auf die Werke rollen. Zu gleicher Zeit machten sie einen sehr heftigen Ausfall, um die Römer durch Angriff und Gefahr am Löschen zu hindern. Die Werke geriethen plötzlich in starken Brand, denn die herabrollenden Fässer prallten

gegen die Gänge und Blendungen und steckten Alles an, was sie aufhielt. Unsere Truppen hingegen hielten, obschon sie durch die gefährliche Art des Angriffs von oben und ihren nachtheiligen Standort im Gedränge waren, Alles mit größter Entschlossenheit aus, denn das Gefecht fiel in der Höhe und vor den Augen des ganzen Heeres vor. Es erhob sich also auf beiden Seiten ein großes Geschrei und Jeder bot sich auf die ausgezeichnetste Weise den Geschossen der Feinde und den Flammen dar, um seine Tapferkeit desto sichtbarer und in die Augen fallender zu zeigen.

43. Cäsar sah, daß viele seiner Leute verwundet wurden und ließ deshalb die Cohorten auf allen Seiten der Stadt den Berg hinaufrücken und mit allgemeinem Geschrei einen falschen Angriff auf die Mauern machen. Dadurch geriethen die Belagerten in der Stadt in Schrecken, ließen in der Ungewißheit und Unkunde dessen, was auf den übrigen Punkten vorging, ihre Truppen von dem Angriff auf unsere Werke zurückrufen und besetzten damit die Mauer. Als so das Gefecht beendigt war, löschten unsere Leute die in Brand gerathenen Werke, oder durchschnitten sie. Bei der hartnäckigen Gegenwehr der Stadt und ihrem fortdauernden Einschluß, selbst nachdem ein großer Theil der Bewohner vor Durst verschmachtet war, wurden zuletzt die Adern der Quelle durch Minen abgegraben und weggeleitet. Dadurch versiegte unvermuthet die erschöpfte Quelle und setzte die Stadt in solche Verzweiflung, daß man es nicht für Menschenwerk, sondern für eine Fügung der Götter hielt. Sie mußten daher dem Drange der Noth weichen und sich ergeben.

44. Cäsar wußte, daß seine milde Denkungsart allgemein anerkannt sei und fürchtete daher nicht, durch eine scharfe Züchtigung den Verdacht von Grausamkeit gegen sich zu erregen. Auch konnte er nicht das Ende übersehen, wenn in solcher Weise mehrere Völker an verschiedenen Orten sich empörten. Er fand es also räthlich, Andere durch ein Beispiel der

Strenge abzuschrecken, und ließ daher Allen die Hände abhauen. Das Leben schenkte er ihnen, um durch dieses Beispiel von Bestrafung die Uebrigen zu erschrecken.* Drappes, den nach meiner Erzählung Caninius gefangen genommen hatte, aß einige Tage nichts, entweder aus Unwillen und Kummer wegen seiner Gefangenschaft, oder aus Furcht vor einer härteren Strafe, und hungerte sich zu Tode. Zu derselben Zeit fiel Lucterius, der, wie ich geschrieben habe,** in der Schlacht entronnen war, dem Arverner Epasnactus in die Hände. Denn da er, in dem Bewußtsein, wie gehässig er dem Cäsar sein müßte, bei jedem langen Verweilen an einem Orte Gefahr sah, so vertraute er sich bei dem häufigen Wechsel seines Aufenthaltes Vielen an. Der Arverner Epasnactus, der dem römischen Volke sehr ergeben war, brachte ihn sogleich geschlossen zu Cäsar.

45. Labienus war indessen mit der Reiterei im trevirischen Gebiete glücklich und schlug eine gute Anzahl Trevirer und Germanen, die Niemandem ihren Beistand versagten, nieder. Ihre Anführer bekam er lebendig in seine Gewalt, und unter Andern auch den Aeduer Surus, der sowol wegen persönlicher Tapferkeit, als durch Geburt, ungemein berühmt war, und allein unter den Aeduern bis jetzt noch nicht die Waffen niedergelegt hatte.

46. Bei der Nachricht hiervon sah Cäsar nun seine Unternehmungen in allen Theilen Galliens geglückt und glaubte, dieses Land habe er in dem letzten Sommer gänzlich besiegt und unterjocht. Weil er nun selbst noch nie nach Aquitanien gekommen war, sondern nur einen Theil davon durch Publius Crassus überwunden hatte,*** so brach er mit zwei Legionen

---

* »Dieser Entschluß Cäsars, bemerkt hierzu Napoleon, war wirklich gräßlich. Im Bürgerkriege war er mild gegen seine Landsleute, gegen die Gallier dagegen grausam, ja oft barbarisch.«

** Kap. 35.

*** Buch 3, 9 und 20.

dahin auf, um den Rest des Sommers da zuzubringen. Auch dieses Vorhaben brachte er, wie seine übrigen Unternehmungen, bald und glücklich zu Stande, denn alle Staaten in Aquitanien schickten Gesandte an ihn und stellten Geiseln. Hierauf begab er sich mit einer Reiterbedeckung nach Narbo und ließ sein Heer durch seine Legaten das Winterlager beziehen, vier Legionen verlegte er nach Belgien unter dem Befehl des Marcus Antonius, Cajus Trebonius, Publius Vatinius und Quintus Tullius, zwei in das Aeduerland, welcher Staat, wie Cäsar wohl wußte, ein entscheidendes Uebergewicht in ganz Gallien hatte, zwei schickte er in das turonische Gebiet an den Grenzen der Carnuten, um die ganze Seeküste im Zaum zu halten, die zwei übrigen in das lemovikische Land, nächst dem Arvernergebiet, damit so alle Theile Galliens besetzt wären. Cäsar hielt sich nur einige Tage in der Provinz auf und durchlief eilends alle Gerichtssprengel, untersuchte da die Staatszwistigkeiten und theilte nach Maßgabe des Verdienstes Belohnungen aus; denn bei dem allgemeinen Aufstande in ganz Gallien, gegen den er sich durch die Treue und den Beistand der Provinz behauptet, hatte er die beste Gelegenheit, eines Jeden Gesinnungen gegen den römischen Staat kennen zu lernen. Nach Erledigung dieser Geschäfte begab sich Cäsar zu den Legionen in Belgien und brachte den Winter in Nemetocenna zu.

47. Hier erhielt er die Nachricht von einem Treffen, das der Atrebate Commius seiner Reiterei geliefert habe. Denn obgleich Antonius das Winterlager bezogen hatte und der Staat der Atrebaten vollkommen bei seiner Pflicht verharrte, so erhielt dennoch Commius, der nach der oben erwähnten Verwundung* bei jeder aufrührerischen Bewegung seinen Mitbürgern immer gleich bei der Hand zu sein pflegte, damit ihnen bei feindseligen Absichten weder ein Aufhetzer zum Kriege, noch ein Anführer fehlte, sich und seine Reiter durch Streifzüge,

* Kap. 23.

machte die Wege unsicher und nahm oft Lieferungen nach den römischen Winterquartieren weg.

48. Dem Antonius war in seinem Winterlager als Anführer der Reiterei Cajus Volusenus Quadratus beigegeben worden. Diesen beauftragte Antonius, die feindliche Reiterei zu verfolgen. Volusenus vereinigte mit einer ausgezeichneten Tapferkeit einen persönlichen Haß gegen Commius; um so lieber unterzog er sich diesem Auftrag. Er überfiel daher mehrfach aus einem Hinterhalt, in den er sich gelegt hatte, dessen Reiter und schlug sie glücklich zurück. Bei einem äußerst hitzigen Gefechte jagte zuletzt Volusenus, aus Begierde, den Commius selbst zu fangen, ihm mit wenigen Reitern zu hartnäckig nach. Dieser zog ihn durch schnelle Flucht weit von seinen Truppen ab, rief alsdann auf einmal seine Leute um Schutz und Beistand an, den Meineid bei seiner Verwundung nicht ungerächt zu lassen, und sprengte mit schnell gewendetem Pferde voller Verwegenheit auf unsern Führer los. Seine Reiter insgesammt folgten ihm, warfen unsere kleine Schaar und verfolgten sie. Commius hing sich in vollem Jagen an das Pferd des Quadratus und stieß diesem mit großer Kraft seine Lanze gerade durch die Hüfte. Bei der Verwundung ihres Führers setzten sich unsere Leute ohne Bedenken zur Wehre und schlugen den Feind zurück. Durch ihren heftigen Angriff wurden Viele über den Haufen geworfen und verwundet, oder auf der Flucht theils niedergerannt, theils gefangen. Dem entging auf seinem flüchtigen Pferde Commius. Der Führer unserer Reiter aber wurde schwer verwundet, so daß man für sein Leben fürchtete, in das Lager getragen. Commius schickte hierauf, entweder weil sich sein Zorn abgekühlt, oder weil er seine Leute größtentheils verloren hatte, Abgesandte zu Antonius und versicherte ihm durch Geiseln, er wolle sich, wo er es verlange, aufhalten und seinen Befehlen nachkommen. Nur um das Eine bat er, man möchte ihm bei seiner Furcht nicht zumuthen, vor einem Römer zu erscheinen. Da sich nach An-

tonius Urtheil dieses Begehren auf eine natürliche Besorgniß gründete, so willigte er ein und nahm die Geiseln an. –

Cäsar hat nun, wie ich wohl weiß, jedes einzelne Buch seiner Denkwürdigkeiten immer mit einem Feldzuge geschlossen, allein ich hielt es nicht für nöthig, ihm zu folgen; denn im nächsten Jahre, unter den Consuln Lucius Paullus und Cajus Marcellus, fiel in Gallien nichts Besonderes vor. Um aber doch zu wissen, wo Cäsar und seine Legionen die Zeit hindurch gestanden haben, will ich es noch kurz mittheilen und an dieses Buch der Denkwürdigkeiten anschließen.

Beginn der Bewegungen in Rom

49. Cäsar machte es sich während des Winteraufenthaltes in Belgien zur Hauptaufgabe, Freundschaft mit den Staaten zu erhalten und jede Hoffnung oder Ursache zu Feindseligkeiten zu entfernen, denn er wünschte nichts weniger, als sich etwa bei seinem bevorstehenden Abzuge noch in die Nothwendigkeit, gegen Jemand ins Feld zu rücken, versetzt zu sehen, damit nicht, weil er im Begriff war, sein Heer wegzuziehen, ein Krieg noch zurückbliebe, den ganz Gallien, wenn Gefahr nicht nahe, anzufangen Lust hatte. Er sprach demnach den Staaten mit Achtung zu, machte ihren Häuptlingen die ansehnlichsten Geschenke, setzte keine neuen Staatslasten fest und erhielt Gallien, das durch so viele Niederlagen geschwächt war und sich im Zustand der Unterwürfigkeit besser befand, leicht in Ruhe.

50. Am Ende des Winters reiste Cäsar gegen seine Gewohnheit* mit möglichster Eile nach Oberitalien, um die Municipalstädte und Colonien anzusprechen und ihnen das Gesuch seines Quästors Marcus Antonius um das Augurat zu

* Er ging sonst im Herbst dorthin und kam im Frühling zurück.

empfehlen; denn für diesen Mann, der in so enger Verbindung mit ihm stand, und den er zu dem Zweck der Bewerbung kurz zuvor schon vorausgeschickt hatte, verwendete sich Cäsar mit seinem ganzen Ansehen, theils gern aus eigenem Antriebe, theils auch gereizt durch die Parteisucht und den mächtigen Einfluß Einiger, die durch des Antonius Zurücksetzung Cäsars Ansehen bei Niederlegung seines Proconsulats kränken wollten. Cäsar erfuhr zwar auf dem Wege schon, noch vor seiner Ankunft in Italien, daß Antonius Augur geworden sei; aber dennoch glaubte er gegründete Ursachen zu haben, um sich zu den Municipalstädten und Colonien zu begeben, ihnen für ihr zahlreiches Erscheinen bei der Wahl und ihre Ergebenheit gegen Antonius zu danken, und zugleich sich und seine Bewerbung um das Consulat für das folgende Jahr zu empfehlen; denn Cäsars Feinde prahlten ganz übermüthig, die erwählten Consuln Lucius Lentulus und Cajus Marcellus würden den Cäsar sicher aller Aemter und aller Ehren berauben. Dem Sergius Galba habe man, obschon er ein so entschiedenes Uebergewicht durch Stimmen und Anhänglichkeit gehabt hätte, das Consulat aus den Händen gespielt, weil er durch vertraute Freundschaft und als Legat an Cäsar gefesselt sei.

51. Cäsar wurde mit unglaublicher Achtung und Freundschaft von allen Municipalstädten und Colonien empfangen, denn seit dem allgemeinen Aufstand in Gallien hatte man ihn dort nicht wieder gesehen. Alles Erdenkliche wurde aufgeboten, um Thore, Wege und Plätze, die Cäsar durchziehen sollte, auszuschmücken; Jung und Alt lief ihm entgegen, überall schlachtete man Opfer; Tempel und Plätze waren mit prächtigen Polsterlagern* besetzt. Man konnte schon einen Vorschmack von der Wonne selbst des gefeiertsten Triumphes haben: solche Pracht zeigten die Reichen, solche Begeisterung die Armen.

---

* Zur Ausstellung der Götterbildnisse bei den Fest- und Opfermahlen.

52. Nachdem Cäsar ganz Oberitalien schnell durchreist hatte, ging er mit größter Eile nach zum Heer zurück, ließ dann alle Legionen aus den Winterlagern in das trevirische Gebiet rücken und musterte sie nach seiner Ankunft dort. Den Titus Labienus stellte er über Oberitalien, um ihm desto mehr Empfehlung bei dem Gesuch um das Consulat zu verschaffen, und machte mit den Truppen nur so weit Bewegungen, als er den Wechsel der Standorte für ihre Gesundheit zuträglich hielt. Auf diese Zügen hörte nicht allein Cäsar öfters, seine Feinde suchten Labienus zu gewinnen, sondern erfuhr auch zuverlässig, daß Einige den Plan hätten, ihn vermittels einer Senatsverordnung um einen Theil des Heeres zu bringen. Allein das Gerücht in Betreff des Labienus fand bei ihm Glauben, und gegen den Willen des Senats wollte Cäsar schlechterdings nichts unternehmen, denn er dachte, seine gerechte Sache würde bei einer freien Abstimmung der Senatoren leicht siegen, indem von dem Volkstribun Cajus Curio, der die Vertheidigung von Cäsars Sache und Ansehen auf sich genommen hatte, die wiederholte Versicherung dem Senat gegeben war, wenn Jemanden die Furcht vor Cäsars Heer beunruhigte, so sollten, weil man auch bei den Verhandlungen auf dem Forum wegen der Herrschsucht und des Pompejus nicht wenig in Furcht sei, beide ihre Heere entlassen und die Waffen niederlegen. Auf solche Weise könnte der Senat frei und nach Gefallen handeln. Diese Versicherung gab nicht allein Curio, sondern er wollte auch für sich den Senat hierüber bestimmen lassen. Allein die Consuln und des Pompejus Freunde gestatteten dies nicht und gingen nach dieser Einleitung der Dinge auseinander.

53. Dies Verfahren des ganzen Senats war ein sprechender Beweis und entsprach dessen früherem Verhalten; denn als ein Jahr vorher Marcellus bei seinem Kampf wider Cäsars Ansehen über dessen Statthalterschaft Vorschläge vor der Zeit und gegen die Staatsverordnung unter Pompejus und

Crassus gemacht hatte, da verwarf bei der Abstimmung, als Marcellus, der in Cäsars Verunglimpfung nur seinen eigenen Ruhm suchte, die Abstimmenden in Parteien auseinander gehen ließ,* der Senat in starker Majorität schlechterdings seinen Antrag. Doch das machte Cäsars Feinde nicht muthlos, sondern spornte sie an, noch stärkere Verbindungen zu suchen, um von dem Senat die Genehmigung ihrer Vorschläge zu erzwingen.

54. Hierauf erging die Senatsverordnung: »Cnejus Pompejus und Cajus Cäsar sollten zwei Legionen, jeder eine, zum Kriege mit den Parthern stellen.« Beide Legionen mußte offenbar Cäsar allein hergeben, denn Cnejus Pompejus wies die erste Legion, die nach ihrer Abgabe an Cäsar mit der ausgehobenen Mannschaft aus dessen Statthalterschaft ergänzt war, als seinen Antheil an. Es war eine ganz bekannte Sache, man entzog ihm einfach nach dem Willen seiner Feinde diese Legion. Trotzdem schickte Cäsar sie an den Cnejus Pompejus zurück, und gab die fünfzehnte Legion, die er in dem diesseitigen Gallien stehen hatte, als die seine dem Senatsbeschlusse gemäß dazu. An ihre Stelle mußte die dreizehnte Legion in Italien aufbrechen und die Posten besetzen, aus denen die fünfzehnte gezogen war. Hieraus vertheilte Cäsar seine Armee in die Winterlager, den Cajus Trebonius legte er mit vier Legionen nach Belgien, den Cajus Fabius aber schickte er mit eben so vielen in das Aeduerland. Denn, meinte er, so würde die Ruhe in Gallien am sichersten erhalten werden, wenn die Belgier, als die tapferste Nation, und die Aeduer, als die angesehenste, durch Heere in Schranken gehalten würden.

55. Cäsar selbst reiste hierauf nach Italien. Bei seiner Ankunft erfuhr er, der Consul Cajus Marcellus habe die zwei Legionen, die er abgegeben hatte, und die nach Verordnung des Senats gegen die Parther gebraucht werden sollten, dem Cajus

---

* Die *itio in partes*, der antike parlamentarische »Hammelsprung«.

Pompejus überlassen und in Italien zurückbehalten. Man sah zwar hieraus deutlich die Absichten gegen Cäsar, doch war dieser entschlossen, so lange sich noch einige Hoffnung zeige, die Sache eher auf dem Wege des Rechts, als durch das Schwert auszugleichen, und alles zu ertragen. Deshalb forderte er in einem Briefe an den Senat: auch Pompejus solle seinen Oberbefehl niederlegen, während er dasselbe zu thun versprach; andernfalls müsse er aber an sich und das Vaterland denken.*

Ende

---

* Der lateinische Text ist unvollständig. Der hier gegebene Endsatz bildet einen geeigneten Abschluß und passenden Uebergang zum ersten Buche des »Bürgerkriegs«.